Somos o que pensamos ou pensamos o que somos?
Por que algumas pessoas conseguem resultados e outras não?

INTELIGÊNCIA PRODUTIVA

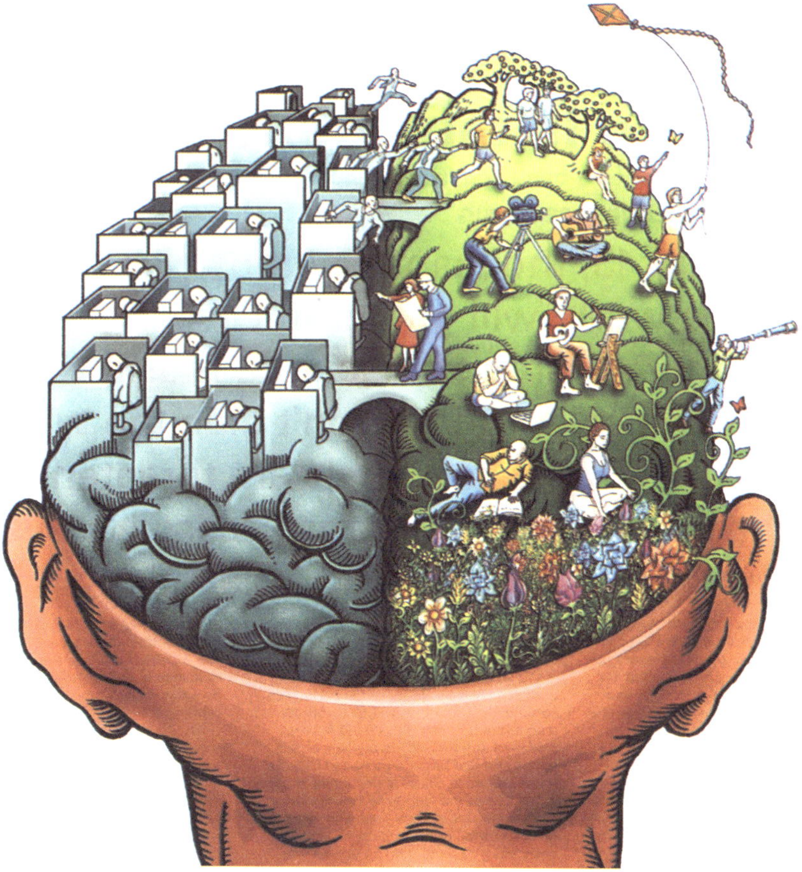

Somos o que pensamos ou pensamos o que somos?
Por que algumas pessoas conseguem resultados e outras não?

INTELIGÊNCIA PRODUTIVA

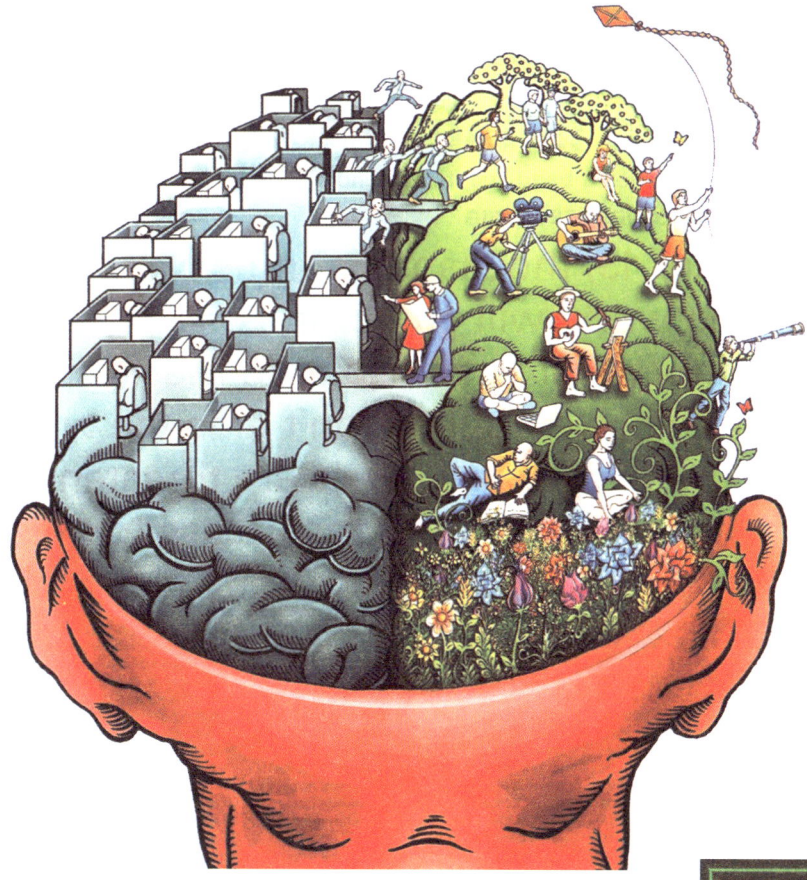

Luiz Ângelo dos Santos

**Colaboração:
Paulo Roberto dos Santos**

QUALYMARK

Copyright© 2017 by Luiz Ângelo dos Santos

Todos os direitos desta edição reservados à Qualitymark Editora Ltda. É proibida a duplicação ou reprodução deste volume, ou parte do mesmo, sob qualquer meio, sem autorização expressa da Editora.

Direção Editorial	Produção Editorial
SAIDUL RAHMAN MAHOMED editor@qualitymark.com.br	EQUIPE QUALITYMARK
Capa	Editoração Eletrônica
EQUIPE QUALITYMARK	PS DESIGNER

CIP-Brasil. Catalogação na fonte
Sindicato Nacional dos Editores de Livros, RJ

S236i

    Santos, Luiz Ângelo dos
        Inteligência produtiva : somos o que pensamos ou pensamos o que somos? por que algumas pessoas conseguem resultados e outras não? / Luiz Ângelo dos Santos, Paulo Roberto dos Santos. – 1. ed. – Rio de Janeiro : Qualitymark Editora, 2017.
        240p. : il. ; 23 cm.

    Inclui bibliografia e índice
    ISBN 978-85-414-0320-7

    1. Comportamento humano. 2. Relações humanas. I. Santos, Paulo Roberto dos. II. Título.

17-40624   CDD: 158.1
                                                                                CDU: 159.947

2017
IMPRESSO NO BRASIL

Qualitymark Editora Ltda.
Rua Teixeira Júnior, 441 – São Cristóvão   www.qualitymark.com.br
20921-405 – Rio de Janeiro – RJ   E-mail: quality@qualitymark.com.br
Tel.: (21) 3295-9800   Fax: (21) 3295-9824

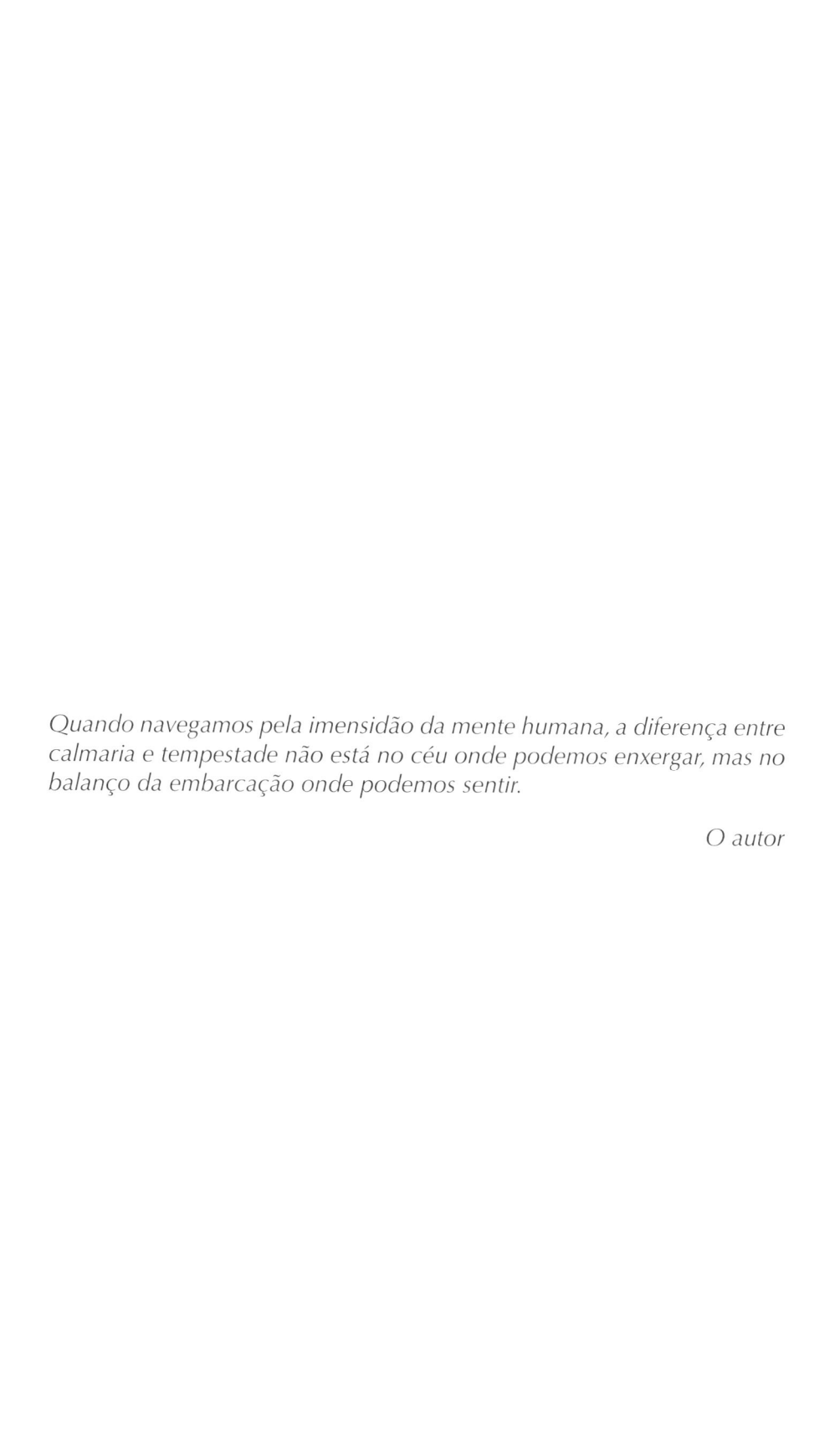

Quando navegamos pela imensidão da mente humana, a diferença entre calmaria e tempestade não está no céu onde podemos enxergar, mas no balanço da embarcação onde podemos sentir.

O autor

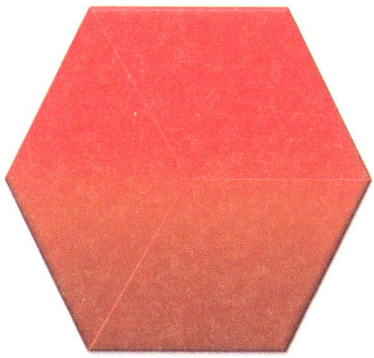

Um hexágono pode ser um cubo, três losangos ou o fundo de uma caixa, depende da perspectiva que se olha. Sobrevivência em um mundo com sete bilhões de habitantes é uma questão de inteligência, mas também depende da perspectiva que olharmos.

O autor

Sumário

Orientação de Navegação pelos Elementos de IP XII

Inteligência Produtiva XIII

Prefácio XV

Parte 1:
   Inteligência e Sobrevivência 1
   1.1 – Introdução 1
   1.2 – Conceitos de Inteligência 3
   1.3 – Reconhecendo a Inteligência Produtiva 11
   1.4 – Inteligência e Aptidão 14
   1.5 – Organização Produtiva Natural 17
   1.6 – Produtividade e Inteligência Produtiva 23

Parte 2
   Inteligência Produtiva 29
      2.1 – Eixos da Inteligência Produtiva 29
      2.2 – Eixos de Transformação 33
      2.3 – Objetivo – O eixo da direção. 36
      2.4 – Elementos de Transformação 37

Parte 3
Trabalhando Eixos de Transformação 39

    3.1 – Eixo Pessoas e Comportamento 39

    3.2 – Eixo Competência e Conhecimento 58

    3.3 – Eixo Recursos e Desempenho 77

    3.4 – Níveis de Importância (ação) dos Elementos de Transformação: 104

Parte 4
Conectividade dos Elementos de Transformação 105

    4.1 – O que é Conectividade 106

    4.2 – Qual a Importância da Conectividade na IP?.....................106

    4.3 – Conectividade Linear 107

    4.4 – Conectividade pelo Objetivo 110

    4.5 – Conectividade pelas Propostas 115

    4.6 – Conectividade pelas Expectativas 119

    4.7 – Conectividade pela Intuição 127

Parte 5
Avaliação dos Elementos de Transformação 131

    5.1-Avaliação pela Observação e Percepção 131

    5.2 – Método de Avaliação pelos Elementos de Transformação 134

Parte 6
Autoavaliação como
Ferramenta de Crescimento 141

    6.1 – Importância da Autoavaliação 141

6.2 – Autoavaliação, Eixo Pessoas e Comportamento 143

6.3 – Autoavaliação Eixo Competência e Conhecimento 148

6.4 –Autoavaliação Eixo Recursos e Desempenho 149

6.5 – Autoavaliação Eixo Objetivo 151

Apendice – 1
Roteiro para Definição do Eixo Objetivo – A Direção 157

    Introdução 157

    A1 – Indústria 158

    A2 – Comércio 161

    A3 – Serviços 167

    A4 – Entretenimento 171

    A5 – Comunicação 175

    A6 – Esporte 179

Apêndice-2
Roteiro para Avaliação
dos Eixos de Transformação 183

    Avaliação na Indústria 183

Epílogo 205

Notas 209

Referências Bibliográficas 213

ÍNDICE 215

Sobre Luiz Ângelo – autor 219

Sobre Paulo Roberto – colaborador em filosofia e psicologia 219

Orientação de Navegação pelos Elementos de IP

Nota: O número dentro do hexágono é uma referência à página onde está a descrição do elemento de IP.

Inteligência Produtiva

Somos o que pensamos ou pensamos o que somos? Por que algumas pessoas conseguem resultados e outras não?

A frase acima, provocativa, na capa deste livro, pode parecer um trocadilho, mas não é. Ela nos remete à profunda reflexão sobre **causa e efeito** ou **agente e paciente**. Causa ou agente, é quando somos o causador, aquele que provoca e faz acontecer. Efeito ou paciente é quando somos influenciados, atingidos pelo causador, ou seja, não fazemos acontecer, mas acontecemos pela vontade de outrem. Vou dar um exemplo prático. Você vive uma vida tranquila, sem medo, sem angústias e ansiedades. Um belo dia, ganha uma televisão e passa a receber jornais em sua porta. As notícias sobre roubos e assaltos seguidas de crimes perversos estão estampadas nas manchetes. No horário dos telejornais, idem, elas são esclarecidas e repetidas. Então, você que tinha uma vida tranquila, começa a fechar as portas, trancar as janelas, e até começa a ouvir barulhos em seu quintal. Percebe desconfiada a fisionomia das pessoas que vão até sua casa, como jardineiros, bombeiros, eletricistas, prestadores de serviços domésticos em geral. Ora, o que aconteceu é que você passou a pensar que se tornará uma vítima frágil de possíveis bandidos querendo fazer-lhe algum tipo de mal. Você deixou de ser agente e se tornou efeito. Isto também acontece com pessoas que nunca tinham tido medo de atravessar um cemitério à noite, e após ouvir dos amigos e vizinhos diversas histórias sobre almas penadas, espíritos malignos e coisas do gênero, de repente percebe-se com medo de atravessar esse mesmo cemitério. Aqui, mais uma vez, você se tornou efeito do seu pensamento.

E quando é o contrário, onde nos tornamos agente e não paciente? Esta outra forma de construir o pensamento parte de você, é uma iniciativa consciente e lúcida de querer mudar ou fazer algo acontecer. Um exemplo prático é quando você faz um curso de aperfeiçoamento – autoestima – e em função das técnicas que aprendeu ali, começa a modificar seu jeito de pensar acerca de si mesmo. Sou belo – ou bela –, sou inteligente, sou capaz, posso conquistar o que quiser e por aí vai. Nesse caso, você construiu o pensamento, e se transformou no que passou a pensar. Essa é a forma de pensamento mais necessária quando queremos modificar nossas vidas ou deixar para trás uma conduta que não queremos mais ter, você precisa ser causador.

Assim, **somos o que pensamos**, é quando assumimos o papel de agente e controlamos o nosso pensamento, de acordo com nosso desejo – ou também podemos com essa mesma ênfase construir pensamentos negativos, se o fizermos de forma consciente, algo como sou oportunista e quero ser assim, por isso é tão importante alimentarmos nossa mente com coisas que julgamos serem boas para nós. Já, **pensamos o que somos**, é quando não assumimos o controle do pensamento e somos guiados por ele, pelos fatos que o influenciam e pelo nosso cotidiano. Tornando-nos aquilo que nosso pensamento nos conduz. Talvez tenha nascido assim o pensamento popular que diz que a cabeça vazia ou ociosa é a morada do diabo.

Se você está se sentindo para baixo, pessimista e sem vontade de reagir, é porque está pensando dessa forma, está deixando seu pensamento ser construído sem o seu controle. Então, assuma a direção, porque quando estamos no controle não queremos pensar assim, é nossa natureza buscar a felicidade. Devemos pensar o contrário e ser otimistas. Construa o pensamento de forma positiva. Se for preciso, busque ajuda, leia e veja coisas que levantem você. Assim, estará modificando a sua vida conforme seu "novo" jeito de pensar.

Ao identificar e conhecer os elementos que formam a inteligência produtiva, estaremos construindo um pensamento de acordo com os conceitos contidos em cada um, e por isso, identificaremos o que faz uma pessoa ser capaz de conseguir melhores resultados. Estaremos dando atenção ao nosso comportamento e aos das pessoas que nos cercam, ao nosso conhecimento pessoal e aquele que precisaremos adquirir. Teremos consciência que o desempenho dos recursos que utilizamos fará toda a diferença. E principalmente, estaremos sempre voltados para a visão clara de ter um objetivo definido a atingir.

Prefácio

A pergunta que este livro propõe responder é: **Existe algum tipo de inteligência que nos dá capacidade para produzir**? Se a resposta for positiva, essa inteligência é uma aptidão, resultado de nossos outros tipos de inteligência como a emocional e a intelectual, ou uma variação comportamental orientada a resultados?

Ao longo do livro vamos discorrer sobre essas possibilidades. Veremos que inteligência e produção são requisitos para nossa sobrevivência. Não se trata da descoberta de algo novo, mas do mapeamento de uma área comportamental já existente, porém com definições não muito claras de seus relevos e peculiaridades quanto ao ato de produzir. Podemos atingir melhores resultados em nossos projetos pessoais, no trabalho e em qualquer atividade por nós executada. Isso é possível, quando identificamos e transformamos os elementos dessa inteligência comportamental identificada.

Esses elementos estão distribuídos em nosso comportamento, nosso conhecimento, a forma como lidamos com nossos recursos e como definimos nossos objetivos – a direção a seguir. Como ocorre essa transformação? A passagem a seguir, nos ajudará a compreender um pouco:

Certo dia, um homem entristecido com sua condição, perguntou a um ancião o que poderia fazer para se tornar uma pessoa melhor, E o ancião respondeu-lhe: siga os dez passos nessa folha de papel. Um ano depois, o homem ainda entristecido, voltou e disse ao ancião: "Segui os dez passos recomendados, mas ainda sou o mesmo, muito pouco mudou em minha vida!". O ancião então, olhando-o fixamente, perguntou: "Qual é realmente o seu objetivo?". Já lhe disse – respondeu ele impaciente – quero me tornar uma pessoa melhor, ser mais rápido. Então o ancião desenhou uma linha no chão e disse: "Desse lado ficam aqueles que querem se tornar alguém melhor, mais rápido, assim como você. E desse outro, estão os que se transformam em alguém melhor, porque não objetivam a rapidez, mas sim em chegar mais longe! A primeira vez que veio a mim, você queria ser mais rápido, mas é para esse outro lado que deveria desejar ir, porque lá você irá mais longe, embora não tão rápido. E existe uma grande diferença entre os dois. Para se tornar de um jeito diferente do que é, basta a pessoa repetir o comportamento atribuído a esse jeito novo de ser. Isso é rápido. Mas imitar alguém não faz de você esse alguém. Para se transformar, é preciso uma mudança verdadeira e não uma simples imitação". É por isso, disse o ancião, que algumas ações nos transformam nos modificando e outras não. Isso depende do quanto estamos imitando o comportamento que queremos ter e o quanto estamos verdadeiramente nos transformando. A transformação é mais demorada, mas nos leva mais longe!

Quando imitamos o que queremos ser, com o tempo vamos recair em quem de fato somos, mas quando nos transformamos verdadeiramente, alcançamos nosso objetivo!

Então, o ancião pegou a lista com os mesmos dez passos, e lhe disse: "Agora vá, e não tenha pressa, gaste o tempo que for necessário para **transformar-se verdadeiramente** em uma pessoa melhor!".

O propósito é conhecer os elementos de inteligência que, se transformados, mudarão nossa capacidade produtiva. A transformação ocorrerá quando trabalharmos os elementos, agindo em seu entendimento individual e depois em sua ligação coletiva. À medida que reconhecemos e aprendemos sobre seus conceitos incorporando-os à nossa rotina, modificamos o ambiente, e os resultados acontecem. Não se trata de traçar uma meta e procurar alcançá-la seguindo instruções, mas de mudar a forma de pensar e passar a ter os objetivos no mesmo alinhamento das ações.

O ser humano é uma máquina complexa, construída para produzir pensamentos. É o que fazemos durante toda a vida. Nosso corpo é alimentado e cuidado para sobreviver. Quando nascemos, ele tem uma programação própria para que isso aconteça. Com nossa mente é diferente. Ela é o resultado de todas as impressões que gravamos desde o dia em que nascemos. Essas impressões nos fazem criar o pensamento. Pensamos o tempo todo, dezenas de milhares de vezes por dia. Este ato de pensar pode vir de experiências vividas, de memórias, de observações, de buscas que nosso algoritmo mental faz o tempo todo querendo respostas, ou simplesmente criando perguntas. Que tipo de inteligência nos permite lidar com esses pensamentos, organizando, classificando e expurgando os indesejáveis? Dando-nos a capacidade de produzir mais pensamentos, mas de forma orientada a nossos objetivos almejados. Essa inteligência produz sensações, se orienta pelo relacionamento, pela experiência e depende do conhecimento. Ela nos permite utilizar recursos para chegar a uma meta desejada, e entende que é a conexão de todos esses elementos que nos cria as muitas possibilidades que temos.

Entender essa inteligência e compreender como ela pode influenciar nossa capacidade de produzir em todos os sentidos trará uma nova dimensão para aqueles que buscam melhorar sua vida!

Parte 1
Inteligência e Sobrevivência

1.1 – Introdução

O cientista Albert Einstein é digno de admiração, pois apesar de sua genialidade ele se fazia parecer gente comum, e isto nos tornava um pouco cientistas. O escritor e também cientista Stephen Hawking trouxe até nós sua genialidade de uma forma compreensível e também sua emocionante força e coragem em não deixar uma doença impiedosa lhe tirar o direito de ser o cientista que é. Impressiona saber ser ele em sua condição frágil e limitada que divide a sua força conosco através de seus livros. No universo de cada um de nós existem indivíduos a quem admiramos por algum papel desempenhado, e também nós gostaríamos de desempenhar. Vou citar alguns do meu: Daniel Goleman, ao mostrar que somos humanos e emocionais, e precisamos ter foco para não nos dispersarmos de nosso caminho. Leonard Mlodinow porque, brincando com as estatísticas, nos mostra as infinitas possibilidades da vida e a subliminaridade de nossa consciência. Os médicos Deepak Chopra e Rudolph Tanzi, ao ensinar sobre uma máquina chamada cérebro e como a mente a faz funcionar, ou será o contrário? Há ainda os navegadores Amyr Klink, Sir Ernest Shackleton e Roald Amundsen, eles possuem arrojado espírito de aventura e frieza na premeditação – planejar é também antever o futuro –, e me fizeram viajar muito em suas expedições, identificando na coragem o tom primordial da capacidade. Dos pensadores Willian E. Deming e Eliyahu Goldratt adquiri o zelo pelas organizações e a certeza de que as empresas podem e devem criar suas metas. Tive a oportunidade de conhecer um excelente profissional participando de seus cursos e *workshops* sobre vazão. Gérard J. Delmée, ensinando sobre essa ciência da medição, fez-me entender a complexa mecânica por trás dos fluidos e gostar dessa área da engenharia. A aprendizagem espiritual – ou será existencial? – vem de Ghandi, do Dalai Lama Tenzi Gyatso[1] e do Papa Francisco, por trazerem de uma forma simples e humilde sua espiritualidade até nós. Eles me fizeram pensar, raciocinar, imaginar e sonhar. Não poderia encerrar a lista sem citar um ídolo. Meu e de mais alguns milhões no mundo – o piloto e homem Ayrton Senna. Muitas vezes me perguntei qual o motivo de Senna ser tão querido e idolatrado? Qual o segredo do seu carisma? A resposta poderia ser aquele jeito muito próprio de ele nos fazer parte do seu mundo, e essa é a maior dádiva de um ídolo. Acredito que, além de todo o desejo, capacidade e movimento em direção a seus sonhos, eles tiveram um momento tal qual um relâmpago a clarear a noite escura onde, de repente, o caminho a seguir ficou-lhes claro, ou ao menos a direção que deveriam tomar.

O mesmo pode acontecer com todos nós. Existe um momento que nos faz mudar nossas vidas e, a partir dele, fazer que ela passe a ter um sentido e significado até então não percebido! A Inteligência Produtiva surgiu num momento assim. Eu contemplava um apicultor na beira de uma estrada, e isso me lembrava de uma antiga religião do Japão conhecida como *Xintoísmo*. Sua principal característica era adoração à natureza e às suas divindades. Eu a conhecia da minha época de juventude, quando resolvi, para compreender melhor o mundo ao meu redor, estudar religiões e seitas. Marcou-me, naquela época, um pensamento da crença que falava mais ou menos assim: "Se observarmos os animais, as crianças e os anciãos entenderemos toda a essência da vida". Pois bem, eu me vi ali contemplando aquele apicultor, já meio curvo pela idade, suas abelhas, a colmeia e o mel, e fiquei pensando na mágica de produzir tudo aquilo. São dezenas de milhares de abelhas e em uma ordem tão fascinante! Admirando aquela organização, de repente, em um desses momentos relâmpago, compreendi que ela e o trabalho não eram apenas pelo instinto, deveria haver algum tipo de inteligência[(1)] por trás. Eu, em meus quase trinta anos de atividade profissional, tentava defini-la de diversas formas, mas sempre sentia faltar uma peça no quebra-cabeça a tornar tudo claro. Orientando o foco para as abelhas, percebi que elas tinham muito mais que instinto, era um tipo de inteligência com o propósito de perpetuar sua espécie e lhes garantir a sobrevivência. Era a peça que faltava! Neste livro, apontarei minhas observações a essa inteligência e em como ela pode ser interpretada. Poderá ser de grande ajuda para aprendermos um pouco mais sobre nossa natureza, e como

---
1 Refere-se ao Dalai Lama no ano de 2016.

enfrentar os problemas e necessidades com um olhar diferente! Não é um trabalho psicológico ou científico, pois não utiliza as prerrogativas necessárias, mas pode ser-lhes complementar. É sobre pesquisa, experiências pessoais e de dezenas de pessoas com as quais tive o privilégio de trabalhar desde a área da ciência de medição, monitoração e controle de processos em geral, até o gerenciamento de implantação de grandes projetos industriais. Mas rompo as fronteiras dessas áreas, pois percebi que, como em toda ciência, não podemos trabalhar os elementos de forma separada. Pessoas, competências e recursos estarão sempre ligados a um objetivo, e este – embora visto por todos – é único para cada um de nós, porque depende de como o vivenciamos. Você certamente já passou pela experiência de estar olhando o céu e ver muitas, centenas de estrelas. Elas estão lá, você as vê, mas nem sempre consegue interpretar o desenho que formam. Então, alguém chega e descreve uma constelação que está vendo, e começa a dizer como ela é, e qual a sua forma. Como num piscar de olhos, você passa a enxergá-la. É interessante como na vida da gente essa situação se repete tantas vezes. A resposta ao que procuramos está diante de nossos olhos, mas só conseguimos enxergá-la quando aceitamos ver pela ótica de outra pessoa.

Com a Inteligência Produtiva acontece assim. Ela está presente, fazendo parte de nossas vidas, embora ainda não tenhamos essa consciência.

Através da perspectiva vista pelos hexágonos de uma colmeia e de como são interligados, apresentamos os cenários para uma nova forma de pensar. Inteligência Produtiva é como reagimos quando movidos por um propósito de sobrevivência, envolvemo-nos com pessoas, com nossa competência e com recursos para atingir um objetivo almejado. Produzir, em um mundo econômico, pode ser visto como atividade capital, mas em sua essência, o ato de produzir está relacionado à nossa necessidade de sobreviver. É através dele que criamos bens ou utilidades para satisfazer nossas necessidades – sejam elas materiais, intelectuais ou emocionais.

1.2 – Conceitos de Inteligência

Inteligência pode ser definida como nossa faculdade de poder conhecer, compreender e aprender. Fazemos isso por meio do exercício do pensamento, da linguagem, da percepção, do raciocínio e da memória.

É ela que nos possibilita:
- Resolver problemas;
- Aprender por meio da experiência;
- Adaptação ao ambiente onde vivemos;
- Analisar e raciocinar sobre fatos e seus efeitos;
- Confrontar novas situações;
- Elaborar e criar com base na análise e prática.

Analisando esta definição, amplamente aceita no meio científico, podemos concluir que a inteligência tem a ver com nosso comportamento ou, em última análise, nosso comportamento é sua manifestação. A relação existente entre esta e o ato de produzir está ligada à nossa sobrevivência. Produzir, não somente do ponto de vista econômico do capital, – manufaturar – pode significar a sobrevivência de nossa espécie.

Charles Darwin – Evolução das Espécies – 1858

No final da década de 1850, Charles Darwin teve a publicação de suas teorias sobre a evolução das espécies[2], em que defendia a teoria a partir de um ancestral comum e sua adaptação ao meio ambiente. Isto ocorreria através da seleção natural, ou seja, a capacidade que a espécie tem de se adaptar e evoluir em direção à sua sobrevivência. É como dizer assim, se você correr mais terá mais chances de sobreviver, então a espécie vai gerando e se modificando, favorecendo essa característica de correr. Evidentemente as características necessitariam de milhares ou até milhões de anos para se modificarem. Mas no tempo da evolução, um milhão é para nós um segundo. Quem não correr não sobrevive e é extinto. Esta seleção do mais apto ou seleção natural foi anos mais tarde abordada por outro pesquisador, um seguidor das ideias de Darwin, mas que a aprofundaria levando até ao gene essa necessidade de preservação da vida.

Richard Dawkins – O Gene Egoísta – 1976

Em 1976, o pesquisador evolucionista formado pela Universidade de Oxford publicou seu livro, onde defende a teoria de que a perpetuação das espécies é comandada pela seleção natural dos genes. Em outras palavras, para evoluir e sobreviver, os organismos seriam consequência

---
2 Veja *Referências Bibliográficas*

desta busca pela sua preservação. Aqueles que se adaptassem melhor e se tornassem mais eficazes, interagissem com o ambiente, modificando-o, conforme isto melhor lhes favorecesse, se perpetuariam, os outros sucumbiriam. A informação para essa perenidade estaria no gene – um aprendizado armazenado na memória e transmitido às demais gerações para sua sobrevivência.

Poderia esta perpetuação das espécies ser apontada como manifestação de um tipo de inteligência? Se assim for, é através de seu desenvolvimento que surgem novos meios para essa adaptação e evolução. Em um mundo onde produzir – para sobreviver – se torna condição para atender as necessidades humanas, podemos ligar inteligência à produção.

Para compreender essa inteligência, devemos citar alguns pesquisadores e a contribuição de seu trabalho para esse entendimento. A Concepção Multifatorial ou Sete Aptidões Mentais Primárias é um deles. Louis Thurstone é um psicólogo norte-americano de Chicago (1887-1956) que defendeu a teoria de que a inteligência não estaria em um único fator central, mas combinada em aptidões primárias, sendo elas designadas como *aptidões mentais primárias* [3]. Segundo sua teoria, seria possível uma pessoa obter bons resultados em uma área de aptidão primária e baixo rendimento em outra área. Com isso ele contradiz a ideia do fator *g*, ou inteligência geral, defendida por Charles Spearman (1863-1945), que pregava o conceito de que toda a atividade intelectual seria compreendida por dois fatores. Um, o fator *g*, comum a toda a atividade mental, e o segundo, o fator *s*, característico de uma atividade individualizada. É importante salientar que foi partindo da teoria de Spearman pelo fator *g* que Thurstone desenvolveu sua teoria das aptidões primárias. Então, os estudos das inteligências se complementam. As aptidões identificadas por Thurstone foram: numérica, rapidez de percepção, compreensão verbal, memória, relações espaciais, fluência verbal e raciocínio.

Em 1985, Robert Sternberg (1949) ganhou os holofotes com a Inteligência Plena. A Teoria Triárquica da Inteligência[4] deste psicólogo norte-americano foi apresentada em três campos de desenvolvimento: o mundo interior da pessoa, a experiência vivida por ela e o mundo exterior. Estes aspectos se relacionam e são interdependentes. A inteligência não se manifesta em somente um aspecto, sendo resultado das três áreas por ele

---

3 Veja *Referências Bibliográficas*
4 Veja *Referências Bibliográficas*

defendidas. Segundo ele temos um pouco de cada uma. A inteligência definida analítica é aquela utilizada pela pessoa para tentar resolver problemas já de seu conhecimento, para isso ela compara e avalia. Aprender nos torna analíticos, pois criamos uma base de dados para comparações. A inteligência prática é aquela em que tentamos resolver os problemas utilizando o que aprendemos por aplicação e uso deste conhecimento. É o aprender fazendo, errando e corrigindo. Já a inteligência criativa é aquela em que se busca a solução dos problemas pela inovação do pensamento, criando o novo, inventando, planejando e visualizando o resultado futuro. Importante ressaltar que para Sternberg a inteligência é produto do meio em que vivemos e de como interagimos com ele. Assim, vivenciamos e aprendemos com nossa experiência. Aplicamos e analisamos os resultados. Buscamos e criamos novas opções. A inteligência é o produto de nossa necessidade básica de sobreviver! Estamos o tempo todo interagindo com nossas necessidades e o ambiente em que vivemos, e para isso criamos, analisamos e praticamos.

Seguindo a história, encontramos Gardner e sua teoria surgida em 1983. Howard Gardner é um psicólogo e educador norte-americano que lançou a Teoria das Inteligências Múltiplas[5]. Autor de diversos livros sobre a teoria de que o ser humano possui inteligências distintas e não deve necessariamente ser considerado hábil em todas. Podemos ter habilidades em determinadas áreas e em outras não, como na música e na matemática, por exemplo. Shakespeare era um gênio linguístico, Einstein um gênio matemático e Pelé um gênio motor. A teoria de Gardner era um caminho contrário ao até então teste de inteligência pelo método do QI, que segundo ele avaliava apenas a inteligência lógica e matemática. A ideia principal da Teoria das Inteligências Múltiplas é a de que possuímos habilidades maiores ou menores para cada tipo de atividade e, portanto, possuímos mais de um tipo de inteligência. Embora independentes, estão interligadas entre si. A inteligência segundo Gardner possui as características:

- Dá-nos a capacidade de resolver problemas;
- Desenvolve-se em um determinado grupo cultural;
- É independente, contendo cada uma toda a complexidade em sua área.

---

5 Veja *Referências Bibliográficas*

Normalmente, uma pessoa não possui mais que uma ou duas inteligências que se sobressaem – Leonardo da Vinci mostrou ser uma exceção, ao demonstrar grande pluralidade em suas aptidões de inteligência.

Principais características de inteligência – aptidões – que podem sobressair em uma pessoa:

Linguística: Inteligência que nos permite a comunicação oral e escrita, também ligada à expressão e à capacidade de interpretação.

Motora: Inteligência que nos permite usar a capacidade motora de nosso corpo, dando-nos um autocontrole fantástico. Pode ser considerada criativa, dependendo do contexto.

Lógica matemática: Inteligência que nos permite compreender a lógica e a matemática, levando-nos a soluções de problemas pelo caminho do raciocínio lógico.

Espacial: Inteligência que nos permite compreender o espaço, as noções em 3D. Permite-nos visualizar criações em um espaço ainda não existente

Interpessoal: Inteligência que nos permite compreender o outro e nos dá empatia. Facilita nossa capacidade de nos relacionarmos, interagirmos.

Intrapessoal: A compreensão da nossa essência como seres humanos. Quem somos e por que somos?

Existencial: Inteligência que nos permite compreender o sentido da vida e da morte. Aborda questões existencialistas – ser ou não ser.

Musical: Inteligência que nos permite compreender os sons da vida e sua melodia. Compreender como o mundo se comunica através deles e como interpretá-los.

Naturalista: É a inteligência que nos liga à compreensão da natureza, dos seres vivos, de tudo que nos cerca no nosso ambiente – entendo ser esta de fundamental importância à nossa sobrevivência. Ter as demais inteligências não adiantará muito, se não soubermos respeitar o mundo em que vivemos. É a que pode salvar a vida na terra. Se não nascermos com tendência a ela, é preciso aprender a desenvolvê-la, utilizando as demais inteligências para isso.

Como vimos, a inteligência é objeto de estudo de grande interesse de pesquisadores e psicólogos e daqueles que buscam conhecer esse fascinante mistério que nos torna únicos. Percebemos também que o método de medição por QI não é o atualmente visto como principal para medir a inteligência, mas é aquele que mais se adapta ao que é a inteligência lógica e matemática. De certa forma essa métrica do QI pode puxar com mais veemência as demais inteligências identificadas; no entanto, não necessariamente ter um QI alto significa ter sucesso e atingir a realização pessoal. Na figura 1.2 apresentamos em destaque os dez maiores QI´s identificados de indivíduos em atividade no mundo. Encontramos interesses distintos como esportistas, professores, políticos, atores, ativistas e escritores.

Ter QI acima da média significa ter habilidades em determinadas áreas, mas saber lidar com essas habilidades é que determinará os demais resultados que queremos – ou não – atingir em nossa vida. Pensando assim, podemos concluir que, quando nascemos ou desenvolvemos um determinado tipo de inteligência e habilidades associadas a esta, temos *algo mais* a nosso favor – e que algo mais! –, mas precisaremos unir as demais faculdades identificadas como partes integrantes da inteligência humana e tentar dar um sentido à nossa faculdade especial. Alguns podem chamar de empreendedorismo ou de ter iniciativa, mas ser empreendedor ou ter acentuada iniciativa é qualidade de um tipo de inteligência. É ela que nos motiva a organizar ações, empreender e tomar iniciativas em prol do objetivo, meta, caminho desejado. Temos então capacidades que nos tornam seres capazes de sobreviver e perpetuar nossa espécie. Abaixo, na figura 1.1, temos um *ranking* do resultado de testes de QI convencional. Verificamos uma relação entre os países mais desenvolvidos e o *ranking* dos países que mais investem em educação científica

(LE = QI médio mais alto; LD = Mais alfabetização científica)

Ord.	PAÍS	QI/MÉDIO
1º.	Coréia do Sul	106
2º.	Japão	105
3º.	Taiwan	104
4º.	Cingapura	103
5º.	Áustria	102
6º.	Alemanha	102
7º.	Itália	102
8º.	Holanda	102
9º.	Suécia	101
10º.	Suiça	101

QI médio mais alto

Ord.	PAÍS
1º.	Coréia Sul
2º.	Japão
3º.	Finlândia
4º.	Reino Unido
5º.	Canadá
6º.	Nova Zeland
7º.	Austrália
8º.	Áustria
9º.	Irlanda
10º.	Suécia

Maior alfabetização científica

Figura 1.1

Os países considerados mais inteligentes em função do QI médio, são os de civilizações mais antigas (Ásia e Europa). Seria o tempo um fator maior no desenvolvimento dos genes e da evolução natural? Um tempo mais longo proporcionou à inteligência maiores chances de experimentações, tentativas erros e acertos?

Quando comparamos países de QI médio mais alto com países onde o ensino científico é mais difundido – ver figura 1.1 –, vê-se uma relação. Então também podemos concluir que, além de gene e tempo para evolução natural, a quantidade e qualidade da inteligência podem ser influenciadas quando estimulamos e exercitamos o cérebro. Seria como exercitar um músculo. Quanto mais exercícios, mais forte se torna. Este é um importante ensinamento, não podemos querer ter uma população inteligente se não promovermos o exercício do cérebro; isto é, prover e exercitar formas de conhecimento cada vez mais qualitativas e em quantidade.

Os 10 QI´s mais altos em atividade

Ord.	PAÍS	QI	NOME
1º.	Austrália	230	Terence Tao
2º.	USA	228	Marilyn Vos Savant
3º.	USA	225	Christopher Hirata
4º.	Coreia	210	Kim Ung Yong
5º.	USA	195	Christopher M. Langan
6º.	USA	192	Rick Rosner
7º.	RUSSIA	192	Garry Kasparov
8º.	NIGÉRIA	190	Philip Emeagwali
9º.	USA	186	Gregory Smith
10º.	ISRAEL/USA/CUBA	180	Benjamin N./James Woods/John Sununu

Pessoas com QI mais alto

Figura 1.2

Na análise individual da tabela da figura 1.2, temos elementos fora do eixo dos dez países com QI médio mais alto se sobressaindo. Seria porque vivemos em um mundo onde a informação através da mídia chega a todos, e isto permite que aqueles com genes diferenciados aproveitem melhor essa oportunidade? Poderíamos então afirmar que a massificação da informação e seu conhecimento podem tornar a inteligência mundial mais uniforme? Evolução e inteligência estão intimamente interligadas. Quanto mais inteligentes ficamos, maior nossa capacidade de perpetuar a espécie sobrevivendo. E à medida que avançamos no tempo graças à nossa sobrevivência, vamos encontrando novos cenários, novos desafios, novos problemas. Assim também nossa inteligência vai se adaptando, modificando-se e tornando algumas partes do intelecto mais proativas. O desenvolvimento de uma inteligência com características que nos dão a capacidade de adaptação às necessidades do mundo moderno é o que veremos a seguir.

Figura 1.2a

Antes de entrarmos no estudo dessa inteligência, vamos entender um pouco o trabalho do americano Daniel Goleman, que popularizou o conceito de Inteligência Emocional em 1995, com seu livro de mesmo nome. Condensando a teoria, podemos dizer que IE é *a capacidade de perceber e exprimir a emoção, assimilá-la ao pensamento, compreender e raciocinar com ela, e saber regulá-la em si próprio e nos outros.* A Inteligência Emocional não pode ser tratada à parte, como se fosse um complemento, um acessório da inteligência como um todo. Ela está na verdade inserida nas demais como um fator preponderante e essencial para nos permitir atingir os resultados de sobrevivência e perpetuação da espécie. Animais irracionais não trocam ideias, não interagem, eles seguem instintos. Já o homem racional, racionaliza tudo, inclusive a respeito do outro, e nesse caso a emoção pode fazer a diferença! Em um jogo de xadrez, futebol, em uma entrevista, dirigindo ou no campo profissional, a emoção, se não for controlada, pode modificar o que seria um resultado considerado dentro da normalidade. Daniel Goleman organizou as ideias em torno da inteligência intrapessoal e interpessoal.

Autoconsciência, autorregulação e automotivação fazem parte de nossa inteligência intrapessoal. É aquela parte de nós que tem contato direto com a mente. Você pode estar zangado e com raiva, mas se tiver consciência desse estado e do mal que ele pode lhe trazer, então terá condições de controlá-lo. Isto é ter consciência da consciência, o que infelizmente nos momentos mais difíceis alguns não têm. Basta observar uma briga de trânsito, existe algo mais sem sentido? Buscar motivação é também uma necessidade importante nos dias de hoje, em que estamos sendo bombardeados por problemas, crises políticas e econômicas, epidemias, doenças novas que aparecem. Temos que nos motivar, enxergar o lado bom dos fatos e encontrar motivos para nos fazer ir *em busca do peixe*. Nossa capacidade de nos relacionarmos com nossos pares e os demais do nosso convívio diário deve estimular a empatia e o poder de sentir e entender o outro.

1.3 – Reconhecendo a Inteligência Produtiva

Imagine um tempo bem longe dos nossos atuais, em que para realizar um trabalho, você não tivesse com quem contar como técnicos e engenheiros, pedreiros e arquitetos, marceneiros e carpinteiros, e ainda tantos outros profissionais que nos dias atuais encontramos com certa facilidade. E que, mesmo assim, atendendo a uma ordem superior, com um objetivo bem definido, uma pessoa se colocasse a produzir algo até então inconcebível. Ora, isto, fazer o até então inconcebível[2], só é possível graças a uma aptidão que possuímos e que identificaremos doravante como sendo a nossa Inteligência Produtiva. Através dela tomamos consciência de um objetivo a ser alcançado, em função disso procuramos nos relacionar com os outros, buscamos o conhecimento necessário e identificamos os recursos que necessitaremos, e então, *eureka!* fazemos as coisas acontecerem! Acredito que haja quem tenha dúvidas quanto à existência da arca de Noé, citada em vários livros religiosos – Bíblia cristã, Torá judaico e Corão muçulmano – mas, mesmo para os céticos, existem empreendimentos – Euro Túnel que liga a França à Inglaterra, o Canal do Panamá-USA, a Grande Muralha da China, e o Telescópio Hubble-EUA, entre tantos outros – que só se concretizaram devido a um grande esforço de inteligência.

> *Uma natureza que nos torna capazes de produzir.*

Como isto é possível? A resposta para esta questão está no conceito da Inteligência Produtiva. Todos nós, de acordo com pensadores, psicólogos e cientistas, possuímos vários tipos de inteligências – ou aptidões. Elas nos permitem lidar – entre outros – com os universos da lógica e matemática para solução de problemas, linguagem e expressão verbal para estimular nossas relações, espaço tridimensional para percepção de formas, na compreensão dos que fazem parte de nosso convívio e sobre nossa própria natureza. Nossa inteligência evoluiu e de acordo com nossas necessidades, foi-se moldando e nos conduzindo de forma a permitir nossa sobrevivência. Esse é o nosso instinto maior – sobreviver. Produzir tem o mesmo significado que sobreviver, pois será a única maneira de atender às necessidades de quase sete bilhões de habitantes em todos os recantos do nosso planeta! Existe um discurso sobre *melhoria de resultados, agregar valor à produção, incrementar os negócios, valorizar o cliente e otimizar a lucratividade*. São conceitos com boa repercussão fonética. Talvez alguns ganhem aplausos em palestras de negócios ou motivacionais, mas serão pouco eficazes quanto à prática e aplicação se não tiverem uma metodologia bem fundamentada em que se apoiar.

Se estivermos falando de produção industrial, comércio, serviços, entretenimento, comunicação e esporte, a Inteligência Produtiva se fará presente no dia a dia gerando um produto.

Sua identificação está ligada a uma ação, e qual é o produto final? Pode ser um quadro, uma escultura, a construção de uma nova rodovia, de uma fábrica, de uma cidade, de uma represa. Pode ser também a montagem de um artefato, um equipamento ou um dispositivo de interesse. E ainda, a transformação de matérias-primas em tecidos, tintas, alimentos, petróleo, minério, cimento, tijolo, cerâmica e o vidro. Também o produto inteligente como *softwares*, aplicativos diversos para telefones e computadores e programas de entretenimento. Se produzimos, estamos utilizando essa característica de nossa inteligência em favor de nossa sobrevivência. A organização em prol de um resultado só é possível porque nós intuitivamente utilizamos essa parte do nosso intelecto. Ela nos permite desenvolver nossos relacionamentos, conhecimentos e recursos associando-os aos demais perfis de inteligências para atingir este resultado desejado.

Às vezes utilizamos parcialmente a inteligência – pessoas e/ou competências e/ou recursos – e por isso nem sempre atingimos de forma satisfatória a meta almejada.

Essa *nova* inteligência não foi criada agora, não é produto de um *marketing* orientado ou modismos. Evoluímos e fomos ao longo da jornada desenvolvendo novos conhecimentos. Adaptamo-nos em busca da sobrevivência. Nossa mente criou novas rotinas conforme nossa necessidade, como se fossem novos algoritmos computacionais, para nos permitir seguir com o novo. O novo atualmente é produzir com capacidade para atingir sete bilhões de habitantes em nosso planeta. Trata-se de um desafio árduo e que exigirá muita perícia e habilidade para atender tamanha demanda! A inteligência sempre esteve presente, o que estamos propondo é a consciência dela e de como se manifesta.

Uma organização inteligente

Procure visualizar um maestro cercado por seus músicos. Todos com um mesmo propósito, e cada um sabendo quando e onde exercer o seu papel. Por outro lado enxergue um piloto de corrida de Fórmula Um, sua equipe de mecânicos, os operadores dos sistemas computadorizados, e todos os envolvidos em uma prova desse esporte. Vamos além, pense nos engenheiros responsáveis pelos sistemas que fornecem energia elétrica a toda uma região para alimentar casas, prédios, hospitais e espaços públicos. Variando, concentre-se numa sala de cirurgia. Todos os cirurgiões, instrumentos envolvidos, a complexidade, os tempos, os enfermeiros. Agora, imagine o seu coração batendo, levando sangue a todas as células, o pulmão abastecendo de oxigênio todos os organismos, o pâncreas, o fígado, o estômago, a distribuição venosa, as ramificações nervosas, o cérebro retendo todas as informações e processando todas as atividades necessárias a manter a vida. Tudo coordenado com precisão, no tempo certo, na medida exata. Em todos os exemplos existe um eixo principal comum, ou seja, um objetivo a ser alcançado. O que nos faz atingir esse objetivo – exceto no corpo humano, onde embora haja objetivo nos sistemas citados, nossa vontade não interfere – é a nossa capacidade de tornar real o que antes só existia em nossa mente – a ideia e a visão do produto final. É a inteligência que nos possibilita organizar as ações e nos torna capazes de viabilizar os recursos. Ela possui a característica de nos tornar capazes de extrair dos demais perfis de inteligências que possuímos as informações necessárias para produzir um resultado dentro de um objetivo desejado. É ela que nos dá habilidade e compreensão para planejar, executar e enxergar a realização. Poder traçar alternativas para os problemas que surgirem, até que o objetivo maior, o propósito que queremos alcançar, seja atingido! Capacita-nos a interagir com os outros, se e quando for necessário. Dá-nos condições para desenvolver recursos de todos os tipos, permitindo a concretização da atividade. Aprimoramos o conhecimento em busca de melhores resultados. Passamos a entender e interpretar as transformações que ocorrem no desenvolvimento de cada ação. Elaboramos processos, criamos procedimentos e desenvolvemos os recursos. O objetivo é representado pela produção de um bem ou uma obra, seja de que natureza for.

1.4 – Inteligência e Aptidão

Ao abordar a teoria e desenvolvimento de um tipo de inteligência e o seu efeito em nossas vidas quando temos uma tarefa a realizar, percebemos que inteligência e aptidão nem sempre têm o mesmo sentido. Podemos ser inteligentes em determinado assunto mas não termos aptidão e vice versa. Exemplo: O músico clássico que toca maravilhosamente, mas tem dificuldade de entender outros ritmos musicais, interpretar partituras e até mesmo como empreender no meio artístico musical. Já do outro lado podemos ter o crítico que muito entende – tem a inteligência musical –, mas pouco toca – não tem a aptidão ou habilidade com as mãos. Ambos possuem inteligência musical, mas em diferentes tonalidades, por assim dizer. Todos nós manifestamos algum tipo de inteligência e de aptidão, para isso devemos entender que a inteligência é a nossa capacidade de compreender o mundo à nossa volta e interagir com ele. A aptidão é nossa disposição nata para algumas habilidades, como cálculo, linguagem, memória. Para o músico, a melodia; para o matemático, os números; para os cientistas, a ciência. Alguns interagem e modificam o ambiente, outros fazem parte dele, mas não a ponto de interferir em seu curso. Embora inteligência e aptidão tenham íntima relação, temos como proposta falar sobre sobrevivência como inteligência, partindo da premissa de que sobreviver é saber produzir no mundo atual para suprir as necessidades de uma população cada vez maior – e com isso perpetuar a espécie.

Nossa capacidade produtiva se manifesta através de nossas aptidões, quando precisamos extrair dos demais perfis de inteligência informações e necessitamos organizá-las de modo a nos permitir ir pelo caminho desejado em busca de um *produto* ou solução para um problema.

> Produto é o resultado do ato de produzir. Produzir é dar origem, gerar, fornecer, criar, realizar, exibir, apresentar, em outras palavras, **tornar concreto o abstrato.**

É o que faz o músico compor uma canção, o atleta completar uma prova, o matemático criar um conceito, o escritor escrever um livro e quem estiver envolvido em uma organização, seja ela qual for, a *criar* um bem. A IP liga os demais perfis de inteligência, conforme figura 1.3. Embora pareça ser ela o centro deste pressuposto universo, ela só o é quando estamos processando o intelecto produtivo. Este modelo é dinâmico, e nele assumirá a posição central a inteligência cujo intelecto naquele momento for o mais solicitado, porque é assim que nossa mente funciona, conforme a demanda acontece modificamos nosso foco intelectual. Se precisamos caçar para sobreviver, nossa inteligência faz nossa aptidão motora e naturalista assumir a liderança. Precisamos construir um abrigo? Será a aptidão espacial e talvez a matemática no centro. Aqui entendemos o estudo da Teoria Triárquica da Inteligência de Sternberg. Devemos ser criativos e práticos e permear pelas aptidões da inteligência onde temos maior afinidade. Neste movimento de liderança, não importa quem irá assumir a área central *conduzindo* as demais aptidões, o que governa esse universo e lhe dá movimento é o nosso instinto de sobrevivência. Ele definirá, conforme a necessidade, quem assume o comando. Posso afirmar que ao longo do dia, várias vezes, sem que percebamos, esse comando é modificado conforme nossa necessidade. Quando uma aptidão assume a maior parte do tempo é porque estamos sendo *focados* e específicos em nossa vida. Como o atleta em época de competição ou o cientista compenetrado em sua pesquisa, e ainda o apresentador de TV em uma maratona jornalística. O ideal, no entanto, seria que tivéssemos uma dinâmica maior dessas lideranças. Estaríamos assim nos tornando mais capazes e pluralizados na compreensão e interação com o mundo ao nosso redor e as demais criaturas com as quais convivemos. Por exemplo, para resolvermos questões relacionadas ao ambiente em que vivemos, temos que dar espaço à inteligência e sua aptidão naturalista para entender a dimensão dos problemas. Então ela assume. Mas para processar o que e como precisa ser feito para se atingir o objetivo desejado – resolver o problema – é a Inteligência Produtiva que assumirá. Conversaremos com as pessoas necessárias à solução, buscaremos conhecimento e finalmente chegaremos aos recursos para sua concretização.

Universo das Aptidões (ou inteligências):

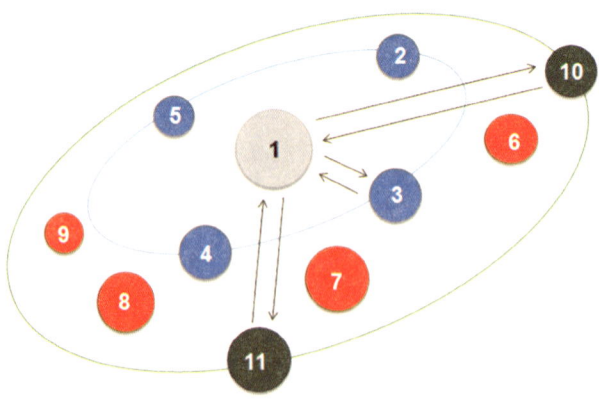

1. Produtiva	5. Espacial	9. Musical
2. Linguística	6. Interpessoal	10. Naturalista
3. Matemática	7. Intrapessoal	11. Emocional
4. Motora	8. Existencial	

Figura 1.3

Aptidões & Inteligência:

A inteligência nos permite reconhecer nossas aptidões, experimentá-las e tirar o melhor proveito de cada uma. Permite-nos ainda, entender em cada uma como a processamos no dia a dia. Somos práticos, analíticos ou é a criatividade que nos dá destaque. Em meio a elas temos uma que nos dá habilidade para trabalhar e utilizar as demais. A inteligência produtiva ora é o centro no comando, ora é coadjuvante de uma aptidão que se destaca.

Figura 1.4

1.5 – Organização Produtiva Natural

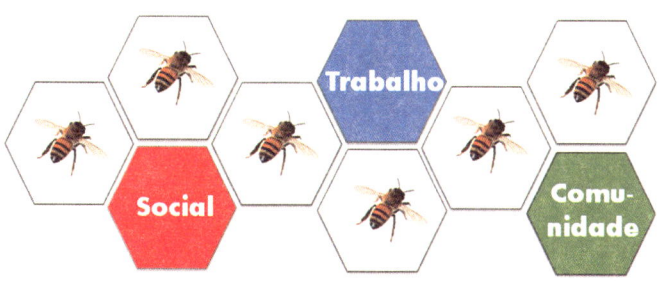

Figura 1.5

Segundo a proposta de Richard Dawkins em *O gene egoísta*[6] podemos dizer que as abelhas e a forma como constroem sua colmeia seriam o resultado da evolução de seus genes. Sua sobrevivência se deveu à sua adaptação e modificação do meio ambiente segundo suas necessidades.

---
6 Veja *Referências Bibliográficas*

Construir favos hexagonais estaria relacionado a isso. As demais espécies de abelhas que optaram por formas diferentes dos alvéolos teriam sido naturalmente extintas. Vamos entender um pouco esse interessante mundo. É um fascinante mistério as abelhas utilizarem a forma hexagonal em seus favos de mel. Elas intuitivamente descobriram que o formato hexagonal é o que utiliza a menor quantidade de cera para construir o favo. Os alvéolos são construídos com precisão geométrica, e isto resulta numa estrutura notável, que combina a menor quantidade de material empregado com a forma mais adequada em economia de espaço disponível e maior capacidade de armazenamento. Como diz Maurice Maeterlinck, em seu livro *A vida das Abelhas, um mundo maravilhoso*[7], não é obra da física a construção hexagonal dos alvéolos, mas um mistério de saber divino nesses pequenos seres. As abelhas utilizam a seu favor uma inteligência que leva à maior produtividade! Conseguem melhores resultados com menos esforço graças à forma como seus favos de mel estão integrados. Um sistema de produção precisa ser estruturalmente resistente, gastar menos esforço para ser viabilizado, e ter uma organização social, de trabalho e ambiental bem definida. Sem professores ou mestres gurus, as abelhas sabem isso e aplicam em sua comunidade. Não apenas na construção das colmeias onde a forma hexagonal confere solidez à estrutura, por ter todos os seus lados compartilhados com as demais células sem perda de espaço entre elas, mas também em sua organização.

Organização Social

A maior questão da socialização na vida das abelhas é a disciplina aplicada. Enquanto nós, os seres humanos racionais, temos em nossas organizações e comunidades uma dificuldade de encontrar as lideranças, uma vez que elas são divididas e se perdem entre tantos *caciques*, com as abelhas é diferente. Cada colmeia possui apenas um comando ou liderança, que está representado pela rainha. É ela quem manda, e pronto! Ninguém discute, não há eleições, troca de poder, promoções e tantos outros artifícios como os criados pelo homem para sustentar as *falsas* lideranças com as quais lidamos hoje. Se por um lado há apenas uma liderança, por outro, há um grupo que tem a função de preservar a espécie. São os componentes do grupo que fecundam a rainha garantindo os novos membros da colmeia. Este grupo não é muito grande em relação

---
7 Veja *Referências Bibliográficas*

ao todo da colmeia, mas o suficiente para manter a comunidade ativa e em número de abelhas suficiente para a produção do mel e construção das estruturas da colmeia. Completando a organização social há o grupo das operárias, o maior deles. É sua função, como o próprio nome diz, a tarefa árdua e rotineira de construir a colmeia e produzir o mel. Elas são as únicas da sociedade que possuem o aparelho bucal e membros especializados na colheita, daí serem as únicas que trabalham colhendo o pólen e néctar das flores, também alimentam as larvas, produzem os favos de mel e de cera. Para finalizar sua tarefa, limpam e guardam a colmeia

Certa vez, em uma das viagens a serviço que fiz indo para o interior de São Paulo de carro, passei por uma estrada onde havia um criador de abelhas. Eu estava cansado e aproveitei para fazer um lanche, já que ali havia uma lanchonete daquelas de beira de estrada e que fornecem café, leite, doces, biscoitos e mais uma variedade de petiscos, havia muito mel! Conheci o dono, ficamos durante algum tempo conversando sobre a vida no criadouro e suas peculiaridades. O que me chamou a atenção era o amor que aquele homem já vivido tinha pelas pequeninas abelhas. Ele falava delas como quem fala de um filho, como se elas conversassem com ele, entendessem o que ele falava e principalmente obedecessem às ordens dele. Contou que certa vez, na lanchonete houve um alvoroço danado porque uma colmeia embaixo de um balcão de madeira até então não percebida foi tocada por um cliente da lanchonete, e logo dezenas de abelhas começaram a atacar todos que estavam por perto. Foi um alvoroço! As pessoas – dizia ele – não sabiam o que fazer. Tentavam matar as abelhas no corpo, o que é errado, pois quando mortas assim elas liberam um feromônio – uma espécie de odor – que dá sinal de alerta para o resto da colmeia e aí atraem mais abelhas para o ataque. Outros passavam a mão sobre a picada, o que também não é adequado já que libera mais veneno no local. O certo era afastar e chamar um dos criadores que estavam próximos, somente eles sabem como lidar com os bichinhos. Foi uma tarde inesquecível, balbuciou o homem contemplando o horizonte como se estivesse enxergando a cena novamente. As abelhas não servem apenas para fazer o mel, são elas que garantem a cultura de muitas frutas como a maçã, graças à polinização que elas fazem. Sem abelhas não teríamos sementes férteis, teríamos menos florestas, matas, o que afetaria os lençóis freáticos, provocaria oscilações climáticas e por aí um desencadear catastrófico – completou ele. Foi uma tarde inspiradora para mim, que aprendi muito com as abelhas, tornando-me um admirador ainda mais fervoroso dessas pequenas criaturas.

Organização da Comunidade

Quando passamos por cidades como Rio de Janeiro e São Paulo, é comum vermos os aglomerados que se formam nos morros e bairros da periferia. Aliás, isso não é privilégio das metrópoles, hoje temos as chamadas comunidades quase que espalhadas por grande parte das capitais brasileiras. E por que isso ocorre? Por causa do excesso de gente e, lógico, devido à desigualdade social. No caso das abelhas não podemos falar em desigualdade social, lá os papéis, como vimos, são muito bem definidos. Mas as abelhas têm um comportamento muito interessante quando se trata de vida social. Se uma colmeia começa a crescer demais, elas não vão para um canto e constroem um aglomerado no *morro da colmeia*, nada disso! As abelhas são um exemplo nesse sentido. Sabe o que fazem? Uma parte delas migra para um novo local levando a rainha e fundando uma nova comunidade! É preciso haver espaço para o desenvolvimento adequado e equilibrado da vida.

Na colmeia abandonada as abelhas que ficaram elegem uma nova rainha e dão continuidade à sua vida, tudo se repete. Se nós, humanos, fizéssemos isso, com certeza haveria mais cidades, a população se espalharia e evitaríamos os desastres causados pelo excesso de habitantes como inundações, trânsito, distribuição de alimentos etc. Por outro lado, há de se considerarem providências nesse possível espalhamento da população devido à impermeabilização do solo, quanto mais cidades, mais ruas, asfalto etc. Esse é um desafio moderno a que nossa inteligência e sua capacidade de sobrevivência terão que se adaptar. Onde e como vamos sobreviver em um mundo que certamente tem uma capacidade limite de absorver a vida em seu solo? Estamos chegando a esse limite? Como podemos obter essas respostas que deveriam ser discutidas em um nível global? Deveríamos começar a pensar em um novo tipo de infraestrutura?

Crédito: Tero Hakala/Shutterstock.com

Figura 1.6

Organização do Trabalho

A organização é muito bem distribuída e, com o passar do tempo, a função vai sendo modificada. É como se, em nossa sociedade, você tivesse uma função até os vinte anos de idade, outra dos vinte aos trinta, outra dos trinta aos cinquenta e outra dos cinquenta para frente. É claro que com os humanos é diferente, porque um profissional especializado precisa aprender e se desenvolver, e isso leva anos. Mas imagine só, se você escolhesse, por exemplo, ser médico, seria assim: até os trinta anos você trabalharia na área de enfermagem, dos trinta aos quarenta e cinco anos, atendendo a pacientes e cuidando da prescrição médica corretiva e preventiva. Após os quarenta e cinco anos você faria cirurgias e intervenções mais delicadas, até se aposentar. E, é claro, para todas essas funções você teria um preparo adequado. Com as abelhas é assim mesmo que acontece, com algumas variações o padrão de trabalho delas é: cada grupo tem sua função, de 1 a 5 dias as abelhas cuidam da limpeza de alvéolos, de 6 a 11 dias elas cuidam da alimentação das larvas, de 12 a 18 dias elas cuidam da produção de cera, dos 18 aos 21 dias fazem a proteção da colmeia e, finalizando, dos 22 aos 42 dias ou até morrerem cuidam da coleta de néctar, pólen, água e resinas. Já com os seres humanos, nem sempre fica claro o que tem que ser feito e por quem! As tarefas mudam muito mais pelos interesses do que pela necessidade. Hoje, mais do que naquela tarde indo para São Paulo, entendo o amigo que fiquei conhecendo e a sua admiração pelas abelhas. Lembro-me de suas últimas considerações sobre o que aprendeu com elas. Devemos **aprender com a natureza o que é essencial à natureza**, onde **preservar a vida** deveria ser o mais importante.

O homem, por ser racional e lógico, tem a capacidade de escolher o caminho que vai seguir. A questão é que ao escolher sem deixar fluir sua natureza, acaba escolhendo o caminho errado. Isto porque ao racionalizar, sobreviver nem sempre é sua prioridade, exemplo disso é o que fazemos com a natureza e com nossos semelhantes. Se sobreviver fosse a prioridade a qualquer custo, nos uniríamos, dividiríamos os recursos, tarefas e organizaríamos uma sociedade mais justa. Confundimos sobreviver com ter poder, e o poder ou a briga por ele pode levar à dizimação da espécie humana; hoje, leva à desigualdade. A Inteligência Produtiva é que nos faz escolher o caminho certo com menor esforço, porque ela nos permite uma visão de onde queremos chegar e o que devemos fazer para atingir nosso objetivo! O que aprendemos com as abelhas? Aprendemos que para sermos produtivos temos que agir de acordo com elas, definir as metas ou ter um papel e uma responsabilidade bem claros, a *expertise* para cada etapa de atividade, utilizando aquilo que temos de melhor e valorizando isto. Termos consciência do nosso valor e nos sentirmos parte do grupo, aceitos e capazes das nossas tarefas, e finalmente entendermos o que temos a realizar, buscando equilíbrio e desempenho para atingir o resultado desejado.

Mas nem tudo no mundo das abelhas é perfeito! Bem, sabemos que as abelhas têm lá os seus problemas na luta pela sobrevivência. Elas têm que buscar defesas contra as outras espécies, como as formigas – e também o homem. Com o ser humano, as coisas são mais complicadas, ainda buscamos defesas contra a nossa própria espécie. O que, em termos evolutivos, convenhamos, não é nada bom! Mas em nosso aprendizado com as abelhas, vamos nos ater à sua capacidade de utilizar sua Inteligência Produtiva por meio de sua evolução natural e de seus genes. Em seu livro *O gene egoísta*, Richard Dawkins nos fala sobre o egoísmo e o altruísmo[3] desses genes. Esse comportamento da luta, do vencer o outro e garantir sua própria subsistência, está ligado à sobrevivência. Primeiro *eu* me garanto, e depois *eu* de novo. É um instinto, não que o homem não possa bloquear esse egoísmo e avançar em direção ao altruísmo, mas é um comportamento ditado pela lei da sobrevivência. Utilizar a IP é neutralizar esse comportamento em benefício do interesse coletivo, como as abelhas operárias, que num gesto último, ao ferroarem um inimigo da colmeia, sabem que morrerão ao perderem o ferrão, mas não se intimidam em fazê-lo.

> Enquanto as outras espécies lutam contra seus inimigos naturais, o homem inexplicavelmente ainda luta contra sua própria espécie.

REFLEXÕES:

Figura 1.7

- *Devemos aprender com a natureza o que é essencial à nossa própria natureza.*
- *Quando desprovida da inteligência racional e lógica, as espécies agem pelo instinto e natureza (seus genes).*
- *O homem por ser racional e lógico, tem a capacidade de escolher seu caminho; sem deixar fluir sua natureza, pode escolher o caminho errado!*
- *Inteligência produtiva é saber escolher o caminho de menor esforço e aquele que nos leve o mais longe que pudermos.*

1.6 – Produtividade e Inteligência Produtiva

Somos em nossa essência máquinas de sobreviver. Nascemos para produzir alimento, abrigo e proteção para nossos pares.

Um leão, um lagarto ou uma águia são produtivos? A princípio poder-se-ia dizer que não, afinal, o que eles produzem? Apenas comem, bebem e dormem, certo? Poderia ser dependendo do ponto de vista utilizado. Mas se olharmos com mais carinho a frase em epígrafe, veremos que eles produzem alimentos quando estão caçando. E podemos afirmar que, quando constroem ou buscam abrigo debaixo de árvores ou cavernas, estão produzindo o abrigo. Quanto à proteção, quem já se aventurou a chegar perto do filhote de uma dessas espécies sem tomar as devidas precauções? Perigoso, não é? Assim também é o ser humano. O que fazemos é produzir, mas devido a nossa inteligência, a forma e por que fazemos isso nos difere das demais espécies. Começamos a produzir com a caça e retirando da natureza aquilo que ela pode nos dar como alimento. Depois, começamos a plantar o que queríamos e a criar os animais em cativeiro para *facilitar* o esforço da caça. Saímos das cavernas e fomos para habitações mais elaboradas. Nosso lado racional nos fez entender o que era conforto, luxo. Não fique zangado se o totó, seu cachorrinho, ignorou a casinha e cama que você comprou para ele, custou um dinheirão não foi? Como ele pode ser tão mal-agradecido? Ele não é, apenas não sabe o que é conforto e luxo, se deitar no jornal ou no tapete ou mesmo no chão frio lhe der segurança e bem-estar, é lá que ele vai ficar. Sei que você está discordando, afinal, e o gato da Fulana ou o cachorrinho daquela pessoa famosa que só quer do bom e do melhor? Bom, posso afirmar a você que esse comportamento não é dele, foi condicionado pela nossa convivência e hábitos. Se ele entra na caminha cheirosa e de seda e nós sorrimos e lhe fazemos um agrado, ele tende a retribuir repetindo o gesto, e assim vai. Quanto a nós, nossa satisfação com luxo e conforto também pode ter sido condicionada por nossos pais. Quando éramos ainda crianças e bebês eles nos ensinaram a gostar do conforto, de roupa cheirosa e limpa. Ensinaram-nos a gostar de comida boa, com sabor e cheiro que para nós se traduziram em agradáveis. Tendemos a repetir esse comportamento quando adultos, e a forma de obtê-los é produzi-los. Basicamente, o que fazemos é produzir alimentos, abrigo e proteção para nossos entes queridos. Ah! O que tem a ver o iate na marina com isso, e o carro importado na garagem? Bem, digamos que o homem devido à sua racionalidade começou a questionar seus produtos, a querer mais facilidades, mais conforto. Então, alimentos, abrigo e proteção passaram a ser apenas uma parte de um desejo maior, produzir para viver melhor.

Parte 1 Inteligência e Sobrevivência   25

```
PRODUZIR
   PORQUE PRECISAMOS PRODUZIR ?
                                              Comunicação e informação viraram
                                              necessidade para sobreviver.
                          E do conforto e luxo.
                    Veio a necessidade de ampliar o entretenimento e lazer
             Vieram os mecanismos que aceleraram os processos de produção e junto com eles
             as fábricas e organizações.
          Depois o homem aprendeu a plantar e produzir alimentos.
       No início da humanidade, produzia-se pela caça e busca de proteção contra outras
       espécies, além de abrigos e vestimentas.
   PARA AUMENTAR NOSSA CHANCE DE SOBREVIVER EM UM MUNDO COM 7 BILHÕES DE PESSOAS
                                                          SOBREVIVÊNCIA
```

Figura 1.8

O termo produtividade ganhou maior significado após o advento da industrialização, pois foi aí que começamos a medir o resultado dos esforços em produzir cada vez mais. Mas ele sempre esteve ligado ao desempenho do trabalho, em outras palavras, produtividade é medir o resultado do esforço. Quando vivíamos no tempo das grandes batalhas, na época medieval, quando eram travadas em grandes campos abertos, um punhado de homens e artefatos de um lado e do outro, presumivelmente o mesmo aparato, produtividade era o mesmo que perguntar quantos adversários cada soldado conseguiria combater. Assim, muito valor era dado àquele mais forte, musculoso, arrojado, corajoso, que conseguiria empunhar sua espada e artefatos militares e vencer um maior número de oponentes. Um exército de cem homens com esse perfil que conseguisse combater em média dez oponentes por soldado, venceria mil homens. Já um exército de duzentos homens, o dobro, mas que conseguisse combater em média somente a metade – apenas cinco homens por soldado – venceriam em torno dos mesmos mil homens. Então os exércitos, embora em quantidades bem diferentes – um é a metade do outro –, possuíam a mesma força combativa. Eles se equivaliam, estaria correto?

Se o leitor respondeu não, concordou comigo. É mais difícil e dispendioso cuidar, alimentar, vestir, fornecer armamento, água e alojamento para estes duzentos homens em batalha do que para os cem do outro exército; por isso o exército menor – em tese – será mais ágil nos preparativos, movimentações e táticas de batalha. Por outro lado, o tempo entra aqui de forma significativa. Não adianta combater dez soldados se você demorar muito a fazer isso, você tem força, mas não tem agilidade. Se os soldados adversários forem mais ágeis ganharão a batalha. Isso nos leva ao conceito básico da produtividade. Será preciso associar quantidade ao tempo gasto. Para medir produtividade, estabelecemos um tempo padrão, sem essa padronização do tempo não há como comparar. Então o caminho é esse, defina um tempo fixo e uma quantidade padrão. Produtividade é produzir a quantidade padrão em um espaço de tempo menor ao definido, ou produzir mais no espaço de tempo padrão. Em uma equação simples teríamos: P = e/t, no qual Produtividade é igual ao Esforço dividido pelo Tempo. Vamos a um exemplo no qual fixaremos o tempo padrão estabelecido em uma hora. Definiremos a produção para esse tempo em dez objetos prontos e com qualidade aceitável.

Então P = e/t ou P = 10/1 será a produção de dez objetos por hora. Se você produzir mais de dez objetos por hora estará sendo mais produtivo porque ultrapassou a faixa padrão. Se por outro lado, produzir menos, por exemplo, oito objetos por hora, deixará a desejar, porque produziu a menor que o definido no tempo padrão. Assim medimos produtividade e ela tem sido a grande obsessão do nosso tempo, pois ser produtivo significa produzir mais. Aliado a esse desejo de produção, busca-se fazer com que esta custe menos. Então não basta apenas ser mais produtivo, é preciso ser mais com um menor custo. Essa é a chamada receita ideal da produtividade.

Na abordagem da Inteligência Produtiva, **não focamos na produtividade quantitativa**, ou seja, preocupação em aumentar os números de produção. Buscamos entender o comportamento das pessoas envolvidas. Investirmos em sua capacidade de realizar, ao que chamamos de conhecimento. E orientarmos o desempenho pela utilização de recursos considerados necessários. Na IP os processos são trabalhados através das PESSOAS, de sua COMPETÊNCIA e de seus RECURSOS, estando todos direcionados a um OBJETIVO – nosso alvo. A produtividade passa a ser resultado desse tipo de abordagem. Orienta a atenção – evitando sua dispersão – para os participantes do processo desde a sua concepção, para o conhecimento aplicado, o *jeito de ser* de cada um, e finalmente para a utilização dos recursos.

Hoje, os referenciais de produtividade não ignoram as pessoas. Com a utilização da robótica e inteligência artificial, tarefas cansativas e repetitivas são transferidas a máquinas. Da mesma forma, devemos conceber o corpo humano como uma máquina biológica de produção e então dar a ele toda a atenção necessária para que possa desempenhar bem sua função. Se não cuidarmos do corpo, enquanto máquina, então como qualquer máquina produzida pelo homem, ele tenderá a diminuir drasticamente seu tempo de vida útil. Em todo o trabalho desenvolvido por nossa Inteligência Produtiva, é subtendido que nenhum resultado positivo poderá ser alcançado com êxito se a máquina utilizada para chegar lá – nosso corpo e mente – não estiver em condições saudáveis de operação. Essa máquina biológica de produção tem respostas desfavoráveis quando suas expectativas não são atendidas, expectativas essas que veremos nos capítulos adiante.

Parte 2
Inteligência Produtiva

2.1 – Eixos da Inteligência Produtiva

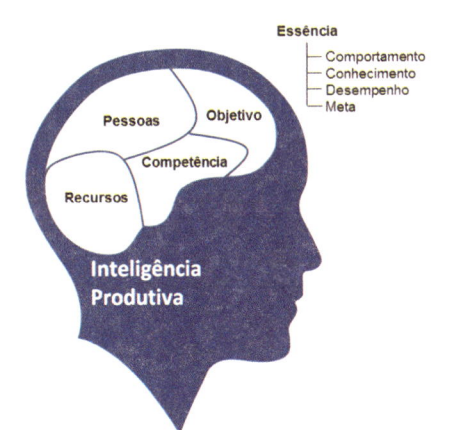

O mapeamento da Inteligência Produtiva representado na figura ao lado é simbólico e não está necessariamente ligado ao local onde se manifesta no cérebro. Este mapeamento tem a função didática de demonstrar quais as áreas de conhecimento onde ela se manifesta, sendo a seguir definida como eixos de inteligência ou dimensões desta.

Figura 2.0

Produzir é um comportamento que está representado em quatro dimensões ou eixos. Esse comportamento é que define onde queremos chegar e o que fazemos para chegar. Sabemos que em grupos vamos mais longe, então entender o comportamento das pessoas é uma dimensão. Precisamos conhecer o que queremos criar, ou produzir, por isso conhecer antes a nós mesmos, nos ajudará a entender quais conhecimentos externos precisaremos buscar. E finalmente, que tipo e como lidar com os recursos existentes nos dará melhores condições de chegar até nosso objetivo. O objetivo em si deve orientar a importância de cada dimensão, pois é ele que define nossa direção.

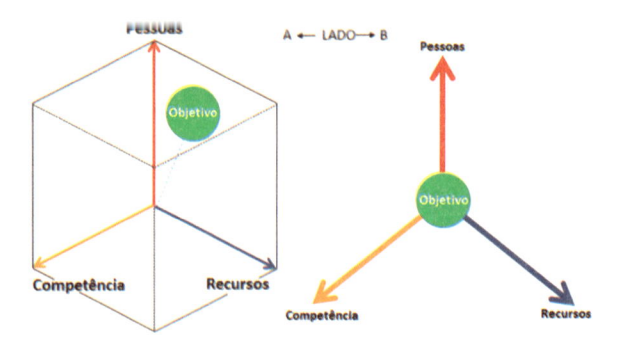

Figura 2.1

Três eixos básicos estarão sempre presentes. Eles determinam a dimensão e a natureza da atividade que está sendo realizada. Nós os chamamos de eixos de transformação. Eles são compostos pelo eixo das pessoas, eixo da competência e eixo dos recursos. O outro eixo[8] é o do objetivo – a direção. Ele é representado por um ponto variável que transita pelos eixos de transformação. Ele tem sua importância de acordo com a atividade que estivermos desenvolvendo. Esta atividade pode ser industrial, comercial, serviços ou outra que exija de nós produzir um bem, serviço ou resultado. Vamos dar um exemplo: Na figura *2.1 lado B* temos a representação do *objetivo*, ou a atividade em execução. Na forma como está, há um equilíbrio, é como se disséssemos que para esta ação estamos em equilíbrio no esforço de pessoas participantes, em seu conhecimento acerca do que está sendo executado e nos recursos disponíveis para executar essa tarefa. Mas a inteligência produtiva nos mostra que esse equilíbrio não é quantitativo, mas sim qualitativo. Por isso, se enxergarmos na figura *2.1 lado A* um espaço tridimensional formado pelos três eixos P, C e R, veremos que o ponto ou esfera *objetivo* pode ocupar qualquer lugar desse espaço, dependendo da mensuração que tivermos nos três eixos. A figura *2.1 lado B* é uma forma mais fácil de demonstrarmos esse posicionamento do *objetivo*, uma vez que nos permite uma visão bidimensional.

---

8 A palavra eixo aí empregada, possui o sentido de ideia central, para onde convergem as demais.

Na figura 2.2, a atividade exige muitas pessoas e muitos recursos disponíveis. Esse seria um exemplo para uma atividade industrial tipo mineração, siderurgia, agropecuária em que as atividades já são bem definidas, recursos são necessários para a produção, e o objetivo é treiná-las e qualificá-las a utilizar os recursos existentes da melhor forma. Competência é necessária, mas ela está sob controle, a energia gasta para obtê-la não é tão dispendiosa, já que estamos em uma atividade muito conhecida e de domínio.

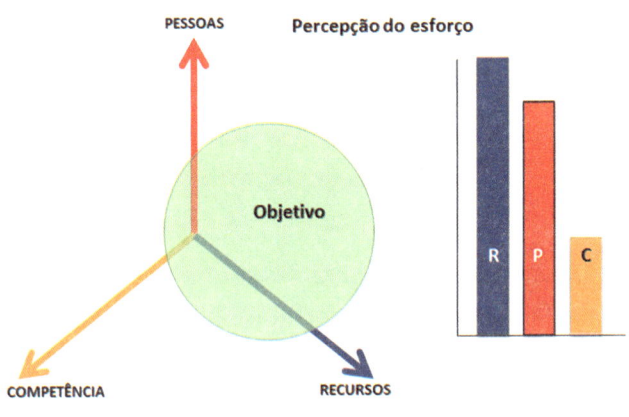

Figura 2.2

Na figura 2.3, temos o exemplo de uma atividade que exige igualmente um esforço de pessoas, mas aqui o conhecimento e habilidades têm grande influência. Podemos classificar aqui uma empresa de prestação de serviços em tecnologia, *softwares*, gestão, profissionais liberais. Precisamos das pessoas para levar essas soluções, e precisamos que tenham sua *expertise*, ou seja, conhecimento trabalhado. Os recursos talvez não pesem tanto, já que não estamos falando de equipamentos pesados e de infraestrutura.

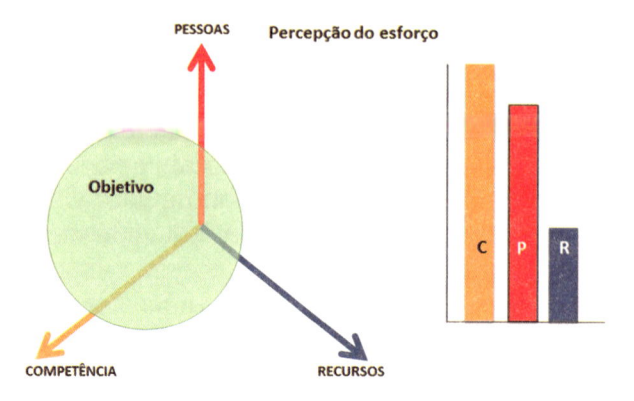

Figura 2.3

Na figura 2.4, onde pesam o conhecimento e os recursos, falamos de uma empresa que opera basicamente com automação, robótica, tecnologia de ponta. As máquinas e sua tecnologia é que produzem o resultado, no entanto, os envolvidos devem ter muito conhecimento e perícia. Existem muitas fábricas robotizadas que possuem esse perfil. As indústrias de biotecnologia também são um exemplo. A representação gráfica nas figuras de *2.1* até *2.4* nos auxiliam na compreensão de que nossa inteligência produtiva possui uma orientação lógica que é direcionada pela natureza da atividade que realizamos.

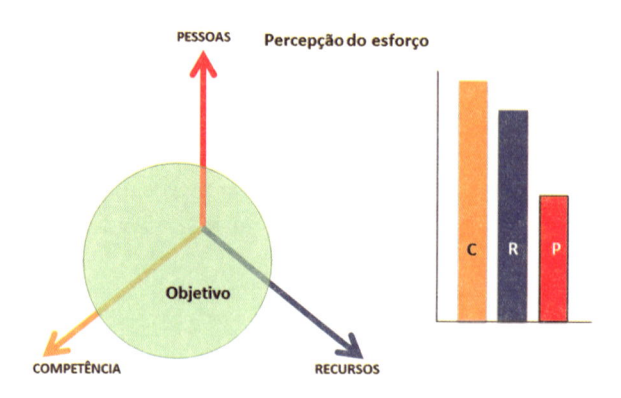

Figura 2.4

Nos gráficos das figuras 2.2, 2.3 e 2.4, forçamos o deslocamento do trabalho entre os eixos de forma didática para explicarmos o mecanismo de avaliação desses componentes. Sabemos que na prática, nas organizações, essa tendência não é tão evidente como mostrado nas figuras, e muitas vezes em uma mesma organização os valores podem mudar conforme o planejamento estratégico da empresa. Mas é interessante perceber que o desafio é achar o equilíbrio entre estes três eixos e posicionar sua organização no *lugar* que a torne mais produtiva.

Podemos traduzir o desenvolvimento da IP em nossa vida diária utilizando o exemplo representado na figura 2.5 a seguir. As PESSOAS que buscam atingir um objetivo vão ao encontro desse. Então, o começo de tudo são as pessoas. Para que consigam seu intento elas são influenciadas por seu comportamento. Sentimentos como satisfação e motivação influem no resultado do que fazemos. O passo seguinte é como utilizamos nossa COMPETÊNCIA, ela será tão maior quanto maior for o nosso conhecimento próprio e o adquirido. Finalizando, precisamos dos RECURSOS, e eles serão os responsáveis pelo nosso resultado, cabendo a nós encontrar nos mesmos um desempenho adequado. Com esses três elementos de transformação, estamos preparados para o trabalho e atingir o nosso OBJETIVO.

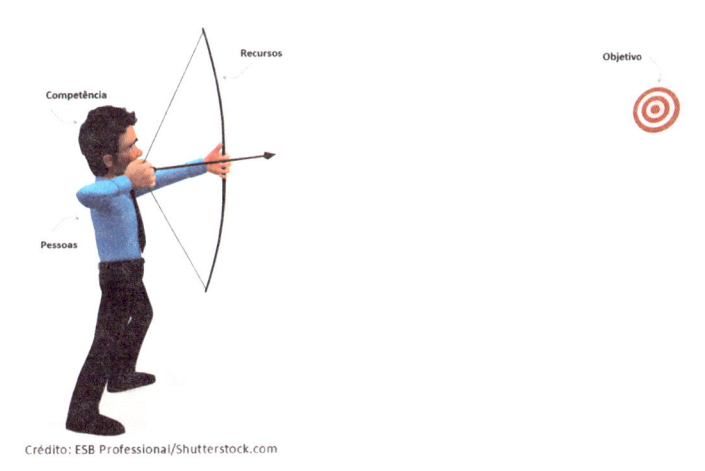

Figura 2.5

2.2 – Eixos de Transformação

Eixo Pessoas: É a nossa capacidade de nos conhecermos ou conhecer os outros e entender que, para atingirmos um nível de produtividade em nosso trabalho, precisamos estar satisfeitos e motivados em direção ao que temos de fazer, ou seja, nosso objetivo de trabalho. Esse eixo avalia e retrata o nosso comportamento, mostrando como ele pode influenciar nossa IP no dia a dia. O eixo formado por PESSOAS representa a base de qualquer tipo de organização humana. Não há como falar em vitórias, conquistas, metas, se elas não estiverem por trás. Entender o universo que nos cerca é começar por entender os indivíduos que fazem parte dele!

Muito dinheiro está sendo gasto para descobrir novos planetas e novas galáxias. Isso é importante? Talvez sim, mas se refletirmos, é provável que cheguemos à conclusão que primeiramente deveríamos orientar esses gastos para entender a natureza humana e satisfazer suas necessidades básicas, antes de buscar respostas para outras questões. Como dizem os poetas, as respostas costumam estar dentro e não fora!

Eixo Competência: É o eixo que trabalha o desenvolvimento de nosso conhecimento para atingir a meta desejada. Ele demonstra nossa *expertise* própria, aquela que nos é natural e com a qual de certa forma já nascemos. Como exemplo, há a habilidade manual e outras que temos facilidade em lidar por instinto. Como exemplo das *expertises* adquiridas temos o conhecimento acadêmico, línguas e especializações. A informação nos leva ao esclarecimento que nos leva a saber como lidar com o que queremos aprender. Competência pode ser assim definida: a arte de saber lidar com o conhecimento. Existem, para defini-la, outros significados como educação, talento, sabedoria, habilitação, cultura, preparo e intuição. Mas no sentido deste programa, não queremos atribuir o conceito de competência somente ao *saber*, mas em como podemos utilizar esse conhecimento em direção à conquista de um objetivo. Para isso vale ressaltar que temos habilidades próprias, elas vêm com o nosso DNA por assim dizer, e outras que iremos adquirir e aprender a utilizar conforme nossos objetivos. Competência não é no sentido de ser, mas de esclarecer aquilo que precisamos saber!

Eixo Recursos: Equipamentos são os recursos que necessitamos quando temos uma tarefa que não podemos realizar com nossa própria força. Eles foram desenvolvidos pelo homem desde a antiguidade para inicialmente garantir sua sobrevivência, como as armas para caçar. À medida que fomos nos tornando mais capazes e adaptados ao meio onde vivíamos, criamos novos tipos de ferramentas e chegamos aos equipamentos de forma geral. Se temos que moer alguma coisa, de pedra a alimentos, precisamos de máquinas que façam isso. Se devemos transportar uma quantidade considerável de matéria-prima de um ponto a outro distante, também precisaremos de máquinas adequadas a esse propósito. No conjunto das máquinas necessárias à produção industrial temos o que chamamos de dispositivos periféricos, ou seja, aqueles ligados indiretamente à máquina principal e que auxiliam no funcionamento desta, como sensores diversos para sentir o comportamento da máquina, os computadores que analisam os resultados medidos e os sistemas de acionamento e controle utilizados pela máquina. Para o conceito da Inteligência Produtiva, esses são os recursos representados por esse eixo, mas veremos que para algumas atividades esses recursos nem sempre são necessários, como exemplo o esporte, em que quem produz é o próprio atleta, então ele é a pessoa que faz acontecer e o agente desse fazer – o recurso. No entanto, antes do início da competição em campo ou quadra, devemos lembrar que muitos recursos são necessários para se chegar ali, inclusive o próprio estádio ou ginásio e todos os equipamentos destinados ao preparo e treinamento desses atletas.

> **Pessoas fazem acontecer, para isso desenvolvem competência, buscam recursos e se orientam a uma meta.**

Em algumas atividades o recurso é a alma do negócio. Uma frota de ônibus, caminhões ou aviões. Sem eles, não existe resultado. O esforço na gestão deve ser orientado a esses recursos, seu custo, seu tempo de vida útil, o reinvestimento. Saber lidar com eles, interpretar seu comportamento e prolongar seu tempo de utilização é uma atitude necessária ao bom desempenho econômico. No exercício da IP, o eixo ou dimensão dos recursos, eventualmente pode ter seu sentido voltado ao próprio homem. No capítulo onde ele é descrito, substitua a máquina por este e veja o desempenho como o objetivo de sua ação. Assim, como dimensão, recursos tem duplo significado, o das máquinas criadas pelo homem e o do próprio homem enquanto visto como agente da transformação. Você poderá encontrar boas referências no tratamento dado ao ser humano como agente e recurso seguindo os trabalhos de renomados neurocientistas, psiquiatras, psicólogos e profissionais das áreas afins, que cuidam do físico, emocional, mental e espiritual desta fantástica máquina. Mas para a IP, recurso é aquilo que utilizamos para facilitar uma tarefa e não o homem, que é em si, a razão de existir desse recurso. Em administração, é comum nos referirmos ao homem como *recursos humanos*, mais aí o sentido é mais no âmbito da gestão para diferenciar contabilmente dos demais recursos.

2.3 – Objetivo – O eixo da direção.

Eixo Objetivo – onde está o trabalho ou meta: Nele está nosso foco, o que devemos alcançar. Aquilo que queremos fazer acontecer, nossa meta. Dentro da perspectiva da inteligência produtiva é o que almejamos produzir – ou tornar real –, seja um bem tangível ou o produto de um serviço realizado. Este eixo é o que dá significado aos anteriores. Ele é composto por elementos de inteligência orientados ao que se quer atingir. Evolui por uma ordem natural. A saber, na indústria a natureza é a produção, então sua essência é a transformação de matéria-prima em um produto final. Esse é o raciocínio utilizado. No entanto, podemos definir essa sequência conforme cada área de esforço – objetivo – apresentada. É possível criar estratégia e visão diferentes. O importante ao serem criadas é que uma pergunta permeie todo o esforço: isso contribui efetivamente com a produção do bem ou serviço almejado? Digo isso porque pode acontecer, ao estabelecermos raciocínios de produção, nós os encararmos como um raciocínio de negócios. Embora parecidos, são objetivos diferentes. Enquanto um busca o sucesso como empreendimento, o outro tem como meta obter um produto. Uma fusão ideal entre os dois seria atingir o sucesso com um bom produto que tenha utilidade. Produzir perde o sentido, se o objetivo final não tiver utilidade ao ser humano, ainda que para atender às suas necessidades não básicas como luxo e conforto.

O objetivo é o alvo ou meta a qualquer proposta que tenhamos. Mesmo quem diga que não tem objetivo nenhum na vida, eu asseguro, ele tem. Sobreviver seria essa resposta. Ninguém acorda e diz: hoje eu vou morrer. Saímos da cama já com o propósito de nos mantermos vivos e o que fazemos é nesse sentido. Ter um objetivo nos orienta na melhor forma dessa sobrevivência. Quem não o tem, é como um graveto levado pelo rio, mas mesmo ele sabe que tem um destino final – o objetivo: ser desaguado em algum lugar onde esse rio terminar.

2.4 – Elementos de Transformação

Figura 2.6

Na perfeição da natureza, os corpos de quase totalidade das criaturas são simétricos no seu *design*. Aprendemos a pensar e realizar de forma simétrica ou pela dualidade – homem e mulher, pequeno e grande, baixo e alto, bonito e feio. Na inteligência produtiva busca-se o equilíbrio. Observem os aviões, os carros, a maioria dos equipamentos que utilizamos e as construções. Como seriam se não fosse o pensamento do equilíbrio? O avião conseguiria voar? O carro iria para frente? A Inteligência Produtiva tem seu *design* formador das ideias construído de forma simétrica pela mesma razão. Manter o equilíbrio de propostas enquanto expande. Embora em cada lado dessa expansão as funções possam ter naturezas diferentes, assim como no nosso corpo humano, elas não se contradizem, ao contrário, como nele elas se completam. O *design* finaliza pelas seis expectativas que, ao serem unidas, formam um só organismo, interagindo e completando o sentido das demais – ver figura 2.7a, *Posição de valor*. Seguindo o que a natureza nos ensina, precisamos ter equilíbrio em nossas ideias e ações, e elas devem se completar como se fossem um todo. Assim como o universo, onde embora centenas de milhares de quilômetros separem os corpos celestes, eles – os corpos celestes – obedecem a uma ordem universal, também simétrica, seja em seu movimento pelo universo, seja em sua construção. Todo o desenvolvimento e a criação de novos elementos seguem essa proposição básica de simetria e equilíbrio. A estrutura segue o princípio de expansão das ideias – ver figura 2.6. Um conhecimento adquirido leva a outro que o completa.

Primeiro há a **natureza**, ou origem do eixo de inteligência com o qual estamos trabalhando; por exemplo, o eixo PESSOAS. A seguir, a **essência** dessa natureza, ou aquilo que lhe dá sentido. Em seguida, existem os meios para se atingir os objetivos, ou **proposições** para se chegar la. As proposições devem se completar – nunca se contrariar –, e são como as asas de um avião, cada uma tem uma função própria associada ao todo, mas ambas têm a mesma finalidade, sustentação e direção do avião. Seguindo o fluxo de expansão, **encontram-se as expectativas**. Elas devem atender ao que está sendo proposto – é onde podemos agir. As expectativas são divididas em seis elementos, sendo três para cada lado do eixo. O propósito é atender a essas e agir com o intuito de entendê-las. O eixo central possui dois elementos, e as laterais, quatro elementos cada uma. Essa formação tem uma função importante que veremos à frente, ao estudarmos a conexão destes componentes de transformação da inteligência. A estrutura nos permite unir os eixos e fazer que os elementos *transmitam* sua informação aos vizinhos como uma *sinapse* que transmite informação entre os neurônios.

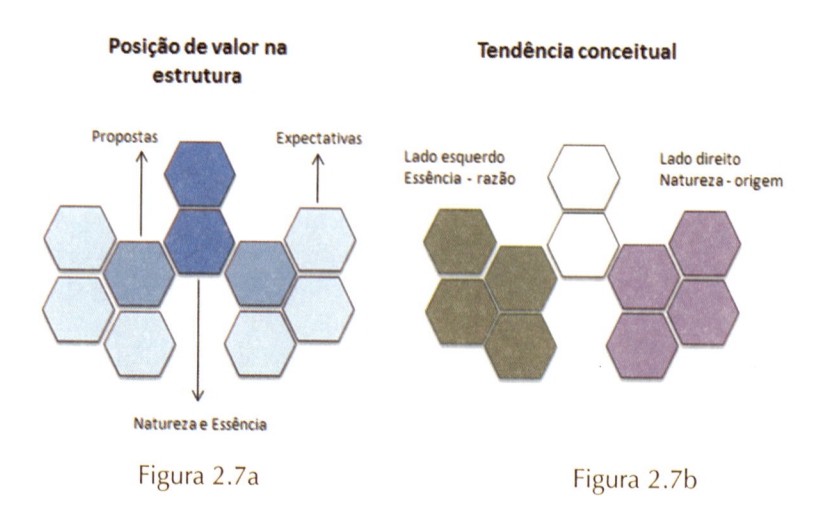

Figura 2.7a

Figura 2.7b

Na figura 2.7b, semelhante à anterior, destacamos a tendência conceitual contida nos eixos. Pode haver exceções, mas em sua grande maioria os elementos/aptidões da direita estão ligados à natureza do eixo, e os da esquerda à essência que satisfaz essa natureza.

Parte 3
Trabalhando Eixos de Transformação

3.1 – Eixo Pessoas e Comportamento

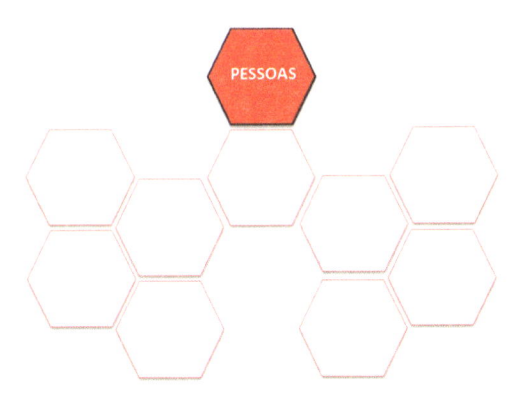

Figura 3.1

Já ouvi utilizarem o termo *peças* se referindo a *gente* para explicar algum estratagema. Na verdade é uma analogia, tornando essas pessoas um mecanismo no qual encaixar aqui ou ali e no momento certo pode fazer toda a diferença! Embora eu entenda a analogia, prefiro me referir às pessoas como gente, como indivíduos que pensam, que sentem e que, quando simplesmente trocados de lugar, podem não se encaixar no novo lugar, por não gostarem da mudança. Por trás de olhos singelos e ternos, ou amargurados e esbugalhados, existe alguém habitando. A roupa que a veste, mesmo que de cor padronizada por um uniforme, tem seu caimento próprio, seu cheiro, suas dobraduras que são peculiares a cada um. Quando vemos uma pessoa, precisamos saber que por detrás dos olhos, do semblante, da roupa, do calçado usado, há todo um universo de sentimentos que a habita em diversas formas e em gestos e movimentos próprios. Atrás da mesa, do balcão, do computador, do quadro, do volante, da ferramenta pesada ou do bisturi preciso, temos a criação de deuses poderosos esculpidos como mães, pais, filhos e irmãos, a lutar, proteger e se sacrificar por seus entes. São esposos e esposas, companheiros cuja momentânea distância o amor ou até mesmo o ódio não os deixa desapegarem-se. São lutadores, são idealistas, políticos, voluntários, religiosos. Acreditam, fazem desacreditar-se, mas estão ali segurando uma invisível e esvoaçante bandeira. Tornam-se torcedores apaixonados, adoram acompanhar uma competição, também competir e, se possível, ganhar! Possuem um pouco de médico, um quê de poeta e algo de cientista! Técnicos são o tempo todo, de futebol, voleibol e até de partida de videogame! Nasceram entendidos, com opinião formada, e com o passar do tempo vão percebendo que a vida não é bem assim. Eles convivem, trocam todas essas experiências e papéis o tempo todo. Não sabem bem quem são, mas uma certeza existe, pessoas não são apenas peças numa engrenagem produtiva, elas são a essência da vida!

A figura 3.1 nos mostra a expansão do eixo PESSOAS, facilitando a compreensão de como se expandem os componentes de transformação da Inteligência Produtiva neste eixo. Se de um lado temos a natureza humana e do outro a essência que confirma essa natureza, podemos dizer que nossa natureza nos leva a buscar satisfação, seja no que estivermos empenhados ou fazendo. Por outro lado, a essência dessa satisfação é nossa motivação. Estarmos satisfeitos nos motiva a *tocar o barco*.

Trabalhar a transformação do eixo PESSOAS é agir em cada proposta colocada, buscando atender suas expectativas e transformando o que cada uma nos pede, em realidade. É a situação onde esperamos que algo, ou sua probabilidade de acontecer, se torne concreta, por isso devemos nos mover nesse sentido.

Mais uma vez somos compelidos aqui a tratar o ser humano como uma máquina biológica de produção, independente do que seja o objeto dessa produção. O comportamento define aquilo que esperamos de uma pessoa. Fazendo uma analogia, se tivéssemos uma máquina de costurar couro o que esperaríamos dela? Costurar couro, de forma apropriada, com qualidade, a uma velocidade estimada e que sempre respondesse aos nossos comandos. Ou seja, a máquina executa aquilo que esperamos dela. De igual modo, o ser humano como máquina biológica, nos cria expectativas em relação ao seu *modus operandi* – forma como age.

Comportamento é a essência que define esse modo de ser ou agir. Uma máquina de costurar couro que masca a linha ou emperra os movimentos é como um ser humano que insatisfeito ou desmotivado responde inadequadamente a uma expectativa que temos sobre ele. Ele não responde como gostaríamos, levando para o seu modo de agir ou responder essa condição negativa, tal qual a máquina nos levando a uma frustração quanto aos resultados esperados através de sua ação.

Essência: O Comportamento

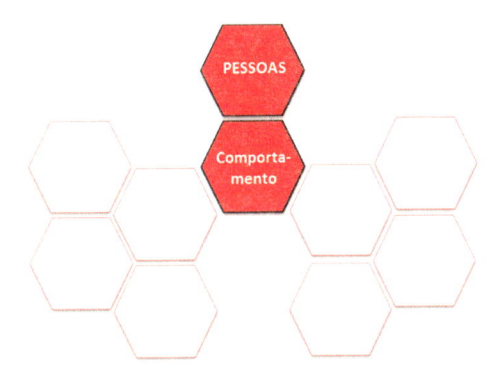

Figura 3.2

O que determina o estado emocional de uma pessoa? Seja qual for a resposta que você tenha formulado, ela está ligada ao comportamento que essa pessoa manifesta. Estudos de profissionais da área de neurociência, psiquiatria, psicologia e afins têm demonstrado que se uma pessoa estiver satisfeita e motivada no ambiente em que trabalha, e com o que faz em sua rotina, ela terá mais propensão a produzir melhores resultados. O comportamento organizacional passa por esse filtro. Somos emocionais e por isso nosso comportamento é influenciado por nosso estado emocional. Se você quiser montar uma empresa que dependa única e exclusivamente de pessoas para produzir, sem máquinas, recursos, nem mais nada, apenas pessoas, entenderá o quão importante será o comportamento delas nessa organização. O livro de Stephen P. Robbins e Timothy A. Judge, *Fundamentos do comportamento organizacional*, ilustra essa importância, colocando-o como tema central nas organizações corporativas[9]. Visualize três departamentos, um com pessoas ale-

---
9 *Veja *Referências Bibliográficas*

gres e felizes, outro com pessoas apáticas, digamos, nem alegres e nem felizes. O terceiro departamento estaria repleto de pessoas resmungonas e mal-humoradas. Em sua opinião, qual dos três departamentos teria um resultado melhor na realização de suas tarefas e, consequentemente, produtividade? Com raríssimas exceções, pois o aleatório[4] ronda nossas vidas, o grupo que se sairia melhor seria o de pessoas alegres e felizes. Isto porque nosso estado emocional interfere diretamente no nosso modo de agir. Pode nos tornar mais ativos e até passivos diante das situações e desafios que enfrentarmos. Empresas modernas têm investido parte de seu capital em como tornar as pessoas mais felizes no seu ambiente de trabalho. Procuram incluir espaços de lazer, roupas mais adequadas ao clima e ambiente no qual se localizam. Incluem uma alimentação balanceada e em várias ocasiões do dia. Some-se a isso transporte de bom nível e conforto. Até em espaço para relaxar e tirar uma soneca após o almoço algumas empresas estão investindo. Elas perceberam que investir no bem-estar de seu maior ativo, gente, é criar melhores condições para obter melhores resultados. Tenho certeza de que você tem inúmeros exemplos de pessoas cujo comportamento adora, outros nem tanto e alguns até detesta, isso faz você se dar bem com uns e com outros não. Então imagine um ambiente de trabalho, onde é preciso atingir um nível de produtividade bem exigente e precisa-se contar com as pessoas para chegar lá, a pergunta certa a se fazer é: você acha que o comportamento dessas pessoas interferirá no resultado que quer alcançar? Não precisa me dar sua resposta, ela é óbvia e você está certo, o comportamento dessa pessoa fará sim toda a diferença no esforço conjunto que vocês realizarão; por isso comportamento é tão importante quando se trata de *gente*, e investir em formas de tornar esse comportamento o mais previsível e favorável às pessoas é transformar sua Inteligência Produtiva. O foco estará orientado para a satisfação das pessoas e ao mesmo tempo estimulando a que tenham motivação em trabalhar. Satisfação e motivação dependem de algumas expectativas que precisam ser atendidas.

Figura 3.3

Nosso comportamento depende de nossa satisfação e motivação no que estivermos envolvidos.

Proposição: Cadeia da Satisfação

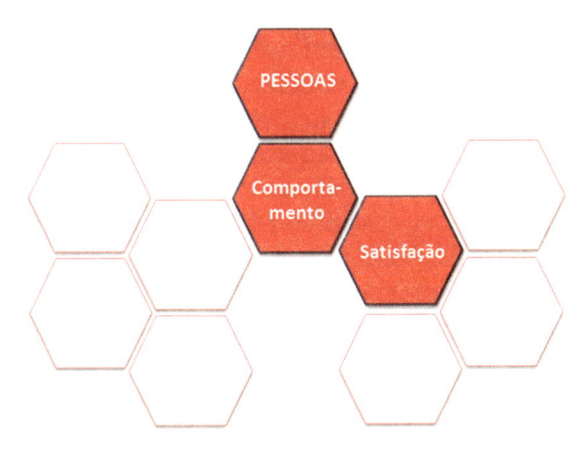

Figura 3.4

Um dos comportamentos vividos por uma pessoa é o que vem do sentimento de satisfação. É importante ao ser humano sentir-se parte de um todo e ter seu papel e importância reconhecidos. Durante nossa vida, esse todo vai ganhando nomes conforme nos incluímos na sociedade. Família, escola, amigos de juventude, colegas de trabalho e amigos da vida adulta.

Estar satisfeito é um estado de espírito. Existem pessoas que estão sempre sorrindo e alegres, demonstrando o quanto são felizes. Predispostas à ação da serotonina, um neurotransmissor responsável pelo nosso bom humor e sensação de bem estar, elas não precisam um motivo específico para estarem felizes, o são por natureza. Outras são mal-humoradas, e também não precisam um motivo específico. Não pretendemos entrar na questão biológica que determina o humor das pessoas, mas aconselhamos aos que têm problemas dessa natureza que procurem ajuda. Nem sempre somos responsáveis pelo nosso estado de espírito, ser feliz não é uma questão de querer somente, é preciso trabalhar esse comportamento. A satisfação pode ser consequência, no ambiente de trabalho, de atitudes e ações em nossa direção. Se o que acontece ao seu redor estimula o bem-estar, provavelmente você estará satisfeito e isso refletirá nas atividades desempenhadas. Estar satisfeito é ter a sensação de que tudo está bem e de que você faz parte desse todo.

Figura 3.5

Expectativa: O Engajamento

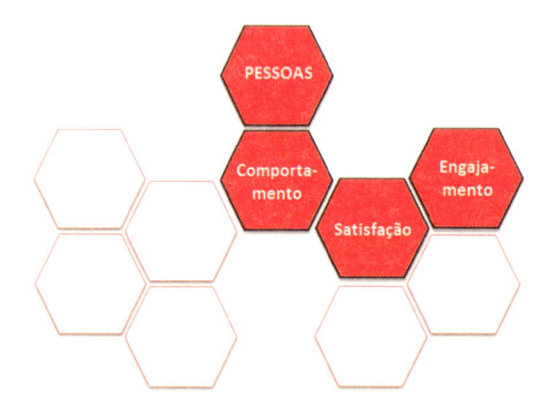

Figura 3.6

A empresa que quer atingir níveis excelentes de resultado, entre eles a produtividade, deve ter planos e ações que estimulem colaboradores e parceiros a se sentirem parte do que está acontecendo e de seus propósitos. Não pode deixá-los à margem e depois cobrar comprometimento como se isso fosse parte de seus afazeres. Comprometimento não se impõe, é conquistado!

O engajamento social é tão importante quanto o profissional. Precisamos estar em acordo com o meio e o ambiente onde vivemos, as pessoas, a política, a organização social. Se estivermos em desacordo com este lugar do ponto de vista físico e social, dificilmente estaremos *dentro* de qualquer outro tipo de ambiente. Engajamento é um estado de espírito.

Querer fazer parte do grupo, enfrentar os desafios juntos, aceitar as dificuldades, oferecer ajuda, isto é estar engajado! A maior dificuldade é sair do estado confortável da contemplação ou reclamação, em que nos julgamos no direito de apontar os erros dos outros em vez de oferecer ajuda justamente para corrigir esses erros.

Engajamento é dizer: pode contar comigo!

Participei de um grande projeto de uma mineradora no estado de Minas Gerais e estávamos na fase de comissionamento, que é aquela fase que vem depois da montagem de todos os equipamentos. O propósito é testar os equipamentos, ver se eles atendem ao especificado e se estão funcionando de forma adequada. Eu me lembro de que tínhamos reuniões às vezes até muito tarde da noite, com o pessoal que estava entrando no turno, mas existiam ali alguns remanescentes que haviam trabalhado o dia todo. Por questões trabalhistas, teriam que *deixar o barco* logo após a reunião, não fosse isso, continuariam com o maior prazer e satisfação, tal era seu estado de entrega ao projeto. Um dos engenheiros responsáveis até criou um jargão, que dizia *quem pula pra dentro*. O pessoal pulava mesmo! Empreiteiros, montadores, fornecedores dos equipamentos, de sistemas, do ar-condicionado, do sistema de incêndio, todos atendiam ao pedido. *Pular para dentro* era dizer: *pode contar comigo*, se tiver algum problema eu resolvo, se não conseguir, arrumo alguém que consiga! Este é o espírito de estar engajado, e fazer que as pessoas se sintam assim é uma proeza e tanto. Quem está comprometido é porque está satisfeito, sente que participa. Um grande desafio dos líderes de hoje é passar às suas equipes este sentimento, torná-las importantes, transmitir-lhes segurança e deixar que conduzam o barco. No projeto que citei, eram vários líderes que se alternavam conforme o que estava sendo executado. Podia-se também distinguir uma autoridade maior, acima de todas. Esse engajamento que contaminava a todos vinha dessa pessoa.

É preciso encontrar o interesse comum:

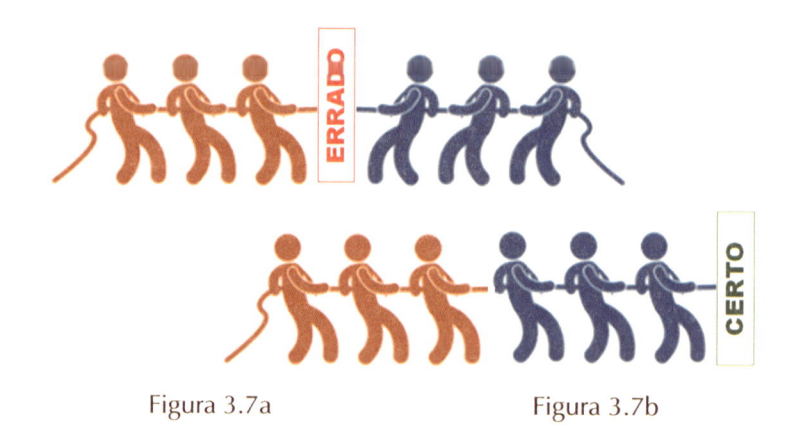

Figura 3.7a   Figura 3.7b

Quando estamos engajados, estamos todos do mesmo lado!

Expectativa: Responsabilidades

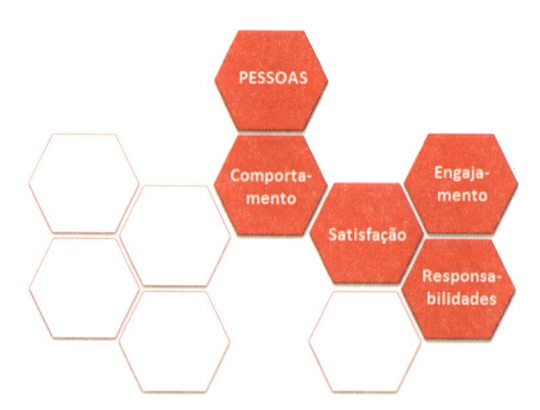

Figura 3.9

Mas como você pode se sentir *dentro* se não lhe derem responsabilidades. Responder por algo é ter importância, é ter a confiança das pessoas. Se você é responsável por algo é porque o conhece. A empresa deve delegar a seus colaboradores, em todos os níveis, responsabilidades que sejam condizentes com a função desempenhada por eles. Somente assim se sentirão importantes e incluídos no grupo e com uma missão a cumprir.

Parte 3 Trabalhando Eixos de Transformação   47

Quando meu filho menor estava com nove anos, ele chegou em casa certo dia muito satisfeito. Estava muito feliz, e seu contentamento transbordava como um copo de água que a torneira não para de encher. Perguntei-lhe qual a causa de tamanha felicidade, e ele respondeu com a maior naturalidade: "Pai, agora eu sou responsável pela turma, fui nomeado representante de classe". Parabenizei-o dando-lhe meu apoio e perguntei: "Mas o que você vai fazer sendo representante de classe?". E ele, com a mesma naturalidade, definiu o que para ele é ser responsável: "Pai, não sei ainda não, mas sei que a turma confiou em mim para fazer isso e por isso, seja lá o que for, vou aprender e não vou decepcionar meus colegas!". Ser responsável nos faz sentir importantes e com vontade de não decepcionar quem nos delegou essa responsabilidade, seja ela qual for. Você já deve ter visto pessoas que trabalharam até altas horas da noite para cumprir uma tarefa ou missão que lhes foi confiada. E apesar de todo o esforço e cansaço, quando termina sente uma satisfação imensa, porque deu conta do recado! Estar engajado e se sentir responsável por algo no lugar onde trabalha traz uma satisfação muito grande, por saber que desempenha um papel importante para o resultado a ser alcançado.

Expectativa: Papéis

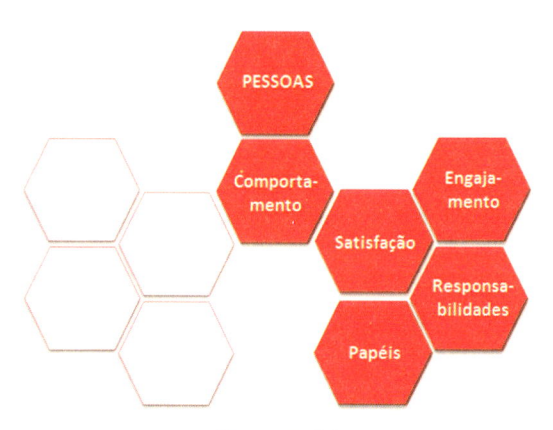

Figura 3.10

O que devo fazer, qual meu nível de ação sobre isso?

Fechando a cadeia de satisfação temos os papéis. Se você é parte de uma história, então tem que desempenhar um papel. Para isso é preciso saber o que as pessoas esperam de você. Os atores sabem o que é isso, ter um papel bem definido, no qual se sabe o que é esperado deles. É mais ou menos como saber quando entrar em cena e, tão importante quanto isso, quando sair dela! Minha sogra dizia que em festa a gente tem que sair quando ela ainda está boa! Parece incoerente, mas a quantas festas fomos e vimos no final acontecerem fatos que não eram para acontecer, como um convidado que passou do ponto na bebida, ou outro que, não tendo mais o que falar, falou além do que deveria. E o *show* daquela pessoa sob efeito do álcool, que resolve na última hora arriscar uma dança diferente. Vimos muito disso nas pegadinhas e vídeos caseiros da internet, que desastre! Por isso, para não ser vítima da ambiguidade das situações, é melhor definir bem o papel de quem trabalha com você e dizer o quê e até onde espera delas. Quando trabalhamos com essa definição bem clara, sentimo-nos mais seguros no que estamos fazendo e, consequentemente, mais satisfeitos. Entramos em cena sabendo que não vamos atropelar os fatos e nem quem estiver conosco. Em um empreendimento, ou parte de algum, seja indústria, comércio, esporte, entretenimento, comunicação ou prestação de serviços, tenha em mente que fazer as pessoas trabalharem umas com as outras é definir um papel claro do que se espera de cada uma delas. Delegar poderes para fazerem face ao papel que têm e se sentirem engajadas as fará passar por um estado de satisfação muito positivo. Elas sem dúvida produzirão mais porque estarão satisfeitas! Mas, estar satisfeito é o mesmo que estar motivado?

RESUMO CADEIAS DE EXPECTATIVAS - SATISFAÇÃO	
É sentir-se dentro dos acontecimentos, e dizer: *Pode contar comigo!*	Engajamento
É sentir-se responsável pelo trabalho, assumindo os riscos e controle!	Responsabilidades
É saber o que é esperado de cada um e qual é o seu papel no todo.	Papeis

Proposição: Cadeia da Motivação

Figura 3.12

O que é motivação? A motivação é um comportamento de natureza ligada ao ser humano. Podemos até não estar satisfeitos com o que estamos fazendo, mas se não houver uma motivação qualquer, nem que seja para salvar a nossa pele, não sairemos de onde estamos em direção ao lugar aonde precisamos chegar! Estar motivado significa querer, desejar. O filósofo Sartre propõe: "Deve-se conhecer a meta antes do percurso". O que ele quis dizer com isso? É fácil perceber que se não conhecermos o objeto de desejo antes da caminhada provavelmente nem comecemos a caminhada, ou então, se você conhecer os obstáculos da caminhada antes de saber o que tem do outro lado, talvez nem queira saber o que está lá. Imagine, alguém lhe diz que neste caminho tem um lobo feroz, que quando está com fome ataca o que houver pela frente. É hostil e impiedoso! Pronto, você já desistiu. Mas, espere, vamos fazer o contrário, em vez de falar do lobo no caminho, vamos falar do que tem do lado de lá primeiro. Dizem que é uma pessoa muito, mas muito atraente e sexy. Imagine alguém assim. E mais, dizem que ela ganhou na loteria uma bolada incrível, dá para viver folgado uns trezentos anos. E, para completar, está procurando alguém para dividir tanta alegria, e dizem que você se parece muito com o tipo de pessoa que ela quer. Pronto, você fez o que Sartre sugeriu, conheceu a meta antes. Agora podem falar do lobo, de hostilidade e por aí vai, que se dane o lobo, você arruma uma arma, leva carne empacotada para ele e tudo o que puder para driblar o obstáculo, o importante é chegar à meta, a pessoa que você idealizou!

O objeto do desejo é que nos move para a ação!

Conheci um indiano numa empresa em que trabalhava há muitos anos. Ele se definia como sendo um *sikh*. O *Sikhismo* é conhecido como uma das religiões indianas junto com o Hinduísmo e o Budismo, e tem muito a ver com a crença em carma, reencarnação e renascimento. Ele usava uma espécie de turbante vermelho e não cortava o cabelo[5]. O dele eu não vi, mas era bem comprido, segundo sua própria descrição. Era uma pessoa de quem gostei muito, com hábitos simples e muito trabalhador. Ele me contou certa vez a história da curva da motivação do mamute, que é mais ou menos assim: a motivação do homem é como o dorso de um mamute, no início ela é entusiasmante, todos se sentem movidos a fazer o que é proposto mas, se não alimentarmos esse entusiasmo precoce, ele começa a descer o morro e vai se apagando como a luz de uma vela. Então vem uma turma animada e diz: *Ei, pessoal, não podemos desistir, vamos lá, turma, levantem a cabeça, vamos fazer acontecer! E então o entusiasmo sobe de novo. Mas, se não alimentarmos essa nova chama, o entusiasmo recomeça a descer o morro de novo e desta vez vai embora sem que ameace uma nova reação.* Ele fez um desenho em uma folha de papel e ficou algo parecido com o da figura 3.13.

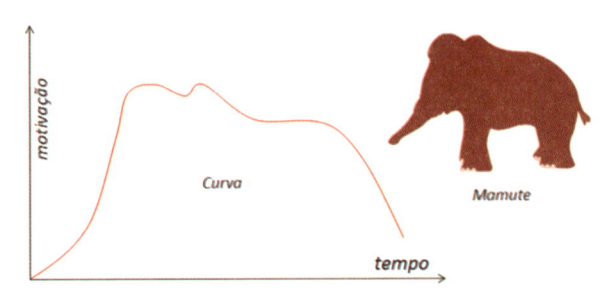

Figura 3.13

Se você não conseguiu enxergar um mamute na curva à esquerda, repare na parte direita. Realmente meu amigo tinha toda a razão, é mesmo a curva do dorso de um mamute. Mas o ensinamento passado por ele é que foi importante. Ele disse que os elefantes quando estão velhos não se recolhem para morrer em um lugar reservado para eles, como diz a lenda. Na verdade, não conseguem andar mais como quando eram jovens e, como não conseguem se alimentar, vão ficando para trás da manada. Outros na mesma situação vão se juntando a eles, os animais são grupais e gostam de ficar perto uns dos outros. Então, quando morrem, fica mesmo parecendo um lugar escolhido. Uma obra excêntrica da natureza. Nossa motivação se comporta desta forma também. Se deixarmos as coisas envelhecerem, não as alimentarmos adequadamente com motivos que lhes tragam energia, vão ficando para trás, represando as pessoas, e acabam todas morrendo em um cemitério das ideias antigas e ultrapassadas. Por esse motivo devemos, no olhar da Inteligência Produtiva, sempre alimentar a motivação. Principalmente com ações que sejam perenes. Meu amigo *sikh* voltou para a Índia, foi para Bombaim, cidade onde morava. Deixou comigo uma nota de vinte rúpias e disse que era para não me esquecer dele; não o esqueci, e sou-lhe grato também pelas muitas histórias que me contou sobre seu país. Iniciando a cadeia da motivação, o que é necessário para nos sentirmos motivados pela ótica da Inteligência Produtiva, já que não estamos nos referindo a motivações passageiras como um presente ou um passeio?

Expectativa: Ser Útil

Figura 3.14

Uma pessoa que é útil em seu grupo, sente-se valorizada, importante. Fazer as pessoas se sentirem úteis é uma forma de motivá-las a atingir objetivos. Quando fazemos algo para os outros, em nossa vida pessoal ou no trabalho, sentimo-nos importantes, realizados! O sentimento de utilidade é tão necessário que, ao perdê-lo, a pessoa sente sua importância diminuída. No ambiente de trabalho, para motivar as pessoas, comece fazendo-as se sentirem úteis, importantes, necessárias, depois mostre onde você quer chegar! Quando eu era criança, tinha um apelido bastante interessante do qual me orgulhava muito. Eu era o *super*. Ganhei esse apelido porque meu ídolo era o SUPER-HOMEM, o homem da capa vermelha que voava e que nos seriados da TV ajudava todo mundo. Eu queria ser como ele, por isso amarrava uma toalha no pescoço, entoava a música do seriado e saía correndo pela rua, como se estivesse voando! Coisa de criança, mas era muito legal. Com isso ganhei a alcunha de *super* que me acompanhou enquanto morei naquele bairro, até me mudar. Ninguém sabia meu nome, apenas que eu era o *super*. Certa vez o diretor do colégio no qual estudava – um colégio de padres espanhóis – mandou chamar-me em sua sala. Eu fiquei morrendo de medo, enquanto subia as escadas para a sala fiquei pensando, o que fiz de errado? Ir à sala dele era coisa de menino muito levado. Quando entrei lá, ele me viu assim meio desconfiado e, com aquele sotaque típico de estrangeiro, perguntou-me se eu era o *super*. Eu mesmo, respondi sem titubear, era tão normal ser chamado assim. Ele deu uma gargalhada bem prolongada, e logo a seguir entabulou uma conversa comigo para entender aquele apelido do famoso *super* que todo o colégio conhecia. O motivo da gargalhada é só um. Eu era muito, mas muito franzino para ser um *super*, então como ser chamado de *super*? Expliquei a ele como tudo começou, e daí em diante minha fama aumentou mais ainda, afinal, fui à sala do diretor do colégio e ganhei até bolo. Bom, eu não disse, mas era muito bom aluno também. Minha alegria em ser o *super* era pela sensação de ser útil que o personagem do SUPER-HOMEM me passava. Eu percebia como ele era admirado, todos queriam ser como ele e ter seus superpoderes. Eu gostava de parecer útil. Então a IP nos ensina aqui que para motivar uma pessoa temos que fazê-la se sentir útil. Este sentimento nos torna importante, pois se somos úteis é porque temos algo a oferecer às pessoas. Motivar uma pessoa é fazê-la se sentir útil dando-lhe papéis, responsabilidades e tarefas a executar. Será muito difícil encontrar uma pessoa ociosa, sem ter o que fazer de utilidade para os outros, e essa pessoa falar que é feliz. Um dos fatores que nos torna felizes e motivados é poder servir aos outros!

Figura 3.15

Ser útil é um sentimento que nos motiva!

Expectativa: Ser Aceito

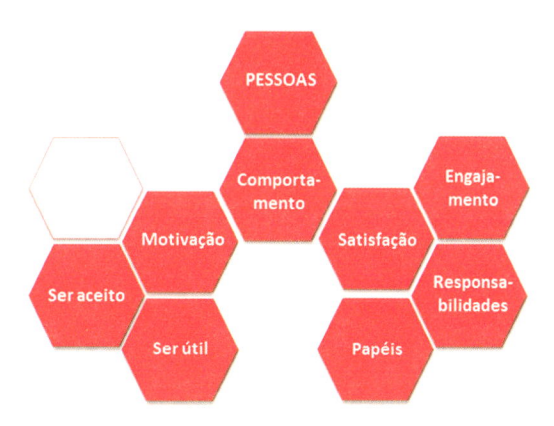

Figura 3.16

O que faz nossa autoestima falar mais alto? É sermos aceitos na comunidade e no trabalho. Esse sentimento atende nosso desejo primário de fazer parte do grupo. Fazer as pessoas se sentirem aceitas as motiva para o desafio. Quanto maior é nossa satisfação em fazermos parte de algo porque somos aceitos no grupo, somos úteis, somos importantes, maior é nossa motivação para *trazer* resultado a esse grupo. Abraham Maslow (1908-1970) foi um psicólogo americano nascido em New York. Teve repercussão devido a seu estudo relacionado às necessidades humanas. De acordo com ele, o homem seria motivado segundo suas necessidades, e estas se manifestariam em graus de importância hierárquica que ele definiu como sendo uma pirâmide. Nela, as necessidades fisiológicas são as primárias do ser humano, vindo a seguir as de realização pessoal. Cada necessidade humana influencia sua motivação e sua realização, fazendo-nos evoluir para as demais. Seguindo a hierarquia de Maslow, partimos da necessidade fisiológica e avançamos até atingirmos a autorrealização – ver figura 3.18, *Hierarquia das necessidades de Maslow*. Podemos deduzir de seu estudo que a motivação é uma necessidade própria humana, presente no âmbito social e profissional, já que nossa autoestima está ligada ao nosso papel na sociedade. Ser útil e ser aceito vão ao encontro dessa necessidade motivacional. Não agimos apenas por instinto, precisamos estar motivados, sem esta chama, seguir em frente torna-se pesaroso e difícil. Transformar a autoestima de forma positiva é trabalhar a motivação.

Ser aceito é ser convidado a fazer parte.

Figura 3.17

Ser aceito é, em outras palavras, termos as portas abertas onde estivermos. Sabe aquele mal-estar sentido quando na escola ou no trabalho o professor pede para formar um grupo e você, o último a chegar, tenta encaixar-se em algum, mas quando olha para as pessoas sente certo mal-estar como se lhe dissessem "O que esse sujeito está fazendo aqui?". A motivação para realizar qualquer trabalho começa pela aceitação no grupo onde a atividade é realizada. Essa é a tônica de ser aceito e sua importância motivacional. Um grupo de atletas – por exemplo – *está fechado*, quando todos os membros da equipe se sentem úteis e aceitos, por esse motivo o esforço para sermos capazes, é uma das formas de nos tornarmos aceitos.

Parte 3 Trabalhando Eixos de Transformação 55

Hierarquia das necessidades Maslow

Figura 3.18

Participei de um grande empreendimento na indústria metalúrgica, onde tive minha atenção chamada para o fato de que todo novo colaborador que passava a fazer parte do projeto, sequer era apresentado ao grupo. Ele – pode-se dizer – já ia *direto* para seu posto, como se fosse apenas mais um dia em sua rotina, independente da função exercida. Perguntava-me, como esperar que essas pessoas tivessem o sentimento de serem aceitas no grupo? Onde estariam suas motivações para melhores resultados? Ser aceito é ser recebido com um aperto de mão e ser *convidado a fazer parte*.

Expectativa: Ser Capaz

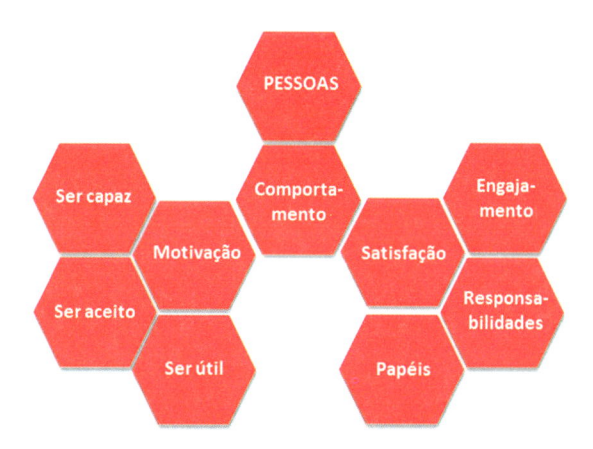

Figura 3.19

Ser capaz é sentir seu progresso, seu avanço, seu movimento! Sabemos que as pessoas se tornam extremamente motivadas a atingir um objetivo quando sentem que são capazes de realizar todo o trabalho e esforço para chegar lá. É preciso desenvolver a capacitação das pessoas e torná-las preparadas para vencer o desafio da tarefa que vão realizar. Estive na Alemanha na década de 90, e naquela época algo que me chamou a atenção foi o modo como os profissionais da indústria que visitei se preocupavam em capacitar seus jovens aprendizes. Tratava-se de uma empresa chamada Badische Stahlwerke, na cidade de Kehl, a uns duzentos quilômetros ao sul de Frankfurt. Uma empresa especializada na fabricação de vergalhões para a construção civil e com uma produtividade referência mundial, daí o motivo de termos ido até lá, eu e um grupo de colegas da antiga Siderúrgica Pains, pertencente na época a uma *holding* alemã de nome Korff. Como os gerentes da BSW motivavam suas equipes? Uma forma era manterem profissionais que entravam em idade de aposentadoria em uma espécie de Centro de Treinamento de Aprendizes, e lá esses profissionais transmitiam seu conhecimento e experiência aos mais jovens. Um trabalho fantástico que muito me orgulhei de poder conhecer. Não é por mero acaso que a economia de lá é uma das mais fortes no eixo da Comunidade Europeia. Eles seguiram a premissa da inteligência que é motivar as pessoas tornando-as úteis, aceitas e capazes, e com isso se tornaram referência em produtividade. Não preciso dizer que além de motivadas essas pessoas eram muito mais satisfeitas em seu trabalho, pois se sentiam engajadas, responsáveis e desempenhavam um papel bem definido. A missão destes mestres *seniors* era o de preparar os jovens para continuarem dando à empresa os altos índices de resultados que ostentavam, e com isso também perpetuavam sua experiência e amor à empresa.

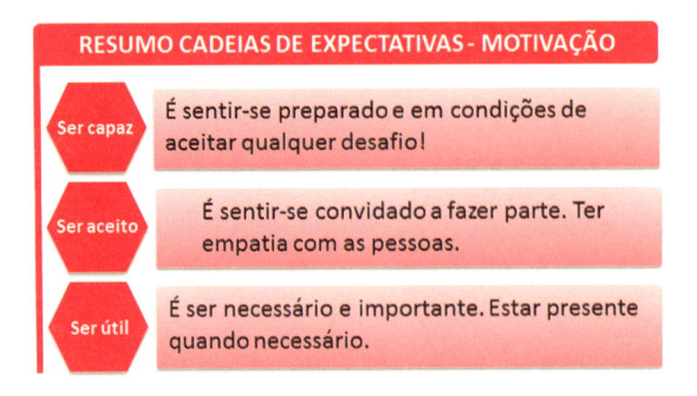

RESUMO CADEIAS DE EXPECTATIVAS - MOTIVAÇÃO	
Ser capaz	É sentir-se preparado e em condições de aceitar qualquer desafio!
Ser aceito	É sentir-se convidado a fazer parte. Ter empatia com as pessoas.
Ser útil	É ser necessário e importante. Estar presente quando necessário.

Parte 3 Trabalhando Eixos de Transformação 57

Encerramos aqui o eixo Transformação com Foco nas Pessoas. Dar a elas, em qualquer empreendimento, a devida importância e atenção, é no mínimo construir a esperança de alcançar resultados melhores. Mas os resultados serão tão melhores que os previstos quanto maior for essa atenção despendida. Voltando à nossa analogia com as abelhas, embora não racionalizem, satisfazem-se com o que cada uma tem como papel, com sua responsabilidade e com o fato de estarem engajadas na colmeia enquanto comunidade. São motivadas pela necessidade de perpetuar sua espécie, por isso se tornam úteis, são aceitas no grupo no devido tempo e tornam-se capazes de realizar seu trabalho. Ao encerrar a primeira parte deste capítulo, cito o pensamento do poeta português Fernando Pessoa que diz: "O valor das coisas não está no tempo que elas duram, mas na intensidade em que acontecem. Por isso, existem momentos inesquecíveis, coisas inexplicáveis e pessoas incomparáveis". O último elemento do eixo PESSOAS, *Ser Capaz*, nos remete à competência e ao conhecimento que devemos adquirir para nos sentirmos assim. Nem sempre esse conhecimento pode ser adquirido, às vezes ele já nasce conosco. Saber identificá-lo e desenvolvê-lo é o nosso próximo desafio.

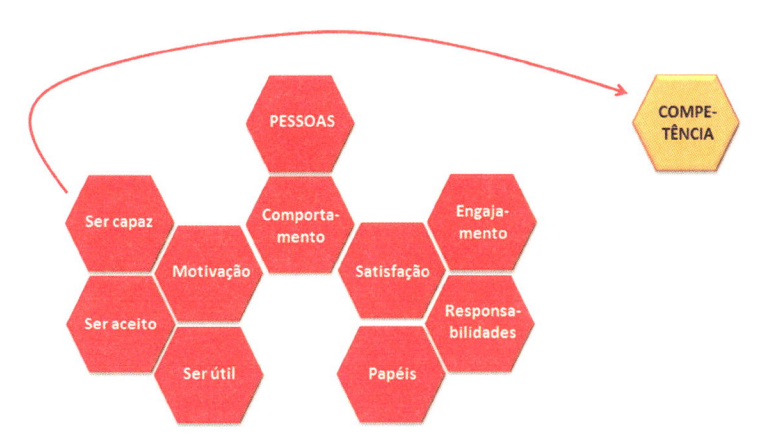

Figura 3.21

3.2 – Eixo Competência e Conhecimento

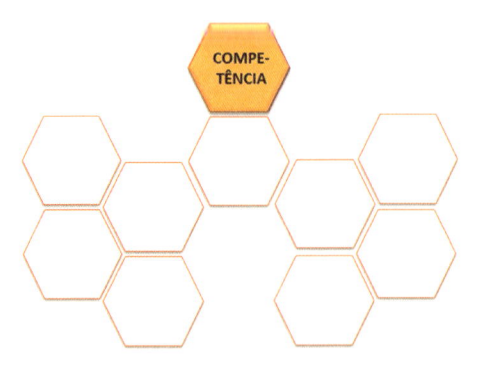

Figura 3.22

O escritor Rubem Alves disse certa vez que: "*Escolas que são gaiolas existem para que os pássaros desaprendam a arte do voo. Eles deixam de ser pássaros! Porque a essência deles é o voo. Escolas que são asas não amam pássaros engaiolados. O que elas amam são pássaros em voo. O voo não pode ser ensinado. Só pode ser encorajado*". No desenvolvimento da inteligência aplicada à Competência, o que se busca é dar às pessoas condições para desenvolverem suas habilidades pessoais e adquiridas. Como na citação, o ato de **aprender** não pode ser ensinado, mas pode ser encorajado. Não podemos ensinar tudo que sabemos às pessoas, mas podemos encorajá-las a querer aprender. Quanto mais conhecimento uma pessoa tiver, melhores serão suas chances de elaborar e executar uma atividade com eficiência e qualidade. Vamos entender um pouco sobre o processo de aprendizado. Começa pelo conhecimento dos recursos que utilizamos para aprender, que são: o nosso cérebro e a nossa mente. Um computador, analogamente, tem *hardware* e *firmware* (a máquina e o programa que faz funcionar sua memória, disco rígido, teclado etc.) e também o *software* (os programas utilitários, aqueles a que temos acesso e podemos modificar), nós também somos assim. Nosso *hardware* é o nosso cérebro, nosso *firmware* e a programação genética que temos é que fazem nosso corpo funcionar de forma automática sem nossa consciência, como o coração, pulmão e o sistema vascular etc. Já nosso *software*, podemos dizer que são nossos pensamentos, traduzidos naquilo que aprendemos e executamos no dia a dia. O computador obedece ao *software*, nós obedecemos aos nossos pensamentos (nossa mente). Somos por assim dizer *programados* ao longo da vida. Nascemos com um programa padrão, aquele que gerencia todo o nosso organismo, é automático, mantém nosso corpo vivo – análogo ao *firmware*. Nossa mente consciente é a que racionaliza e à medida que vamos aprendendo, vai modificando nosso programa, isto é, o modo como nos comportamos vai sendo modificado (somos o que pensamos). À medida que aprendemos e vivenciamos experiências, vamos armazenando no inconsciente e agimos de forma automática (pensamos o que somos). Na figura 3.23 fazemos uma comparação entre nossa mente e um *iceberg*.

Figura 3.23

Assim também seria nossa mente. A parte consciente representa em torno de cinco por cento do todo. Já a parte inconsciente está submersa e representa os demais noventa e cinco por cento. Esses dados são informações divulgadas por renomados neurocientistas. Podemos dizer então que aquilo que já nascemos *sendo* está arquivado na mente inconsciente, e à medida que vamos aprendendo – nossa parte cognitiva –, vamos processando pela mente consciente. Quando o aprendizado é enraizado a ponto de agirmos quase que automaticamente, como por exemplo, dirigir, andar e falar, ele passa para o inconsciente, pois não precisamos mais pensar para que aconteça. Graças aos estudos de mapeamento do cérebro, sabemos que ele trabalha de cima para baixo quando estamos agindo de forma consciente, e de baixo para cima quando estamos trabalhando no automático. Devemos buscar entender as pessoas e dar a elas a devida atenção para que possam desenvolver sua inteligência produtiva. Ser produtivo é estar apto a sobreviver, é ter desenvolvido o conhecimento que nos torna capazes para a adaptação ao ambiente e poder retirar dele aquilo que precisamos para manter a vida, sem agredi-lo. Inteligência não é o mesmo que competência. Enquanto a primeira nasce conosco e é a que determina nossas características individuais, a segunda nos cabe desenvolver. Conhecimento leva à *expertise*. Através dela são criados os dois caminhos para chegar às expectativas do conhecimento. O caminho do desenvolvimento pessoal, aquilo que somos naturalmente, e o do desenvolvimento de um aprendizado externo, aquilo em que queremos nos transformar.

Quem somos nós?

Vi excelentes profissionais se apagarem porque foram designados a trabalhar em atividades cujo perfil lhes era inadequado. Podemos perceber que o talento e o sucesso dependem de fazermos aquilo para o qual temos uma inclinação natural, a chance de dar certo será maior. Podemos dizer que o conhecimento de suas potencialidades e de suas fraquezas permitirá torná-lo um profissional mais desenvolvido e com competência para o trabalho a ser desenvolvido. O Eixo da Competência representa o recurso humano que nos ajuda a organizar nossa capacidade produtiva. É através de seu desenvolvimento que aprendemos como melhorar nossas habilidades pessoais e encontrar aquelas que precisamos desenvolver em cada atividade na qual tenhamos interesses em ser bons! Afinal, você pode olhar para um carro de Fórmula 1 e ver um motor, outros podem olhar e ver velocidade. Razão ou emoção?[6]

Em geral são analíticos e racionais.

Alguns processam melhor...

a razão...

...outros a emoção,

mas processamos as duas.

Em geral são intuitivos e emocionais.

Figura 3.24

Essência: O Conhecimento

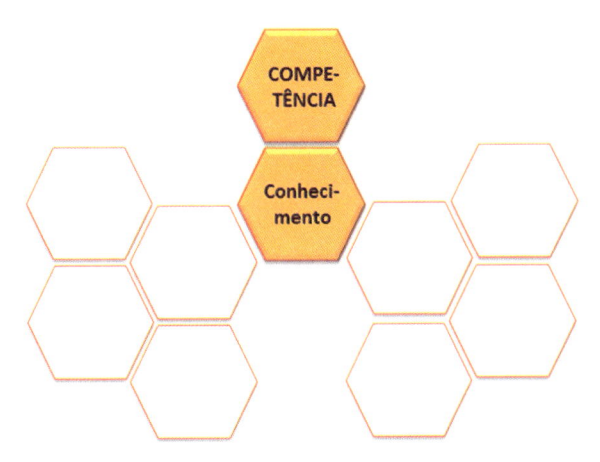

Figura 3.25

O conhecimento desenvolvido por uma pessoa em sua área de trabalho constitui a sua competência ou especialidade em determinado assunto. Quanto maior o conhecimento, maior a possibilidade de desenvolver a *expertise*. A figura 3.26 nos faz refletir em uma metáfora que é muito difundida por consultores em treinamentos organizacionais. Você pode achar a metáfora no *Google* com facilidade. *Um navio de milhões de dólares está encalhado e ninguém consegue achar o defeito. Um especialista em sistemas de navios é identificado e chamado. Após conseguir resolver o problema com uma martelada em uma das bombas da casa de máquinas, ele apresenta uma fatura de 10 mil dólares pelo conserto. É questionado pelo preço exorbitante por uma simples martelada, e ao detalhar o serviço, ele explica que cobrou apenas 1 dólar pela martelada e os outros 9.999 dólares foi por saber exatamente onde deveria dar essa martelada.*

Figura 3.26

Isso é *expertise* traduzida pelo conhecimento adquirido. É quando você estuda, se aprofunda, trabalha, adquire experiência, soma casos, troca informações e então passa a enxergar aqueles problemas específicos com muito mais propriedade e discernimento. Neste trabalho, apresentamos o desenvolvimento desse conhecimento em dois níveis para essa *expertise*. O primeiro é inerente a cada indivíduo, que vem, digamos assim, em nosso DNA ou gene. É tido como aquela pessoa que apresenta naturalmente uma habilidade para determinadas atividades. Ela já nasce com esse conhecimento intuitivo e pode ao longo da vida aperfeiçoá-lo, conhecê-lo e tirar proveito dessa habilidade; é como o cantor que sabendo ter uma boa voz procura aperfeiçoá-la, trabalhar os tons graves, agudos e direcioná-la para uma área desejada, seja locutor, cantor clássico, música pop ou qualquer atividade onde a voz seja o diferencial. O outro é aquele que é adquirido no ambiente externo, ou seja, o que podemos aprender, que não temos como conhecer se não nos for ensinado. Podemos buscá-lo para completar nossos dons e habilidades ou para desenvolver novos talentos, em geral nas áreas onde gostamos de estar e trabalhar.

Proposição: Cadeia da *Expertise* Pessoal

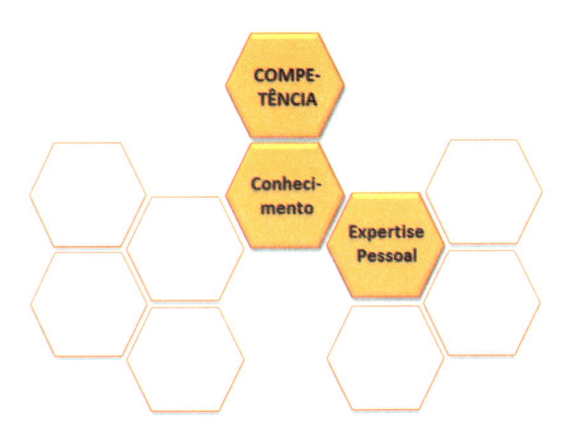

Figura 3.27

Existem pessoas que têm uma facilidade enorme com organização. Classificam as coisas, ordenam, direcionam, rotulam e não se perdem com grande número de informações. Elas já nasceram com essa característica. Como na ilustração, são hábeis equilibristas da vida.[7] Outras são metódicas, analíticas, pesam tudo e sabem exatamente o porquê de cada peso. E ainda tem aquelas que apresentam uma habilidade nata para lidar com pessoas, animais, natureza. Elas fazem isso intuitivamente, parecem saber exatamente qual a resposta a cada desafio. Estas pessoas quando investem no desenvolvimento dessas habilidades, se tornam *expertises* nelas. Em qualquer ramo de negócio, temos que identificar essas características em nossos profissionais e além de incentivá-los, ajudá-los a desenvolverem o dom que possuem.

Figura 3.28

De igual forma, se percebermos pessoas fazendo tarefas que não se adequam ao seu perfil, que as deixam perdidas, é melhor buscar entendimento da situação e ajudar essas pessoas a se reorientarem onde tenham mais afinidade com as tarefas. É arriscado em demasia você colocar alguém que conhece muito um determinado assunto, mas que é lento devido a sua característica de meticulosidade, para exercer uma ação que exige destreza, rapidez e desenvoltura. É provável que essa pessoa se sinta um peixe fora d'água. Melhor colocar outro que talvez não conheça tão bem, mas que tem no momento aquilo que você mais necessita: familiaridade com a atividade. Componha o seguinte quadro: Hitchcock fazendo um filme de comédia pastelão; o ator Jim Carrey trabalhando em cenas de um filme dramático, muito triste. Isso é *expertise* pessoal, não podemos fazer aquilo para o qual não temos *jeito*. E por outro lado, não adianta termos o talento, se não procurarmos desenvolvê-lo. Seria como o equilibrista, que anda sobre muros com facilidade, que se equilibra no parapeito de prédios, mas acha isso sem importância e não desenvolve o talento que tem. Todos temos algum tipo de talento natural, qual o seu?

Expectativa: A Habilidade

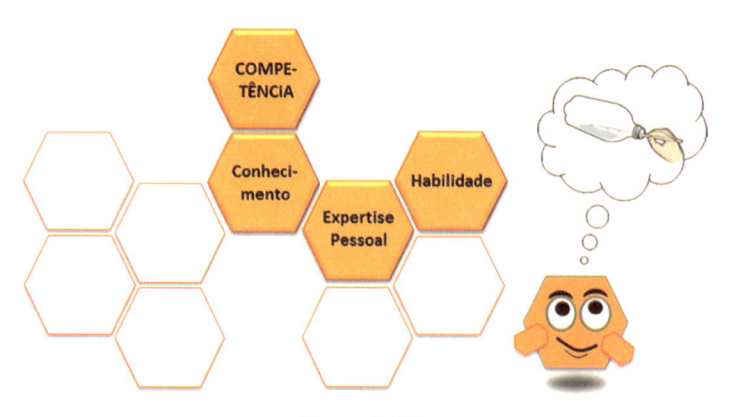

Figura 3.29

Tente imaginar-se com uma pinça querendo montar um navio dentro de uma garrafa. Se conseguiu ver-se fazendo isso, você é uma pessoa que tem certa habilidade manual por natureza. A habilidade é uma característica pessoal da *expertise* de quem tem um conhecimento natural e prático de uma atividade. Apresenta também uma disposição que a torna apta para resolver e agir de maneira apropriada aos interesses que visa. Porque habilidade é importante em um ambiente onde se busca produtividade? A resposta não pode ser apenas uma retórica do tipo *porque sim e pronto*! Habilidade tem a ver com a facilidade ao conseguirmos desempenhar certas tarefas e funções. É aquilo que fazemos muito bem, sem despender muito esforço, porque nos é natural. Visualize o jogador argentino Lionel Messi, fazendo um drible e chutando para o gol, ou o atleta corredor Usain Bolt numa arrancada de cem metros. Você dirá, puxa, como eles fazem as coisas parecerem fáceis! Isso é habilidade. Pense agora nessas mesmas pessoas discursando no plenário da ONU sobre política. Difícil imaginar, não é? Não que eles não sejam capazes de fazê-lo, mas de certa forma não será com a mesma habilidade com que desempenham suas profissões. Habilidade é você estar fazendo aquilo que sente *estar no seu sangue* fazer. Sem muitas explicações, você vai logo dando o melhor de si, obtendo resultados fantásticos! Todos nós nascemos com certas habilidades, precisamos apenas descobrir quais são e investir nelas. Conheci um técnico em eletrônica que tinha uma habilidade incrível com ferramentas, aparelhos e toda aquela parafernália tecnológica da área eletrônica. Ele não aprendeu aquilo na escola, era sua natureza. Ele era meticuloso, hábil, mas não se podia esperar dele muita agilidade, gostava de ser meticuloso. Então vamos ver adiante porque agilidade também é importante na inteligência produtiva.

Expectativa: A Agilidade

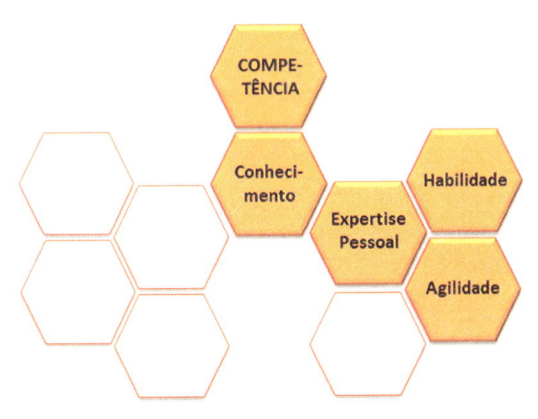

Figura 3.30

Em certas tarefas ou funções, além de conhecimento e habilidade é preciso ter agilidade, ou seja, uma certa velocidade compatível, e no ritmo do ambiente em que estivermos trabalhando. A figura 3.31 retratando uma linha de montagem[ii] é um exemplo marcante de como a agilidade pode nos pregar peças se não a tivermos bem desenvolvida. É comum ouvirmos, "Puxa! Fulano de tal é conhecedor do assunto, mas é muito devagar para resolver as coisas!". Interessante é observar que apesar de acharmos que conhecemos bem um serviço ou tarefa, é preciso também analisarmos se conseguimos desenvolvê-lo em um ritmo adequado. É como o caso de um artesão que faz o melhor cinto do mundo, mas enquanto ele faz um seus colegas fazem dez, quase tão bom e com a mesma qualidade para vender com preço equivalente!

Cena do filme Tempos Modernos de Charles Chaplin – United Artists
Figura 3.31

Então qual deles é mais interessante no mundo produtivo dos negócios? Respeitando essa lógica, devemos entender que em uma atividade é preciso, além da habilidade, ter agilidade, não no sentido de ser rápido em busca de quebrar recordes, mas dentro do ritmo aceitável e desejável de uma tarefa ou função! Estive certa vez na Amazônia, mais precisamente em Porto Trombetas, onde fica a Mineração Rio do Norte. Fui fazer um trabalho relacionado à expansão do sistema de águas industriais. Conheci muitas pessoas interessantes lá. Uma noite, conversando com colegas de uma empresa de engenharia e projetos, falamos sobre a saudade que eles estavam de casa, pois já estavam lá havia seis meses. Perguntei a eles porque tanto tempo sem ir em casa e eles responderam que o tempo previsto do projeto era de quatro meses, mas lá se iam seis meses. Qual a causa do atraso, perguntei. Eles responderam que na equipe em que estavam trabalhando, tinha alguns profissionais que eram muito irregulares. Em alguns dias produziam muito, pareciam estar *dopados*, tal era a agilidade. Em outros, parecia que tinham uma apatia inexplicável, nada rendia. Então, na soma, eles achavam que a média estava aquém do desejado. Este é o próximo elemento da nossa cadeia de inteligência produtiva na *expertise* pessoal.

Expectativa: A Regularidade

Figura 3.32

Não é bem isso que queríamos! Mais uma vez nos deparamos com algo não muito estranho aos nossos olhos no ambiente das empresas. Fez com maestria, fez rápido, teve boa vontade, mas de novo, está um pouco diferente do padrão, será que o nosso sujeito entendeu mesmo o que era para fazer? Para uma pessoa que não presta muita atenção ao que está acontecendo ao seu redor, é comum fazer as coisas da maneira como pensa estar certo, sem verificar se é isso mesmo que deve fazer. É daquelas pessoas que sacode os ombros como quem diz, estou fazendo o melhor que posso! Tem dias em que a pessoa rende muito, e outros nem tanto. Na maior parte das vezes faz um trabalho de qualidade, mas em algumas parece até que esqueceu como fazer, que desastre! Bem, se você se lembrou de alguém que conhece que é assim, não se assuste, isso é mais comum do que parece. Tem a ver com as características pessoais de cada um de nós, nossos genes, e muitas vezes nem ela mesma, a pessoa, se apercebe disso. Regularidade é termos o trabalho, as tarefas e o resultado da produção realizados dentro de um padrão aceitável, sem disparidades. Uma pessoa conforme é uma pessoa previsível, ela apresenta sempre seus resultados em um padrão dentro de nossas expectativas. Ao dar o desfecho para a cadeia da *Expertise* Pessoal, gostaria de dizer que embora as características acima, habilidade, agilidade e regularidade, tenham sido postuladas como inerentes à pessoa, elas podem ser aprendidas e desenvolvidas. Você pode não ter nascido com elas, mas pode incorporá-las ao seu jeito de ser. Podemos modificar nosso comportamento reprogramando nosso *firmware*, tal qual em um computador. Os cientistas apostam nisso, não fosse assim a reprogramação neurolinguística não existiria. Para a IP, aquela que nos faz sobreviventes em um mundo competitivo, esses três fatores são de grande importância.

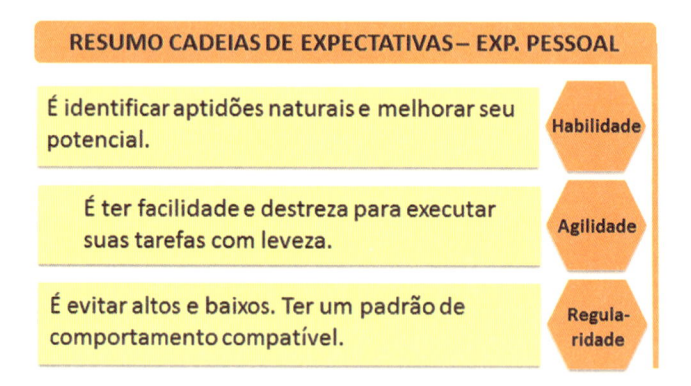

RESUMO CADEIAS DE EXPECTATIVAS – EXP. PESSOAL	
É identificar aptidões naturais e melhorar seu potencial.	Habilidade
É ter facilidade e destreza para executar suas tarefas com leveza.	Agilidade
É evitar altos e baixos. Ter um padrão de comportamento compatível.	Regularidade

Proposição: Cadeia da *Expertise* Técnica

Figura 3.34

O que é *expertise* técnica? Podemos pensar no jogador de futebol ao cobrar um pênalti. A questão é: ele chutará a bola conforme sua ansiedade em fazer o gol? Ou ele deverá utilizar a técnica acima da sua ansiedade. Qual o melhor canto para chutar a bola? Rasteiro e no canto ou mais alto e perto da quina das traves?

Figura 3.35

Ele deverá esperar o goleiro sinalizar para qual lado vai pular? Seria a melhor opção naquele momento? Estatisticamente, qual o quadrante da trave onde as penalidades têm se convertido em gol? Existe esta estatística? É a isso que chamamos de *expertise* técnica. É quando nosso conhecimento está acima da intuição sem dados, quando sabemos o que é melhor fazer, quando e como. Somos orientados por pesquisas, históricos de casos semelhantes. Podemos analisar as probabilidades e reduzir as chances de erro ao mínimo possível. É possível definir a *expertise* técnica como saber exatamente o que deve ser feito, como, onde e porque. É um conhecimento que não nasceu conosco, mas é adquirido conforme nossa vontade de saber cada vez mais acerca daquilo em que nos propomos ser bons.

Expectativa: A Tecnologia

Figura 3.36

De fato, a tecnologia é o caminho para qualquer pessoa que procure entender o mundo moderno à sua volta. Como o telefone celular funciona, como conseguimos assistir filmes em *HD* na TV pela *internet*. Como é feita a transmissão de imagens pelos aplicativos de *smartphones*. Como o *GPS* do meu telefone me localiza onde eu estiver e por aí vai uma infinidade de *comos*. Até agora, falamos de aspectos pessoais da *expertise*, aqueles que geralmente nascemos com eles. A tecnologia, ou técnica, é um aspecto a ser aprendido. Você não pode nascer com esse conhecimento, até porque, para muitos, a maioria das grandes invenções modernas surgiu depois que já estávamos na escola ou na vida adulta. Então o que você precisa é aprender a aguçar sua curiosidade, seu desejo de aprender e saber como *as coisas* acontecem. O que torna você um entendido da técnica de um produto, ou sistema, ou mesmo serviço, é a sua capacidade de aprender como ele foi concebido.

Parte 3 Trabalhando Eixos de Transformação 71

Crédito: Sasin Tipchai/Shutterstock.com

Figura 3.37

Para a inteligência produtiva, desenvolver a *expertise* da tecnologia é saber, dentro de uma área específica de trabalho, quais as técnicas envolvidas, como elas funcionam, quais são seus benefícios e como podemos tirar proveito do que elas nos oferecem. Quando temos um desafio novo, podemos resolvê-lo da maneira de sempre ou podemos buscar as novas técnicas ou tecnologias aplicadas a ele. Isso me faz lembrar um pintor que estava fazendo um trabalho interessante em minha casa. Eu fiquei observando-o trabalhar enquanto tomava um café. A certa altura, perguntei a ele o porquê dos movimentos que executava e porque eram tão vigorosos. Ele me olhou como quem olha para um alienígena, tipo *Você é deste mundo?*. "Doutor, disse ele, isso aqui é pura tecnologia! A pintura texturizada de grafiato não é para qualquer um não". E daí em diante ele me explicou passo a passo tudo que tinha de saber para realizar aquele serviço bem feito, e também o que não poderia fazer. Bem, eu perdi um bom tempo de produção dele naquele dia, mas adquiri um ótimo conhecimento sobre a tal pintura de grafiato. Para o meu pintor, o que ele sabia se definia como *tecnologia*. É assim que definimos o que é novo, o que está na vanguarda, e o que poucos possuem. Mas no caso dele, o que descreveu para mim foi a sua técnica de executar o trabalho. Tecnologia pode ser também definida como a maneira utilizada para atingir um padrão desejado se ele estiver coberto por uma forma inovadora de ser realizado. Você só saberá onde bater o martelo, como na metáfora que utilizamos antes, se entender toda a Tecnologia que envolve o seu trabalho. As técnicas no mundo da biologia, no mundo do direito, no mundo da informação e mídia, sempre haverão técnicas sendo desenvolvidas para melhorar os resultados a serem alcançados. Aprender essas técnicas nos permitirá encontrar soluções mais aplicáveis às nossas necessidades. Então o passo seguinte é propor como desenvolver soluções para os problemas, aplicando nosso conhecimento pessoal e aquele que adquirimos aprendendo as novas técnicas.

Expectativa: As Soluções

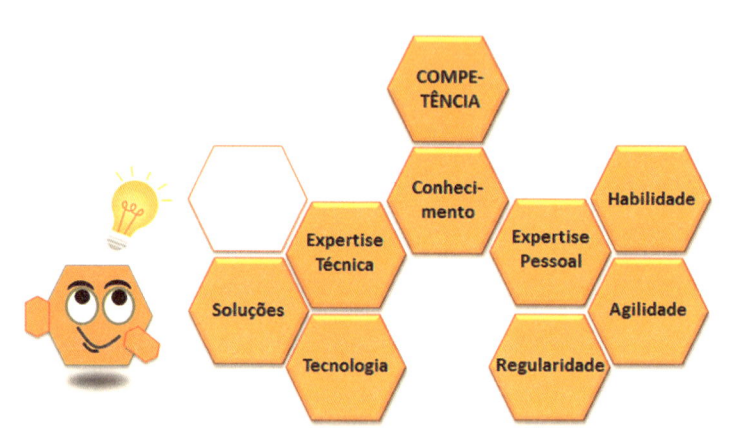

Figura 3.38

Lembro-me quando era criança e numa noite muito chuvosa ouvi a briga de um casal que era nosso vizinho. Não era uma briga muito séria, era tipo aquelas que o casal tem quase todos os dias por causa de dinheiro, dificuldades e coisas assim. O marido depois que a esposa descortinou uma série de problemas, respondeu a ela exatamente a seguinte frase em tom de desabafo: "O que você está pensando que eu sou? Pensa que tenho solução para tudo!". Durante muito tempo uma parte daquela frase ficou tilintando em minha cabeça. *Solução para tudo*. Hoje, ao trabalhar a Inteligência Produtiva, entendo a frustração daquele marido. Espero que ele tenha resolvido o problema dele, inclusive que tenha encontrado a solução adequada para tal. Se o nosso cérebro pudesse escolher um caminho para resolver nossos problemas, tenho certeza que escolheria ter uma memória interna cheia de soluções padronizadas para todo o tipo de problemas que nós apresentássemos. Então percebemos que a palavra mágica aqui é: *soluções*. Ter as soluções é ter o caminho para resolver os problemas, e ter as respostas certas mesmo que paradoxalmente as perguntas estejam erradas. Desenvolver a *expertise* técnica em uma área de trabalho ou atividade é saber procurar as soluções para os problemas que se apresentarem. Isso se tornou tão importante nos dias atuais, que muitas empresas incorporaram o termo em seu *portfólio* de serviços. Somos uma empresa de **solução** em lavanderia. Somos uma empresa de **solução** em serviços domésticos. Somos uma empresa de **solução** em *softwares* de gestão, e assim por diante. Ter a solução é ter a chave para o problema. As pessoas devem então procurar se capacitar tecnicamente para que sua *expertise* adquirida as favoreça e ajude no aumento de sua produtividade. Entender a técnica ou tecnologia dos sistemas onde trabalha e quais soluções adotar em caso de problemas, é um grande passo nessa direção. Eu diria que se em um empreendimento você entender sua tecnologia e souber as soluções para os possíveis problemas que ele possa apresentar, então você domina esse assunto. Tenho um sobrinho que trabalha na área de TI. Ele já foi gerente nessa área de grandes empresas nacionais, tendo inclusive saído em vários artigos de revistas com grande circulação no país. Sempre que converso com ele sobre algum problema ou atividade que eu esteja resolvendo, ele responde com o jargão: "Tio, você tem que desenvolver uma solução que atenda esse problema". Portanto, ter a solução para resolver os problemas é ser produtivo, é aplicar essa parte de nossa inteligência em favor da melhoria dos resultados em nossa atividade ou trabalho. É possível criar um padrão que nos permita desenvolver soluções em nossa área de trabalho ou mesmo na vida pessoal? Penso que não, porque cada problema vem com sua carga de peculiaridades e especificidades própria. Assim, cada um é como um organismo na lâmina de análise biológica, merece um estudo e atenção diferenciados. Somente com essa dedicação focada, soluções poderão ser desenvolvidas. Para terminar com louvor a cadeia da *expertise* técnica, fica faltando apenas você entender os sistemas associados a esse possível problema ou atividade e sua provável solução.

Expectativa: Os Sistemas

Figura 3.39

Quando falamos em sistemas de uma fábrica estamos falando dos equipamentos e dispositivos que ajudam a monitorar e controlar todos os equipamentos de produção. Eles podem ser sensores, transmissores, indicadores e controladores. Podem também ter toda a gama de computadores e periféricos que controlam máquinas, equipamentos e dispositivos de produção, incluindo redes de servidores, controladores digitais que representam o *cérebro* de uma linha de produção, fazendo toda a supervisão de seu estado operacional.

O exemplo anterior sobre sistemas está bem adequado aos equipamentos e dispositivos que encontramos na indústria em geral. Mas quando falamos de Inteligência Produtiva em outras áreas como comércio, entretenimento, comunicação, esporte e serviços, o nosso conceito de sistema pode adquirir uma conotação diferente. No caso da indústria do entretenimento são equipamentos diferentes dos industriais. Eles podem ser desde todo o aparato que move uma montanha russa, até os sistemas utilizados em uma filmagem para cinema ou televisão. Não são apenas câmeras, luzes e ação! Tem toda uma tecnologia informatizada por trás de cada filmagem, utilizada para compor os cenários e depois nas salas de edição para finalizar o efeito exato que se quer dar à cena filmada. Entendemos também como sistema, no caso da indústria de comunicação, o aparato necessário para fazer a informação chegar até sua audiência. Isso envolve equipamentos complexos como torres de transmissão, radiodifusão, antenas e sistemas computacionais que têm como função transmitir a informação desde a sede de geração até o telespectador em sua residência, escritório ou ambiente público. Para os jornais e revistas não televisivos temos os equipamentos gráficos, as impressoras, as máquinas de encadernação e por esse esteio vai uma gama enorme de dispositivos e instrumentos que têm como função reproduzir a informação na forma escrita, falada ou visual. Como estamos falando em Inteligência Produtiva, sempre existirão sistemas ligados a um processo de transformação, que necessitarão de procedimentos adequados para trazer o resultado desejado. Os sistemas é que proporcionam o movimento, permitem a transformação obedecendo aos procedimentos. Exemplificando de forma geral, vejamos o caso de uma caldeira em uma indústria alimentícia. Para que ela produza o vapor na quantidade desejada, mantendo a temperatura e pressão de projeto, uma série de equipamentos e sistemas precisam ser operados, deverão estar sendo monitorados e ainda obedecerem aos comandos e controles programados pelos especialistas deste tipo de processo. Da mesma forma, no esporte, temos os equipamentos modernos para monitorar e controlar as funções vitais dos atletas e outros relacionados ao esforço realizado por ele no esporte. Temos os sistemas utilizados nos treinamentos e simuladores, nos estádios e arenas onde o evento ocorre temos os sistemas de rádio e televisão, as redes de *internet* e mídia, o sistema de iluminação, irrigação, e tantos outros. Para encerrar a cadeia de *Expertise* Técnica, podemos afirmar que é fato todos nós nascermos com algumas habilidades que outros não possuam. Mas certamente todos temos algum tipo de habilidade que podemos desenvolver utilizando a técnica.

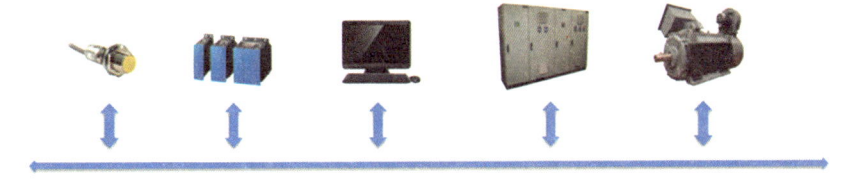

Figura 3.40

Devemos buscar a consciência destas habilidades e utilizá-las para desenvolver essa identidade técnica que se aplica em nossa área de trabalho. Somando e integrando nossa *expertise* pessoal com a técnica, teremos maiores e melhores condições de fazer nossa Inteligência Produtiva trabalhar em nosso favor. A competência pode e deve ser desenvolvida.

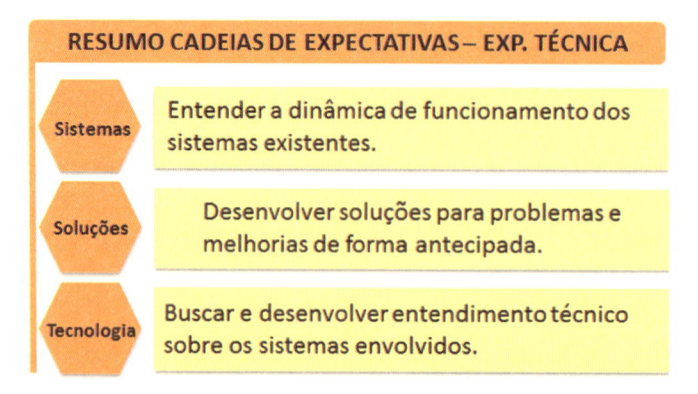

RESUMO CADEIAS DE EXPECTATIVAS – EXP. TÉCNICA

- **Sistemas**: Entender a dinâmica de funcionamento dos sistemas existentes.
- **Soluções**: Desenvolver soluções para problemas e melhorias de forma antecipada.
- **Tecnologia**: Buscar e desenvolver entendimento técnico sobre os sistemas envolvidos.

Novamente chegamos ao último elemento de um eixo mostrado (Competência), que foi *Sistemas*. Ele nos faz pensar, como visto em sua descrição anterior, nos RECURSOS que necessitaremos. Entender esses recursos e seu desempenho é o que veremos no eixo seguinte e que complementa os três eixos de transformação da Inteligência Produtiva.

Figura 3.42

3.3 – Eixo Recursos e Desempenho

> **Aprender sobre a natureza dos recursos nos permitirá utilizá-los adequadamente!**

Estaremos abordando diversos cenários de empreendimentos. Cada um tem seu conjunto específico de tipos de recursos aplicados. E sei que você já deve estar se perguntando, mas por que eu preciso entender esses recursos, não basta utilizá-los? Ora, se nosso objetivo é desenvolver uma inteligência produtiva que permita conseguir melhores resultados em nossas atividades, precisamos entender os recursos aplicados a ela. Conhecer os recursos é importante porque eles influem diretamente no desempenho das pessoas. Devemos conhecer os equipamentos não apenas para saber utilizar, mas para saber se temos alguma afinidade com esse tipo de recurso ou se nos identificamos com a sua natureza. Esse conhecimento poderá ajudar a escolher um caminho profissional, você perceberá isso mais à frente. Às vezes nós, pais, somos chamados no colégio onde nossos filhos estudam para ouvirmos os orientadores educacionais e professores falarem sobre seu comportamento e desempenho na escola.

Isso é muito bom, é a interatividade entre a escola e os pais procurando em conjunto atingir o melhor do ensino. Sabemos que a escola ensina nossos filhos, mas quem os educa somos nós. Mande um filho bem educado para a escola e você verá que sua capacidade de aprendizado será muito melhor, além da simpatia e atenção que ele ganhará dos professores e colegas, ele será com certeza uma pessoa mais disciplinada, organizada e interessada. Em uma dessas visitas eu observei um aluno no pátio do colégio com um *skate*. Ele tinha uma chave de fenda na mão, algumas rodas desmontadas no chão e uma fisionomia não muito animada. Eu estava mesmo esperando o orientador, então fui lá puxar conversa com ele, até porque meu filho mais novo tinha um desses *skates* e frequentava aulas para aprender a fazer as tais manobras radicais que são tão apreciadas pelos entusiastas desse tipo de esporte. Conversa vai, conversa vem, e o aluno, Luca era o nome dele, me explicou que o tal *skate* era, expressão dele, *um pé no saco*. Por que? Eu quis saber. Bem, disse ele, primeiro porque essa marca que ele estava utilizando não era de tão boa qualidade, depois porque tinha dia que ele funcionava bem, ele andava o dia inteiro e não tinha problemas, mas depois, no dia seguinte era só problema, como agora, completou ele. Tenho que desmontar e alinhar as rodas e rever o sistema de amortecimento. Eu sou bom nesse *troço*, ele falou, mas parece que o jeito de eu me comportar com ele não traz sempre os mesmos resultados. Sei lá, talvez eu esteja exigindo demais desse *skate*, mas não tenho dinheiro para comprar um melhor agora. Então eu dou uma ajustada nele, ele responde bem e vou *tocando* até ele dar defeito de novo. Ninguém acreditaria que um jovem adolescente pudesse em tão pouco tempo e com um simples *skate*, dissertar tão bem sobre a essência dos recursos em qualquer programa que vise atingir produtividade. Todos os pontos em que ele tocou se baseavam na expectativa do que ele esperava do seu *skate*. Que ele tivesse o desempenho desejado, que ele estivesse sempre disponível quando ele precisasse e que funcionasse de maneira estável. É sobre este assunto que vamos falar agora, sobre a natureza e importância dos recursos para atingirmos um objetivo produtivo, mesmo que este alvo seja andar de um ponto a outro utilizando como transporte uma prancha de *skate*. Vamos expandir a representação de nossa estrutura de colmeia conforme o diagrama para o eixo que denominaremos de Recursos, partindo do princípio que é esse tipo de recurso que irá nos interessar no momento. O contato dos equipamentos com a matéria prima é resultado da transformação industrial. O produto final dependerá da forma como esses equipamentos responderem aos comandos de produção em uma indústria ou outro tipo de empreendimento. Se fosse para aplicação no entretenimento esportivo, o carro de Fórmula 1 seria um de nossos recursos, assim como todo o universo de equipamentos que compõe a área de tecnologia dos mecânicos, processamento de dados e informações e o aparato tecnológico das pistas de corrida. Mas, penso que o leitor concorda comigo, todos se resumem ao equipamento mais importante, o carro de corrida. Como existem então vários tipos de recursos, vamos começar pelo esclarecimento ou classificação destes tipos de recursos.

Porque é importante classificar os recursos

Pode parecer assustadora a ideia de que em determinado momento o jovem tenha que tomar a opção de escolher uma profissão ou carreira a seguir. E é mesmo. No mundo em que vivemos, com tanta informação, tantos modismos, tanta gente querendo nos indicar as infinitas possibilidades que se descortinam diante de nossos olhos, ufa, é mesmo assustador, porque temos medo de fazer a escolha errada! Por essa razão, classificar os recursos nos ajuda a ter uma clareza sobre o que estamos falando. Por exemplo, um engenheiro mecânico, um engenheiro elétrico ou eletrônico e um engenheiro civil responderão da mesma forma quando lhes for perguntado o motivo de estarem *fazendo* engenharia? Possibilidade um: "Gosto de lidar com equipamentos". Neste caso a resposta pode vir de todos, certo? Possibilidade dois: "Gosto de construir sistemas complexos". De novo, pode vir de qualquer um. Possibilidade três: "Gosto de lidar com grandes equipamentos, que tenham estruturas de grande dimensão". Mais uma vez, atingiu a todos, e mesmo que a resposta fosse o contrário, gosto de lidar com pequenos engenhos, minuciosos, cheio de detalhes, ainda atingiria o propósito de todos. Então, o que queremos demonstrar é o quão importante classificar os recursos, no nosso caso os equipamentos, porque eles definirão o tipo de profissionais e pessoas que se interessarão em lidar com eles. Vamos tornar isso mais claro: uma escavadeira utilizada na área de mineração será de grande interesse para um engenheiro mecânico, já os seus circuitos eletrônicos de automação e controle, que fazem seus braços girarem, os sistemas coletores rodarem e o sistema de transporte carregar o minério, serão dispositivos de interesse do engenheiro elétrico ou eletrônico. Quanto ao local onde a escavadeira irá trabalhar, o platô, o sistema de coleta de água de chuva, água industrial, a base que suportará o peso da máquina, estes são detalhes que interessarão ao engenheiro civil. Mas todos responderam sim às perguntas acima. Isso ocorreu porque elas não foram específicas quanto a qual parte dos equipamentos estávamos nos referindo. Especialistas em equipamentos base não são os mesmos para os equipamentos de supervisão e inteligência. Aqui costumamos adotar um ditado popular que diz: "Cada macaco no seu galho". Na situação em que um tanque em uma indústria esteja transbordando, o problema estará vindo do tanque, estruturalmente falando, ou dos equipamentos associados a esse e que controlam o nível do fluido em seu interior, tais como medidores de nível, vazão e bombas? Não estamos considerando outros fatores tipo procedimentos e operação, porque não é o caso nesse contexto. Podemos dividir a maioria dos recursos – equipamentos – em três categorias básicas que são: 1. Industriais, 2.Utilitários e 3.Específicos. Não entraremos em maiores detalhes nessa classificação, o que nos interessa é entender a razão de existir e aplicação do equipamento. Ao entendê-la, veremos o quanto isso pode nos fazer mais ou menos produtivos. Isso nos remete um pouco a questão da *expertise* pessoal e técnica. Quando realizamos uma ponte entre nossas habilidades e conhecimentos com os recursos com os quais trabalharemos, percebemos que em ambos os lados e a ponte tem que haver certa sintonia. Este é o propósito de entender os recursos.

1. **Recursos Industriais**

    Os recursos destinados à indústria têm como característica principal o trabalho de transformação no processo de fabricação, eles podem ser divididos em recursos de infraestrutura, periféricos, monitoramento, controle e os destinados à supervisão e inteligência:

    a. **Recursos de Infraestrutura**

        São aqueles que exprimem a atividade principal da planta. Geralmente os recursos utilizados na tarefa de produção. Com isso determinamos também o volume de recursos financeiros a serem previstos para sua operação, manutenção e acompanhamento da vida útil. Outro benefício ao se classificar os equipamentos é de que esse arranjo nos ajuda a determinar o tipo de profissional e qual deverá ser sua qualificação ao lidar com o parque instalado. A figura 3.43 abaixo nos dá alguns exemplos desse tipo de equipamento. Nela encontramos um moinho, equipamento básico para o sistema de moagem, um sistema de transporte, que também é básico em qualquer indústria onde se precise transportar o produto de um local para outro, um forno de aciaria utilizado na fabricação do aço e um conjunto de caldeiras, útil em diversos tipos de indústrias. Esses equipamentos são básicos e pertencem à área de infraestrutura do segmento industrial onde se aplicam.

Figura 3.43

b. **Recursos Periféricos**

Normalmente são equipamentos que ficam ao redor do equipamento base, como silos, tanques, filtros, tubulações, equipamentos pneumáticos, sistemas de lavagem, entre outros. Exemplo é o sistema de transporte pneumático de pó de alumina na indústria de alumínio e o transporte de pó de carvão na siderurgia. Este tipo de recurso faz parte de uma instalação base ou principal, como no caso de um alto forno de gusa – equipamento principal da área de redução na siderurgia – onde o sistema de injeção de finos de carvão por transporte pneumático seria o equipamento periférico. Sua função: melhorar o sistema de combustão e queima. A classificação de alguns equipamentos como periféricos pode confundir os mais entendidos projetistas, isso ocorre devido à natureza da fábrica. Se for de aço, um sistema de transporte pneumático é um periférico. Em se tratando de produção de farinha, e se tivermos o sistema de transporte para levar o produto de uma área à outra, então o sistema passa a ser de base ou infraestrutura, pois fará parte da linha direta de produção. Mas não é preciso preocupação quanto a isso, essa classificação tem finalidade apenas de orientar melhor o entendimento das tecnologias. Nas empresas de projeto e engenharia esses equipamentos são ordenados e arranjados em um documento que é conhecido como EAP, Estrutura Analítica do Projeto, que inicia a descrição dos equipamentos pelas áreas principais da empresa e vai se ramificando até chegar a um nível específico de detalhamento exigido pelo projeto – por exemplo, um dispositivo –, neste caso este último nível seria representado por motores, bombas, painéis elétricos, entre outros.

c. **Recursos de Monitoramento e Controle**

Se estivéssemos falando de um avião, que faz parte da classe de equipamentos específicos, você entenderia que os dispositivos de monitoramento e controle são aqueles que medem a velocidade do avião, sua altitude, temperatura externa, velocidade do vento, pressão atmosférica e posicionamento no espaço. Muito bem, na indústria é algo muito parecido. São aqueles instrumentos que no caso de um moinho, por exemplo, tem a função de medir a temperatura interna, velocidade de giro, intensidade da corrente dos motores, que fazem o moinho girar para medir o esforço que o mesmo está realizando, entre outras grandezas. Esses equipamentos que tem sensores em diversos pontos onde queremos efetuar a medição têm a finalidade de transmitir os sinais para salas modernas de controle com computadores e telas coloridas mostrando gráficos e desenhos simulando o funcionamento do equipamento e processo associado a ele.

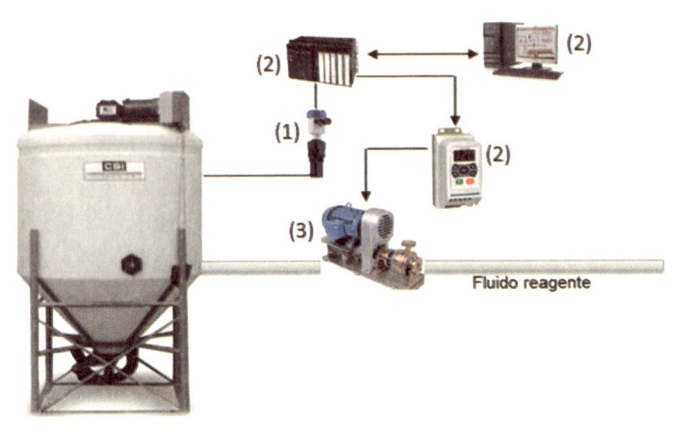

Nesse sistema de controle, medimos o nível em (1) e sempre que for diferente do desejado o sistema (2) comanda a bomba (3), abrindo ou fechando para passar mais fluido
Figura 3.44

Foi a partir desses dispositivos de monitoramento e controle chamados de instrumentos, que nasceu a ciência da instrumentação industrial, responsável por medir, transmitir e controlar os processos de fabricação. Esses equipamentos periféricos influenciam diretamente os resultados de produção, pois são motores de acionamentos diversos, válvulas para controlar passagens de fluidos, pistões hidráulicos ou pneumáticos que movem partes dos equipamentos principais como comportas, janelas, esteiras, entre outros. Vemos na figura 3.44 um exemplo destes dispositivos, envolvendo uma bomba, um sensor de nível e os equipamentos que recebem essas informações para fazer os devidos acionamentos nas variáveis monitoradas.

d. **Recursos de Supervisão e Inteligência**

São responsáveis pela inteligência da planta industrial e são constituídos por redes diversas de computadores e sistemas dito inteligentes. Possuem complexos algoritmos de controle e *softwares* que comandam a planta e fazem os *intertravamentos* nos equipamentos de controle e sequenciamento operacional. No eixo da competência nos referimos a esses sistemas na cadeia de *expertise* técnica. Mas enquanto lá nossa preocupação era entender a tecnologia como forma de entender a aplicação do sistema, aqui nos preocupamos com o equipamento em si. Equipamentos base e periféricos precisam de um tipo de especialista que se interesse por mecanismos dessa magnitude. Esses especialistas deverão entender temas específicos desses equipamentos, como seu funcionamento, como se comportam, o desgaste pelo uso, o tempo de vida útil e outros tantos. Por isso classificamos os equipamentos industriais. Imagine um profissional que goste de tecnologia eletrônica e por equívoco este profissional venha a ser designado a trabalhar com os equipamentos dito *pesados* e vice versa. Com grandes possibilidades, eles não se sairão muito bem. Assim também é com os nossos jovens estudantes, que se aventuram em cursos sem entender exatamente em que tipo de segmento querem trabalhar, às vezes pegam o bonde errado, felizmente sempre há tempo para refletir e mudar o rumo das situações.

2. **Recursos Utilitários**

É constituído pelo conjunto de recursos destinados a algum tipo de utilidade que não a industrial, assim eles também podem ser divididos em domésticos e comerciais:

   a. **Domésticos:** São todos aqueles que atendem nossas necessidades pessoais, como máquina de lavar roupa, máquina de lavar pratos, secadoras, fogão, geladeira, televisão, ar condicionado e tantos outros. Estes recursos auxiliam os trabalhadores em atividades realizadas nas casas das pessoas, por exemplo, a nossa copeira.

   b. **Comerciais:** Aqui classificamos aqueles que não são industriais e nem domésticos embora possam estar presentes nestas áreas. São as escadas rolantes, sistemas computacionais complexos, equipamentos utilizados em academias de ginásticas e afins, equipamentos de escritório, telecomunicações, só para citar alguns exemplos.

3. **Recursos Específicos:**

Estes são aqueles equipamentos que têm uma aplicação muito própria, como um carro de corrida, um avião, um navio, satélites, e sistemas com uma orientação diferenciada como os equipamentos médicos e hospitalares. É provável que nossa classificação encontre resistências entre os técnicos de suas respectivas áreas que dirão, "Ora, mas eu me encaixo é aqui e não lá". Isso me faz lembrar certa vez quando minha esposa estava iniciando um negócio relacionado à área de turismo, ela precisava de um código contábil para a atividade e descobriu que determinados códigos, que eles chamam de CNAE (Classificação Nacional de Atividade Econômica) podiam servir tanto para uma atividade como para outra, que embora parecida não tivesse a ver com a primeira. Tudo então dependia do propósito por trás da atividade. Assim é nossa classificação, se a escada rolante estiver dentro da NASA para dar acesso ao módulo da Discovery, então como ele se classifica? Não importa, não é mesmo? Importa é você saber o que é e para o que serve a escada rolante e que tipo de profissional poderá ajuda-lo a mantê-la funcionando. Bem, com certeza não será o astronauta, concorda? Do nosso ponto de vista da inteligência produtiva, sentimos ser importante que as pessoas desenvolvam sua competência nos recursos com os quais se identificam melhor, pois isso influenciará o seu rendimento. Sabendo a natureza dos recursos, ele procurará sintonizar suas habilidades e conhecimento com os recursos com os quais tenha identificação, isto fará dele um profissional focado. É como dizer a bom termo, se você entende de pipoca então não se aventure a fritar pastéis, pois são coisas diferentes! Mas não deixe de expandir seu conhecimento, se quer ir por novos caminhos, utilize o que conhece como base de apoio para começar a entender novas possibilidades. Por outro lado, existem muitas pessoas que seguem o modismo ou tendências da mídia e buscam ingressar em carreiras que não condizem com seu perfil. Nesse caso, meu conselho é: *Melhor é ser feliz fazendo o que gosta do que infeliz fazendo qualquer outra coisa.*

Parte 3 Trabalhando Eixos de Transformação **85**

EQUIPAMENTOS BASE E PERIFÉRICOS BUSCAM ESPECIALISTAS NO TIPO DE INDÚSTRIA A QUE PERTENCEM !

Lingotamento Contínuo

Crédito: Parinyatk/Shutterstock.com

As pessoas escolhem o trabalho de acordo com sua natureza!

Figura 3.45

EQUIPAMENTOS DE SUPERVISÃO & INTELIGÊNCIA LIDAM COM ALTA TECNOLOGIA, DADOS, TRÁFEGO E INFORMAÇÃO:

Esse trabalho exige pessoas com perfil para trabalhos com tecnologia e lógica matemática.

HARDWARE | **SOFTWARE**

Estações de Operação, computadores, equipamentos eletrônicos.

Programas em geral, configuração equipamentos, algoritmos, informática.

INFRA-ESTRUTURA E RÊDE
Cabos, terminações, fontes de alimentação, interfaces de comunicação, proteção, no breaks, transmissores, receptores, etc.

Figura 3.46

Importante: Não devemos confundir a classificação de equipamentos quanto à sua aplicação e natureza com a classificação utilizada quanto a riscos e segurança. Esta deve ser tratada à parte.

Separar e integrar: Separamos os recursos quanto à sua natureza e aplicação, mas integramos o conhecimento que devemos ter do todo. Não adianta ser *expert* apenas no pneu de corrida do carro, é preciso entender o carro como um todo. O pneu não chega sozinho na reta de chegada!

DEVEMOS DEFINIR O RECURSO,
MAS INTEGRAR O CONHECIMENTO!

- Base & Infraestrutura
- Monitoramento & Controle
- Supervisão & Inteligência
- Periféricos

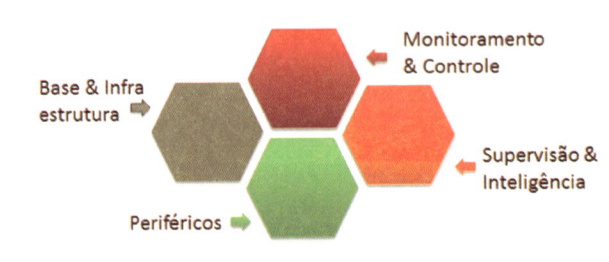

Figura 3.47

Resumo: Aplicação dos Recursos

Industriais	Trabalho de apoio direto e indireto à transformação nos processos e sistemas industriais.
Utilitários	Destinados a algum tipo de utilidade de apoio no processo industrial (auxiliares)
Específicos	Aplicação muito particular e própria conforme a natureza da atividade executada (ex: avião)

Resumo: Natureza dos Recursos Industriais

Infraestrutura	Exprimem a atividade principal da planta. Ligados diretamente ao processo produtivo.
Periféricos	Auxiliares dos equipamentos infraestrutura como apoio ao processo produção.
Monitoramento e Controle	Destinados ao monitoramento do processo produtivo e também o seu controle.
Supervisão & Inteligência	É a inteligência da planta industrial. São os sistemas que fazem o papel de cérebro da planta e auxiliam na tomada de decisões, às vezes de forma automática.

Habilidades Diferentes:

Entender o tipo e a natureza de cada tipo de recurso nos possibilita capacitar melhor os profissionais envolvidos, e direcionar esse aprendizado conforme as habilidades exigidas em cada área de trabalho. Isso tem influência nas decisões de operação, manutenção, conservação, troca, análises e tudo o mais envolvido durante a vida útil desse recurso e principalmente, quanto à sua aplicação e desempenho! Tem também tudo a ver com nossa identificação junto a estes, só temos sucesso verdadeiro quando lidamos com o que gostamos!

O Eixo Recursos

Figura 3.50

A figura 3.50, obedecendo aos mesmos padrões anteriores de construção, nos mostra os componentes onde devemos navegar para entender e aplicar a inteligência produtiva neste eixo. Não importa se é uma indústria ou comércio, prestação de serviços ou uma equipe esportiva. Você precisará de algum modo de utilizar um tipo de recurso qualquer para executar seu trabalho. Se estiver escrevendo, como eu neste momento, por exemplo, precisará de computador, caneta para anotações e caderno. Isso sem falar nos livros de consulta e acesso à *internet* para pesquisas. Hoje em dia ninguém trabalha sem estar *conectado* à famosa rede, ela é nossa companheira em todos os lugares. Seu recurso, seja ele qual for, deve apresentar um desempenho adequado. Uma simples caneta que não escorregue no papel prejudicará o rendimento do seu trabalho. Este desempenho depende da estabilidade do equipamento – é previsível sua utilização – e de sua disponibilidade – posso contar com ele quando precisar. Vamos explicar ao longo do capítulo o que determina essas duas proposições. Conforme fica claro no diagrama, é fácil perceber que um recurso estará sempre atrelado à sua operação, aplicação e resposta. E você, para ter bons resultados, terá que obedecer a seus limites, manter sua conservação de forma a sempre poder contar com ele e esperar que o trabalho executado obedeça a um ritmo aceitável. Se você conseguiu visualizar todos esses conceitos em uma simples caneta, então tenho certeza que não terá dificuldades em entender o conceito em uma máquina mais complexa. Eu diria que enfrentando um cachorro raivoso com um pedaço de pau ou indo para a lua em um foguete, o que determinará seu intento e sua sobrevivência será a qualidade do recurso utilizado.

Essência: O Desempenho

Figura 3.51

O que orienta a projetistas e montadores quando um equipamento é desenhado e construído, é sua preocupação com o rendimento que ele terá e com a forma como se comportará. Em outras palavras, como será o seu desempenho, como ele cumprirá a *tarefa* para a qual foi concebido. Chamamos a isso desempenho, e do ponto de vista industrial da produção, não podemos acatar um equipamento que não cumpra sua obrigação de rendimento. Uma das ações e tarefas da equipe de produção e manutenção é garantir que os equipamentos estejam dentro de uma faixa aceitável de rendimento operacional. Para isso existem muitas ferramentas de gestão colocadas no mercado, inclusive fornecidas pelos próprios fabricantes dos equipamentos, com a finalidade de verificar os sistemas e sua resposta à exigência de esforço. Essas informações sobre o equipamento permitirão traçar indicadores para acompanhar seu comportamento, sua resposta, sua estabilidade e disponibilidade ao longo de sua vida útil. Este pensamento vale para qualquer atividade que nos exija algum tipo de recurso para sua execução. Com a inovação tecnológica da informação, um simples celular que não corresponda às nossas expectativas pode afetar nosso trabalho. O mesmo vale para os equipamentos de apoio em pequenos e grandes negócios que dependem desses recursos para gerar receita. Infelizmente, atravessamos uma fase onde a qualidade dos produtos em muitos casos foi colocada em segundo plano. Vender tornou-se mais importante. É só observar os famosos artigos de 1,99 que proliferaram pelo comércio. Quando se trata de desempenho, preço tem influência. Uma TV moderna 4K, não poderá custar o mesmo que uma LCD ou similar, pois o desempenho de ambas é diferente. Se você quer um recurso que atenda às suas necessidades, então avalie sua expectativa no que está procurando.

Proposição: Cadeia da Estabilidade

Figura 3.52

90 Inteligência Produtiva

Responsáveis por operar um processo se perguntam o que devem buscar em primeiro plano, a estabilidade ou a disponibilidade? Se enxergarmos que primeiro devemos operar a planta e ajustar seus parâmetros em busca de uma estabilidade adequada, então a disponibilidade, ou seja, a resposta dos equipamentos a esse esforço para se tornar estável virá depois. Primeiro você exige do processo (e recursos), depois você verifica como ele se comporta. De igual forma, ao dividirmos os esforços para atingir uma produção desejada, percebemos que a equipe de produção, aquela que opera, é a responsável por ajustar a estabilidade da planta. A equipe que executa a manutenção cuida de fazer os equipamentos se apresentarem disponíveis para o trabalho requerido. São todos membros da equipe de produção. Fora da indústria, os recursos devem ser encarados da mesma forma. Através deles realizamos um trabalho, então devemos cuidar para que estejam sempre disponíveis quando necessitarmos. E entender bem como eles funcionam nos permitirá ter o maior rendimento de sua aplicação no nosso tipo de trabalho. O diagrama a seguir nos mostra que a estabilidade de um recurso está diretamente relacionada com as atividades da equipe de operação. Em outras palavras, daquele que lida com este. Seu foco está em resolver os problemas que afetem a atividade que está por trás do recurso utilizado. Se você dirigir mal um carro durante uma viagem, fazendo-o transportar uma carga, sendo que ele não foi projetado para esse tipo de trabalho, e ainda não prestar atenção em como ele responde a esse esforço, você estará na contra mão da estabilidade de trabalho deste recurso. Ele não terá um desempenho estável, pois trabalhará sob esforço.

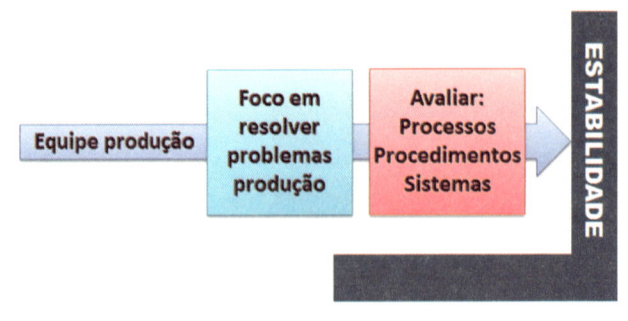

Figura 3.53

Expectativa: A Operação

Figura 3.54

Na busca da estabilidade, saber o que é necessário para operar uma planta industrial ou um recurso qualquer é de importância relevante. Vários autores e pesquisadores têm apontado que perdas de produção não são em sua essência causadas apenas por falhas em equipamentos. Elas são em sua grande maioria relacionadas a problemas de perda de qualidade, ajuste de demanda, problemas com matéria prima, problemas no sistema periférico de utilidades, ritmo inconsistente com o plano de produção e falhas na segurança, entre outros. É necessário haver ações que integrem o volume a ser produzido com os recursos disponíveis. Também devem estar adequados o pessoal envolvido, o ritmo de trabalho e o acompanhamento da resposta que os equipamentos apresentam a nossos ajustes. Se somarmos o conhecimento de quem opera, seu discernimento e práticas operacionais, haverá uma diferença em favor de se atingir a produtividade desejada. Seguindo a cadeia do diagrama acima, podemos afirmar que produtividade tem ligação direta com o desempenho do recurso, que por sua vez, depende de mantermos a estabilidade operacional. Esta nos leva às boas práticas de manuseio do recurso, isto é, a uma boa operação. Devemos estar atentos aos pequenos detalhes. Certa ocasião, perguntei a um operador em uma estação de tratamento de efluentes, como era – fisicamente – a válvula que ele estava acionando ao *apertar* um determinado botão de comando na mesa de controle, ao que ele respondeu: *eu nunca vi essa válvula*. Ora, isso faz parte do conceito de operação. Como podemos comandar aquilo que não conhecemos? Minimamente, todos devemos ter conhecimento sobre os recursos que *operamos* e como eles reagem a nossos comandos.

> **Em determinadas situações, sem estabilidade não se chega ao destino!**

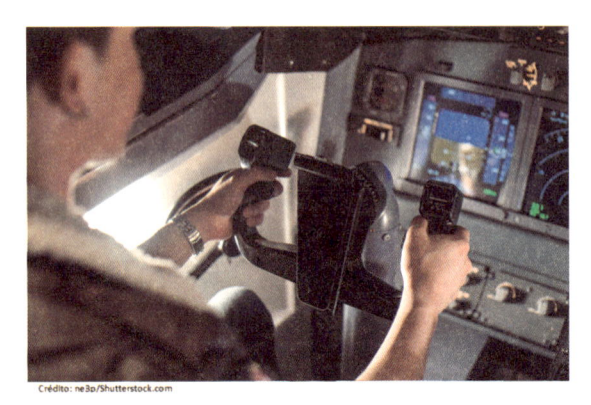

Figura 3.55

A estabilidade por sua vez está ligada à forma como operamos o recurso ou recursos. Quanto mais adequada for essa operação, melhor serão os resultados obtidos. Operar é manusear o recurso de acordo com as orientações do fabricante e de forma a não exigir dele o que ele não faz. Em muitas situações em nossas vidas, quando as coisas não estão indo bem, costumamos dizer que estamos *desestabilizados*. Essa é a tônica da estabilidade nos recursos, tê-la significa que *as coisas* estão indo bem, não existem surpresas, os resultados são como nossas expectativas.

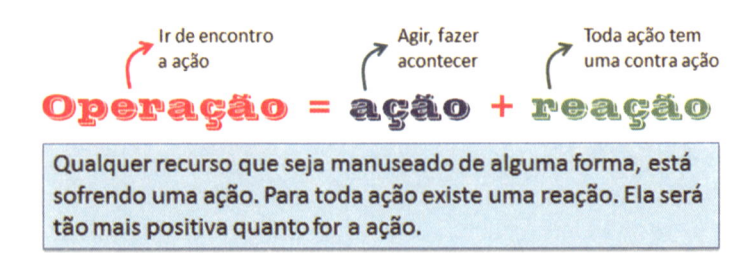

Ir de encontro a ação — Agir, fazer acontecer — Toda ação tem uma contra ação

Operação = ação + reação

Qualquer recurso que seja manuseado de alguma forma, está sofrendo uma ação. Para toda ação existe uma reação. Ela será tão mais positiva quanto for a ação.

Expectativa: A Aplicação

Figura 3.56

Na indústria e nos demais cenários onde necessitamos recursos para executar algum trabalho, nos deparamos com a visão de alguns que, se observarmos bem, veremos estarem trabalhando acima de suas possibilidades. Exemplo é o caso de correias transportadoras em mineradoras, onde a quantidade de minério transportada excede a capacidade especificada pelo fabricante. É o caso também de máquinas sobreaquecidas porque não é obedecida a orientação de carga máxima. São muitos os exemplos de aplicação inadequada. Não apenas pela sobrecarga, que veremos melhor em limitação, mas pelo fato de o recurso estar sendo utilizado de forma diferente daquela para a qual foi concebido. Chamamos a esse elemento de inteligência, de **aplicação**. A questão é se o equipamento poderia estar executando aquela tarefa. Quais são as consequências ao operarmos em uma região para a qual ele não foi projetado?

Em curto ou médio prazo as consequências podem não ser percebidas, mas com certeza o tempo trará as respostas a esse tipo de prática. Trabalhar fora do especificado para o equipamento impede que a produção atinja uma estabilidade operacional segura, pois apresentará, com o tempo, problemas em razão disso. Outro fator do que é aplicável, que podemos entender como executável, é a questão da destinação dos equipamentos e dispositivos em geral. Nem sempre temos os equipamentos adequados na destinação desejada. São dispositivos fora da faixa de trabalho, instalados de forma e em ambientes inadequados, e por aí temos uma gama de situações inexequíveis. Mais uma vez fazendo analogia, é como se você comprasse uma bicicleta de rua, concebida para andar no asfalto, e resolvesse fazer trilha com ela no meio do mato. Os pneus, as estruturas, a concepção é de uma bicicleta, mas esta não poderá atingir um bom resultado se utilizada em um ambiente fora do qual foi concebida para ser utilizada – aplicada.

Expectativa: A Resposta

Figura 3.57

Sabe aquela sensação de que você está falando e o outro lado não está entendendo o que você quer? Resposta na utilização de um recurso é isso. Você ajusta os equipamentos para fazerem uma coisa e eles fazem diferente ou não exatamente como você queria. Você pede para acelerar e ele acelera mais ou menos o quanto você queria. Você ajusta um ritmo em um patamar e ele escorrega para outro. Ou então você regula os equipamentos em um ponto fixo e eles indesejavelmente ficam oscilando. Tudo isso é a maneira como o sistema está respondendo ao que você *programou*. Essa resposta inadequada é a causa de muito desperdício ou má qualidade do produto associado a este recurso. Em se tratando da estabilidade operacional, o importante é você mapear o que espera em termos de comportamento, capacidade, velocidade e desempenho. Conforme o recurso, essa expectativa pode ser diferente, como o comportamento de uma prensa ou uma máquina extrusora – por exemplo. Assim poderá avaliar se eles estão em condições de responder adequadamente à sua necessidade de produção. Em alguns sistemas, o termo também recebe o nome de *feedback*, palavra de origem inglesa. Estive em uma fábrica de garrafas *pet*, e a máquina de produção era uma sopradora de plásticos. Os operadores tinham muitos problemas com essas máquinas. Eles ajustavam e até que a máquina começasse a *responder* adequadamente, tempo e material iam pelo *ralo*. O problema era entender porque as máquinas tinham uma resposta tão imprevisível? Foi o ponto de partida para equacionar a perda de desempenho operacional.

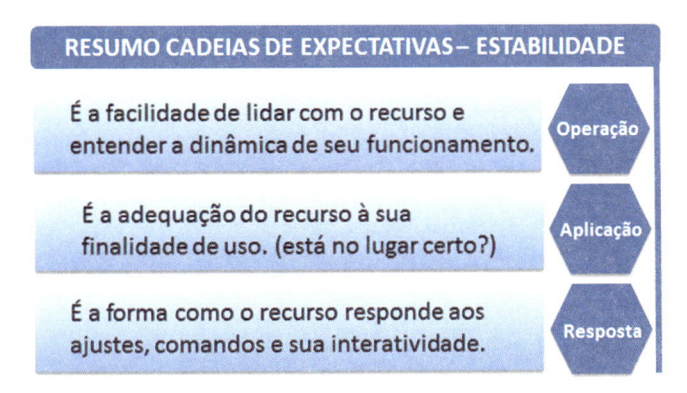

RESUMO CADEIAS DE EXPECTATIVAS – ESTABILIDADE

É a facilidade de lidar com o recurso e entender a dinâmica de seu funcionamento.	Operação
É a adequação do recurso à sua finalidade de uso. (está no lugar certo?)	Aplicação
É a forma como o recurso responde aos ajustes, comandos e sua interatividade.	Resposta

Figura 3.58

Proposição: Cadeia da Disponibilidade

Figura 3.59

Disponibilidade é visto como o tempo em que o equipamento, sistema ou instalação está disponível à operação e em condições ideais para produzir. Assim sendo, o trabalho da equipe responsável por manter os recursos em condições de operação é a busca da solução dos problemas à medida que a equipe ajusta o ritmo operacional da planta, do processo ou de uma atividade produtiva qualquer que requeira recursos como ferramenta de trabalho. Ações no âmbito da manutenção preventiva e proativa antecipam o aparecimento de problemas, tornando o equipamento mais disponível. Buscar o equilíbrio entre o tempo de produção e o tempo de parada para cuidar do equipamento, evitando interrupções indesejadas, é um indicador de excelência. Vamos fazer uma analogia com nossas amigas, as abelhas. Se suas asas fossem um recurso para o voo, externo ao corpo delas, que padrão de comportamento adotariam para impedir que a falta de asas não as impedisse de produzir o mel? Disponibilidade das asas para elas seria o mesmo que produção, correto? Penso que se assim fosse, elas teriam desenvolvido um procedimento natural para cuidar das asas e as manter sempre disponíveis. Devemos nos preocupar, em qualquer atividade onde os recursos sejam essenciais ao desempenho dos negócios, em torná-los sempre disponíveis. Algumas empresas investem na capacitação dos profissionais que lidam com esses recursos. Outras buscam no mercado os especialistas, e fazem com esses contratos de preservação – ou cuidados com o equipamento, como a manutenção. Tive a experiência em uma grande multinacional, que para cuidar de sua frota de veículos montou uma estrutura muito parecida com a de uma concessionária. Não foi uma boa solução, tempos mais tarde adotou a segunda opção acima: o contrato com especialistas na área. Mas, quais os recursos onde isso não é possível?

Parte 3 Trabalhando Eixos de Transformação   97

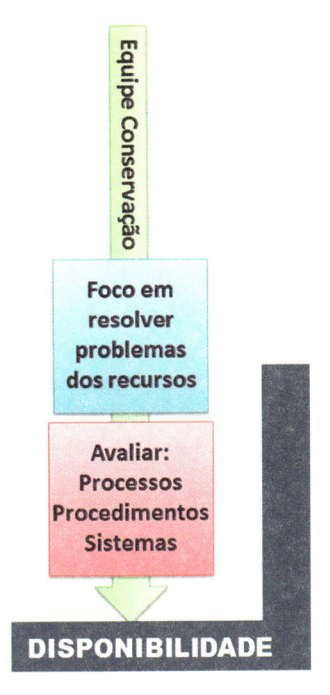

Figura 3.60

Invariavelmente, a disponibilidade dos recursos passa pela equipe de manutenção, ou responsáveis pela conservação dos equipamentos. Mas disponibilidade tem a ver com outras áreas de Inteligência Produtiva, como veremos a seguir.

Expectativa: Limitação

Figura 3.61

Se *aplicação* é, como vimos, a qualidade do que pode ser executado pelo recurso, *limites* é a qualidade do que pode ser exigido deste mesmo recurso. Um exemplo prático na indústria de mineração é quando se tem um sistema de peneiramento que pode trabalhar sob condições severas com pedras de maior porte – isto pode ser executado –, mas por períodos pequenos e controlados de tempo. Em outras palavras, sair do *limite* é quando obrigamos nossos recursos a trabalharem sob condições severas, de pico, por um tempo longo, como se fosse trabalho em regime normal. Se isto ocorre com frequência é porque o sistema precisa ser redimensionado para as novas condições exigidas, caso contrário, corre risco de ser danificado. Exigir demais do equipamento pode torná-lo indisponível antes do tempo previsto. Pode parecer ao leitor que estamos falando o óbvio, mas nos meus muitos anos de trabalho para a indústria, observar equipamentos operando acima de seus limites, infelizmente, era atitude normal. No entanto, essa prática tem diminuído bastante nos últimos anos, graças à consciência de que o custo pode ser maior que o ganho obtido. A criação de novas metodologias de gestão como o *Gerenciamento de Ativos* [9], tem dado grande contribuição para essa conscientização.

Saindo do ambiente industrial, vemos essa prática acontecer com frequência em situações que nos passam quase despercebidas. É o caso de motoristas transportando cargas acima do limite que o caminhão ou a estrada permitem. Condutores de utilitários que forçam seus veículos com uma condução agressiva, diminuindo a vida útil dos componentes mecânicos. E para encerrar, aquelas pessoas com problemas na coluna – ou de idade, como diz um amigo próximo – e que se forçam carregando peso, como se sua máquina biológica tivesse vinte anos a menos, ou até mais!

Expectativa: A Conservação

Figura 3.62

Vamos brincar com o nosso imaginário. Pense em ter ganho uma nave interestelar[10] na loteria. Ela voa de galáxia em galáxia sem gastar energia. E mais, ela é completamente moderna com rede *wireless* e ainda obedece aos seus comandos por voz, sem que você precise tocar em nada. Um belo dia sua nave dá pane e você não sabe como consertá-la. Que peças deverá utilizar, o que ou como isso deverá ser feito. Chamamos a isso – o ato de conservar a máquina em operação – de *conservação*, é a arte de executar serviços de manutenção em um equipamento ou recurso. Embora alguns chamem de preservação, há quem utilize um termo mais técnico e complicado: *manutenabilidade*, mas todas as denominações tem o mesmo sentido, que é manter o equipamento em operação. Quanto maior o empenho em atividades que assegurem a manutenção de forma fácil e executável, mais disponível para uso ela estará. Então para obter o grau de conservação desejado devemos ter as peças sobressalentes disponíveis, o programa de manutenção estabelecido e executável, ter custos adequados na recuperação e/ou prevenção, e também pessoal devidamente treinado nessas operações. Se fizermos as ações acima acontecerem de forma coordenada, permitiremos manter o equipamento no maior tempo possível disponível para produzir. Quando encontramos uma pessoa com certa idade já avançada e ela nos parece muito mais jovem, costumamos dizer que ela está bem conservada, não é? Pois é, com os recursos é assim também. Quanto mais os conservamos, mais novos eles parecerão em relação ao tempo de uso que possuem. Utilizar a inteligência produtiva na área de recursos é ter em mente a conservação dos mesmos. Saber que quanto mais *cuidados* tivermos com estes recursos, mais eles trabalharão a nosso favor, nos dando os resultados que esperamos.

Expectativa: O Ritmo

Figura 3.63

Ritmo é o mesmo que continuidade. É o equipamento estar operando de forma satisfatória por um tempo contínuo, corrido, sem que haja interrupções de natureza operacional ou provocada por algum tipo de falha. Promover essa continuidade operacional permite disponibilidade e previsibilidade à produção e prolonga a vida útil do equipamento. Exemplificando, se você tiver que produzir cento e vinte toneladas de um material em doze horas, será melhor fazê-lo de forma contínua a uma taxa de dez toneladas por hora, do que ficar oscilando e produzindo taxas maiores como vinte toneladas, e depois taxas menores como cinco toneladas nesse mesmo período de tempo.

Figura 3.64

A descontinuidade, o liga e desliga, o partir e depois parar é que trazem maior incidência de danos, inclusive qualidade, segurança e custos. É preciso se planejar para ter uma operação o mais contínua possível, de acordo com a demanda e a disponibilidade dos equipamentos. Necessitamos de ritmo para obter bons resultados, basta observar na atividade esportiva. Tenho uma teoria interessante. A indústria aeronáutica é uma das mais seguras em termos de manter seus aviões voando e em bom estado. O mérito se deve aos programas de manutenção e utilização dessas aeronaves. Acidentes são raros, e por isso chocam tanto quando ocorrem. Já a indústria automobilística tem investido muito nos últimos anos para obter um padrão de segurança de alto nível, e que impeça que acidentes automobilísticos continuem matando milhares de pessoas anualmente. Qual a diferença entre ambas? Sei que o leitor deve ter enumerado uma dezena, no mínimo. Mas gostaria de chamar a atenção para um fato. Um avião que vai de A para B, tem em seu percurso quantas interrupções, freadas, aceleradas, curvas e situações imprevisíveis? Agora, e quanto ao carro nesse mesmo percurso, o ritmo é o mesmo? Aí está a teoria: a mudança constante de ritmo interfere no resultado final.

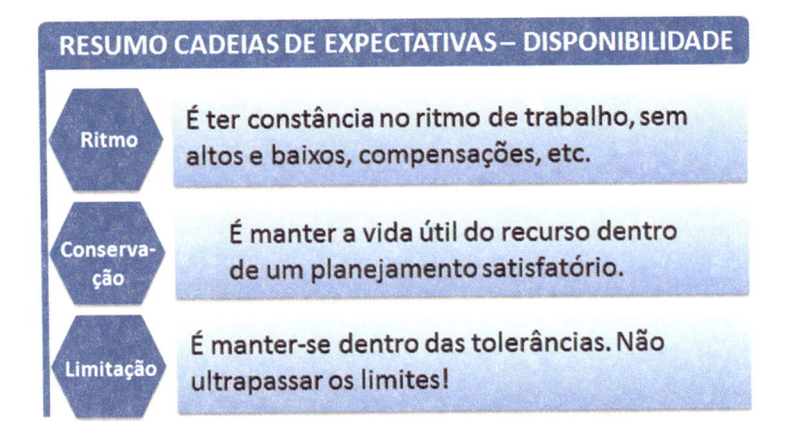

RESUMO CADEIAS DE EXPECTATIVAS – DISPONIBILIDADE

- **Ritmo**: É ter constância no ritmo de trabalho, sem altos e baixos, compensações, etc.
- **Conservação**: É manter a vida útil do recurso dentro de um planejamento satisfatório.
- **Limitação**: É manter-se dentro das tolerâncias. Não ultrapassar os limites!

Unindo Estabilidade + Disponibilidade

Os equipamentos são os recursos mais previsíveis que possuímos. Podemos obter todas as informações necessárias para lidar com eles. Saber utilizar essas informações nos permitirá obter a diferença na aplicação da Inteligência Produtiva. Queremos desempenho, ele depende da estabilidade e disponibilidade do recurso. Se atendermos às expectativas em relação a esses recursos quanto a sua operação, aplicação e respostas desejadas, e ainda quanto à observação aos limites em que a máquina trabalha e sua conservação e ritmo, estaremos nos colocando em um patamar de produtividade acima da média. Cada máquina tem uma linguagem própria que precisa ser ouvida e compreendida. A sensibilidade e a capacidade de interpretar essa linguagem nos seus mais diversos níveis de complexidade é que permitirão a integração entre homem e máquina com um único propósito. Apresentaremos em seguida uma forma diferente de ver a relação entre homem e máquina. Costumamos dizer no ambiente de consultoria que isto é pensar fora da caixa, ou seja, quando saímos da forma de pensamento convencional e passamos a ver as coisas por um ângulo ou perspectiva diferente. Nesse caso a visão do que enxergávamos antes parece completamente nova!

102 *Inteligência Produtiva*

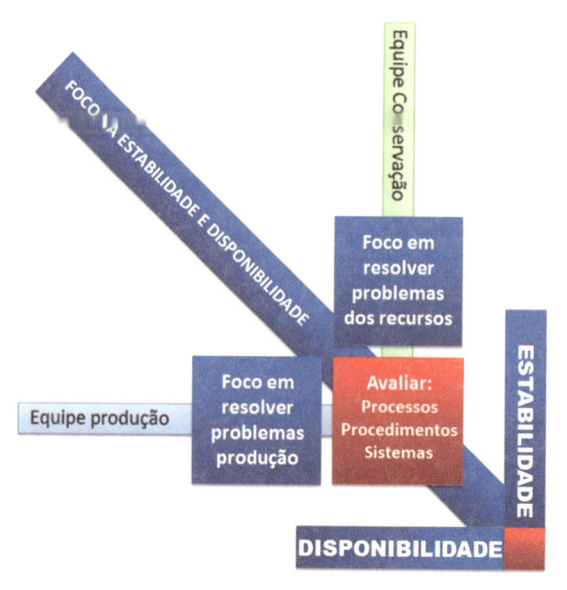

Figura 3.66

A relação do homem com a máquina é emocional

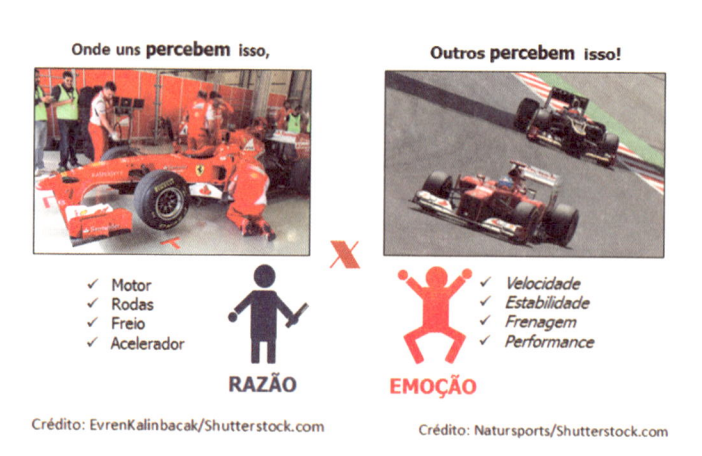

Figura 3.67

Recapitulando

Para desenvolver os três eixos base que determinam a Inteligência Produtiva, expressamos a importância das pessoas e seu comportamento. Mostramos a forma como o conhecimento e habilidade pessoais e adquiridas podem influenciar nossos resultados. Apontamos os recursos materiais e sua importância quando eles são exigidos. Os três eixos são completados com o eixo do objetivo, ou eixo de trabalho. Ele é o objeto produtivo que almejamos alcançar (ver Apêndice 1 – Roteiro para Definição do Eixo Objetivo – A Direção) Podemos afirmar que após compreender a natureza produtiva das pessoas e entender o que é sua competência produtiva e os recursos de produção, é o eixo do trabalho que exigirá nossos esforços para conseguir atingir os resultados desejados. Toda a nossa energia produtiva exige um foco para se orientar. Quando queremos obter produtividade em qualquer atividade, tarefa ou empreendimento é preciso que estejamos orientados e direcionados para este objetivo. Às vezes podemos estar orientados para o rumo certo, mas desviamos pegando uma direção errada. Foco é quando acertamos o rumo e a direção buscando precisão na caminhada. Avançar, medir, corrigir e assim sucessivamente até atingir o ponto desejado. Saber o que precisamos fazer e utilizar nosso conhecimento sobre quem nos cerca, nossa *expertise* e recursos é que fará a diferença! A necessidade no mundo atual de nos tornarmos produtivos está ligada à nossa sobrevivência. Sei que economistas discordarão e dirão que produzir é uma questão econômica. Mas basta voltarmos nossos olhos para a história da humanidade e veremos que todas as grandes mudanças estavam ligadas à nossa sobrevivência. A guerra preserva os mais fortes e exclui os fracos. O período agropecuário nos preserva pela alimentação, tanto quanto a caça. A industrialização aumenta o poder de fabricar alimentos e com ela vem a busca pelo conforto. A informação nos mantém atentos e equaliza nossas forças. A produtividade é atendermos às necessidades de sete bilhões de pessoas no planeta. No último componente do eixo de transformação RECURSOS, aprendemos sobre o ritmo de trabalho desses dispositivos. Percebemos o quanto é importante haver regularidade da produção.

3.4 Níveis de Importância (ação) dos Elementos de Transformação:

Diagrama de Níveis de ação:

Dimensão PESSOAS

Dimensão OBJETIVO

4-EXPECTATIVAS
3-PROPOSTAS
2-ESSÊNCIA
1-DIMENSÃO

Dimensão RECURSOS

Dimensão COMPETÊNCIA

A figura nos mostra a classificação dos elementos de transformação de acordo com seus níveis de ação ou importância. O nível mais importante é o da dimensão, aquele que define o eixo. A seguir, temos o nível da essência, que determina sua razão de existir. Seguindo, temos os dois níveis de trabalho, representados pelas propostas e expectativas a serem atendidas. No capítulo seguinte, veremos a importância desses níveis e como eles podem interagir entre si. Mudar uma expectativa não tem o mesmo impacto que mudar uma proposta, pois essa leva consigo suas expectativas.

Parte 4
Conectividade dos Elementos de Transformação

Objetivo   Pessoas   Competência   Recursos

Figura 4.1

O universo é matemático e nosso comportamento é lógico

A figura 4.1 nos mostra que o desenho da estrutura em hexágonos representando os elementos de Inteligência Produtiva permite a conexão entre eles, formando um bloco integrado. Percebemos aqui o porquê de o diagrama ter o *design* dos elementos em forma hexagonal. É ela que nos permite fazer essa conexão, pois a forma permite a integração em diversos lados. Vamos analisar agora como essa conexão dos elementos de IP ocorrem entre si, interferindo no curso do pensamento de nossa inteligência pela expansão das ideias. A força do hexágono na colmeia das abelhas é estrutural, na inteligência produtiva ela dá força à expansão das ideias e seus pensamentos.

4.1 – O que é Conectividade

Talvez não percebamos, mas todas as nossas ações estão, de alguma maneira, conectadas a outras ações ou são consequência delas. O universo é matemático, basta estudar um pouco de astronomia para percebermos isso. Quanto ao nosso comportamento, avalie e verá que existe um padrão para cada situação. Somos mais presumíveis do que pensamos. Quando as abelhas evoluíram na construção do favo de mel para a forma hexagonal, de alguma maneira perceberam que era a melhor estrutura de conexão para armazenar mais mel e produzir mais com menor esforço [15]. Elas possuem um sentimento de organismo único. É como se a conexão fizesse da colmeia um só corpo e as abelhas seus membros, cada uma com uma função [16]. A conectividade no desenvolvimento da IP é a capacidade de ligar os pensamentos e ideias dando-lhes um corpo definido, a partir de origens diferentes.

4.2 – Qual a Importância da Conectividade na IP?

Fazendo uma analogia às sinapses nervosas, quanto maior em um pensamento for o número de informações ligadas a ele, maior será a força construtiva desse pensamento e mais assertiva será qualquer decisão relacionada – o que chamamos intuição. Na organização de nossa IP os elementos de transformação (aptidões) se unem atravessando as dimensões e interligando ideias em ambientes diferentes. Uma informação da dimensão Pessoas, por exemplo, pode estar ligada diretamente a uma informação da dimensão Competência ou Recursos, ou mesmo ambas. O poder dessas conexões é que nos levam a entender os problemas e soluções que se escondem atrás das mesmas. Empresas e pessoas que obtiveram sucesso em sua área de trabalho destacaram como fator desse sucesso a orientação para a equipe, ou para a capacitação, ou para a tecnologia utilizada – os recursos. Algumas destacaram na mídia terem definido uma linha clara de negócio – o objetivo. Mas, interessante é observar que essas empresas trabalhavam com as dimensões da IP sem ter conhecimento da forma de trabalho que vamos demonstrar a seguir. Em suma, como diz o escritor Daniel Goleman em seu livro *Inteligência Emocional*, quando tomamos consciência da consciência, nosso trabalho e controle ficam mais fáceis.

4.3 – Conectividade Linear

Temos quatro tipos principais de conectividade entre os elementos de IP, e uma quinta possibilidade pela intuitiva. Podem existir mais se o leitor se dispuser a fazer tentativas. Verá, ao simular as conexões, que são muitas as possibilidades. Você pode atribuir os valores que desejar, tudo dependerá do foco que estiver dando ao seu problema ou no tipo de solução que procura. Nossa primeira possibilidade é a conectividade linear. Observamos, através da figura 4.2 – Mapeamento IP[17], o encaixe dos eixos de inteligência seguindo uma ordem predeterminada pelo objetivo e, no nosso caso exemplo, será a indústria de serviços. É ele que, estando à frente, puxa a colmeia de elementos de IP. Nessa estrutura, o eixo central integra os seguintes elementos de inteligência na Linha L1: **Soluções > Necessidade > Pessoas > Comportamento > Competência > Conhecimento > Recursos > Desempenho**. Podemos dizer que os oito elementos estão ligados entre si.

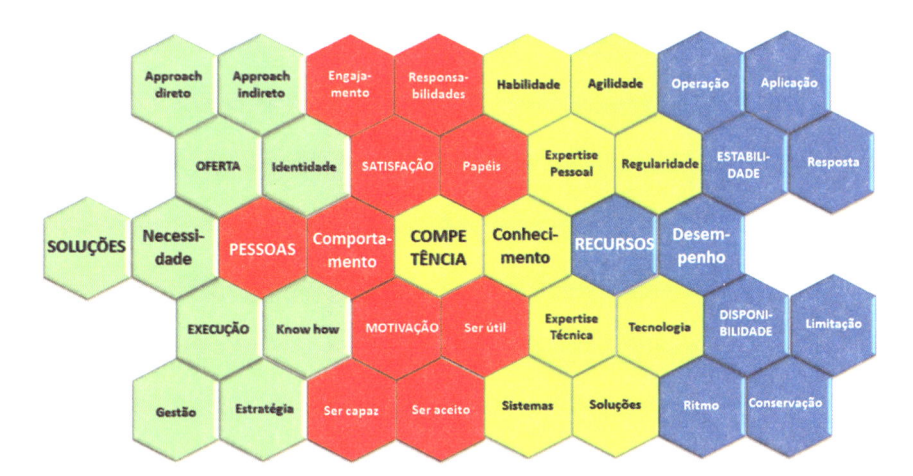

Figura 4.2

Na figura 4.3 extraímos os elementos centrais para permitir uma visão mais clara do eixo central.

Figura 4.3

Podemos perceber quatro cenários de IP. Como escolhemos a área de negócios SERVIÇOS como objetivo, teremos em consequência as *Soluções* como natureza do trabalho, e a partir daí seguimos o eixo horizontalmente. Pessoas envolvidas, a Competência e os Recursos necessários. Podemos também dizer, na mesma linha de raciocínio, que estamos lidando com as essências desses eixos, que são a *Necessidade*, o *Comportamento*, o *Conhecimento* e o *Desempenho*. Extrair – dar destaque – os elementos facilita saber em qual eixo de IP deveremos orientar nossa atenção. Percebe-se a interdependência dos elementos.

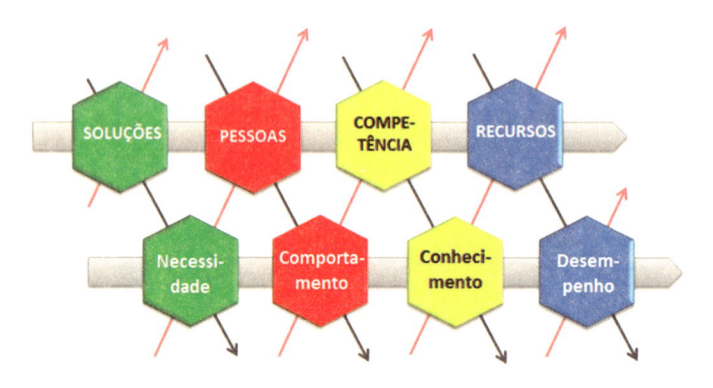

Figura 4.4

Não podemos obter resultados satisfatórios para uma Solução se não entendermos a *necessidade* que está sendo atendida aos clientes que queremos conquistar. Ela influirá sobre o comportamento de quem estiver envolvido. Nosso conhecimento interferirá nesta abordagem e, se precisarmos de recursos para isso, o desempenho desses recursos terá papel importante. Agir com aplicação da Inteligência Produtiva é trabalhar sempre com todos os elementos interligados, pois um elemento depende do outro, assim como uma ação interfere em outra, que interfere em outra, e a onda se propaga. Perceba, leitor, que em outra perspectiva, entender a necessidade do cliente é lidar com pessoas; o comportamento dessas pessoas influi em sua competência; o conhecimento por sua vez nos leva a utilizar melhor os recursos e, finalmente, o desempenho nos leva a melhores soluções. Todos os nossos elementos de IP estão ligados, e provocando as respostas (ou perguntas).

Na figura 4.5 a seguir, temos uma visão focada em como a *Necessidade* influencia o nosso comportamento, o nosso conhecimento e o desempenho de nossos recursos. Em outras palavras, será difícil apresentarmos um trabalho que atenda ao cliente de serviços se não estivermos atentos a esses elementos. O que a IP faz é percebermos isso. Ser produtivo não é apenas apresentar resultados satisfatórios, com números acima da média. O que devemos procurar é o que está por trás desses resultados, o que fizemos para chegar lá. A IP nos mostra que é o nosso comportamento, o nosso conhecimento e o desempenho de nossos recursos que nos permitem alcançar esse objetivo. É interessante notar que, para as demais áreas de objetivo abordadas – e mesmo aquelas não abordadas neste livro –, o desenvolvimento do raciocínio é o mesmo. Se quisermos ser mais produtivos, lançando mão do desenvolvimento de nossa inteligência nessa direção, então o foco será nosso comportamento como PESSOAS, nosso conhecimento como base de nossa COMPETÊNCIA e os cuidados com o desempenho de nossos RECURSOS.

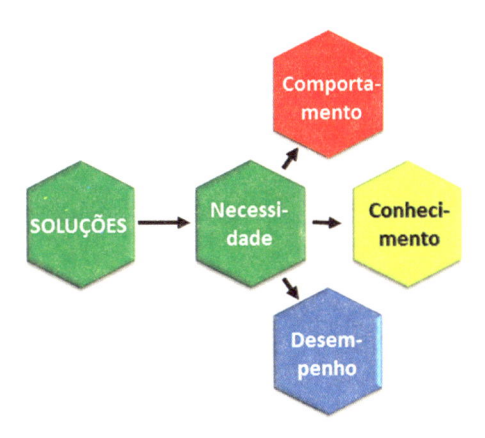

Figura 4.5

Lidar com a Inteligência Produtiva é como fazer um malabarismo. A cada momento temos um eixo de inteligência sob nosso foco de atenção, mas logo atrás vem outro, e o cenário vai se modificando conforme nossos movimentos. Encontrar a bola da vez e não a deixar cair é o trabalho que temos a realizar continuamente para sermos produtivos dentro de um padrão desejado. Em dado momento, precisamos ser competentes; em outro, utilizar o recurso adequado e de forma correta; em outro ainda, buscar ou aplicar um conhecimento que nos permita atingir nossa meta; e finalmente, em outro, focar nos responsáveis por todo esse movimento!

Figura 4.6

4.4 – Conectividade pelo Objetivo

Vamos navegar pela geometria e formar nossa teia de conexões como um triângulo. Partiremos do centro, expandiremos e atravessaremos os três eixos de transformação da inteligência. Neste caso, temos uma particularidade. O eixo central terá o elemento Soluções trocado de lugar com o elemento Necessidade. Nossa figura passará a ter os três elementos Natureza em suas extremidades – PESSOAS, COMPETÊNCIA e RECURSOS –, e o elemento Natureza – SOLUÇÕES –, do eixo objetivo, no centro da figura. Ver figura 4.7. Em toda análise com essa formatação, essa troca deve ser realizada. O motivo não é apenas estético, mas essa configuração justifica a análise pela rotação mostrada a seguir. Nesse tipo de abordagem trabalhamos tendo como centro de atenção o eixo do *objetivo* a ser alcançado. A Oferta – lado superior –, que é a proposta em levar a solução desenvolvida até o cliente, se liga no eixo Pessoas, onde é realizada a aproximação com o cliente. Este eixo pode representar tanto aqueles da organização quanto o cliente, e dependerá do foco a ser dado.

Parte 4 Conectividade dos Elementos de Transformação   **111**

1º. Passo
Conectividade pelo Objetivo

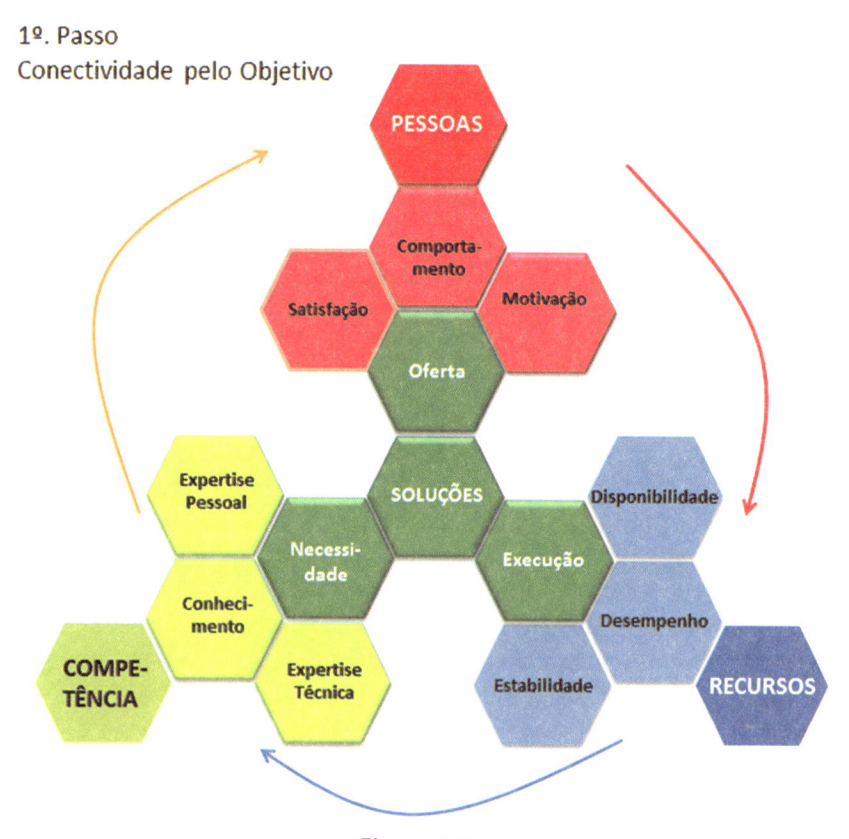

Figura 4.7

A Execução – lado direito – está ligada ao eixo de inteligência Recursos. Envolve a utilização de equipamentos em geral. Por exemplo, o comércio varejista de produtos pela Internet. É necessária uma infraestrutura para que aconteça, estamos falando de *sites*, redes sociais e a publicidade. Do depósito e armazenamento das mercadorias até a distribuição, utilizando veículos e meios de transporte. Todos esses recursos deverão ter um bom desempenho para atender centenas de pedidos diários, quando não milhares. Dessa forma, os equipamentos de informática, empilhadeiras, veículos de transporte, caminhões e tudo o mais devem ter estabilidade operacional e disponibilidade para utilização. Para fechar o primeiro passo da conectividade a partir do objetivo, ligaremos a Necessidade – que foi desenvolvida – diretamente àquilo que a originou, o Conhecimento e *Expertise*. Os envolvidos com esse *produto* devem buscar conhecimento sobre essa necessidade desenvolvida de maneira a oferecê-la ao cliente com poder de convencimento. Para isso suas habilidades pessoais e a adquirida farão a diferença.

É um momento de reflexão. Se seu negócio é, por exemplo, uma lavanderia, pergunte-se: estamos oferecendo o serviço ao cliente da forma adequada no que se refere ao comportamento de nossa equipe? Estamos executando de forma satisfatória com base em nossos recursos? E por último, temos o conhecimento daquilo que oferecemos? Feito isso, com todas as implicações, passemos ao segundo passo.

2º. Passo: Giramos os eixos a partir do primeiro passo, conforme indicado na figura 4.8. Necessidade se ligará a Desempenho, Oferta se ligará a Conhecimento e Execução se ligará a Comportamento. Refazemos nossa análise pela Inteligência Produtiva. A Oferta, que é o contato direto com o cliente, depende do nosso conhecimento e *expertise* na solução desenvolvida. Pesarão nosso talento individual e o conhecimento adquirido sobre o serviço que estamos prestando. Da mesma forma, a execução dependerá do nosso comportamento. Desde a satisfação que tivermos em desenvolvê-lo até a motivação para fazer *as coisas* acontecerem. Pense nas centenas de pessoas por trás da estrutura de vendas. Elas e seus comportamentos influirão diretamente nos resultados que precisamos alcançar. Nesse caso, a IP nos alerta para o sentimento de satisfação e motivação. Devemos alcançá-los para termos sucesso. Por último, temos a Necessidade – do cliente – ligada ao desempenho de nossos recursos. Se eles forem imprescindíveis na execução, a atenção deve ser orientada a eles.

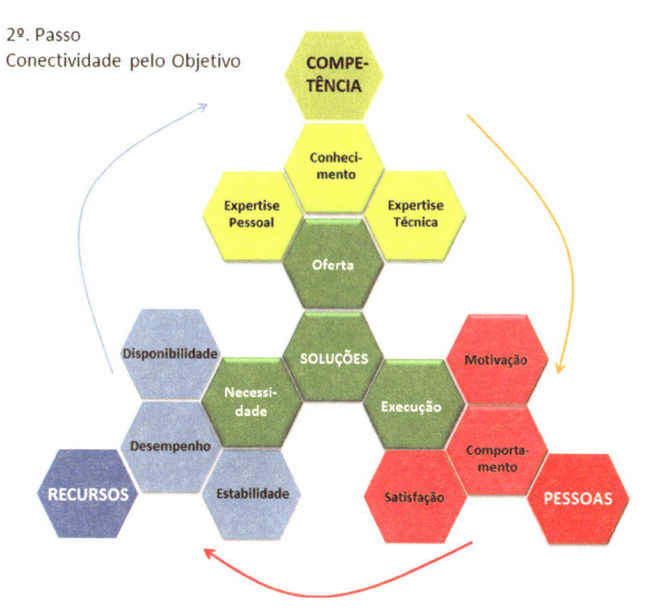

Figura 4.8

3º. Passo: Ao rodar os eixos mais uma vez, teremos: Necessidade se ligará ao eixo Comportamento. Isso nos fará refletir sobre a satisfação e a motivação da equipe que trabalha o atendimento a essa necessidade. Seguindo a roda, ligaremos a Oferta ao Desempenho dos recursos, que podem ser sistemas de comunicação, veículos de apoio à equipe externa, computadores, sistemas de mídia e todo aparato que facilita o contato direto com o cliente. Completando o giro dos eixos, ligamos a Execução ao Conhecimento. Uma equipe bem orientada que tenha o *know-how* de execução contará pontos nos resultados. Completamos assim essa análise de conectividade. É um bom exercício das possibilidades que temos do desenvolvimento de nosso trabalho, seja em qualquer área que estivermos focando. Sugiro ao leitor reproduzir o diagrama, desenhar sua área de interesse e fazer a roda girar. Pense em cada possibilidade e anote as observações que encontrar. Procure pensar nas expectativas que estão associadas a cada proposta. Ajudará na busca de possíveis fraquezas ou forças. A importância dessa análise é o quanto ela é rica em possibilidades e o quanto nos faz pensar em todas as áreas, atividades e circunstâncias envolvidas no nosso trabalho.

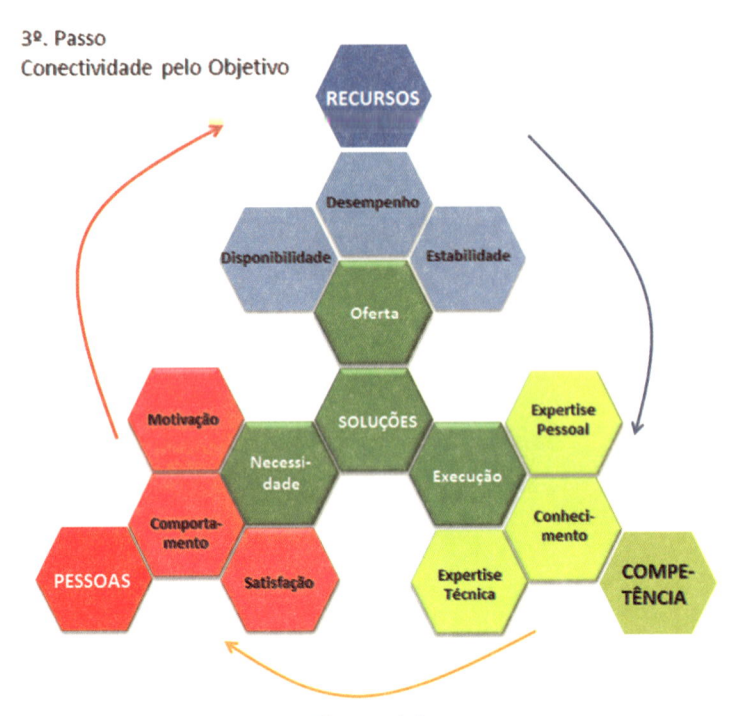

Figura 4.9

Existe um universo composto de vinte e quatro expectativas para atingir o propósito de trabalhar com a Inteligência Produtiva. Os elementos e suas diversas possibilidades de conexão permitirão realçar as possíveis falhas que não estejam sendo percebidas em sua atividade ou negócio.

Recapitulando: Ao rodar os eixos, temos a cada passo um novo panorama de análise, chamando sua atenção para fatos que até então estavam fora do seu foco.

Para sua necessidade produtiva, no exemplo em destaque, temos na primeira figura o elemento *oferta* e tudo aquilo que ele representa[18]. Em primeiro plano, está sendo afetada pelo comportamento dos que lidam com ela. Devemos avaliar como essas pessoas estão influenciando nossos resultados em função de sua satisfação e motivação. Ao girar os eixos, a *oferta* passa a ser afetada pelo grau de conhecimento. Estão desempenhando bem seus papéis? Sua característica pessoal é condizente com a função que executa? Os conhecimentos necessários a um bom trabalho junto ao cliente são desenvolvidos de forma satisfatória e che-

Parte 4 Conectividade dos Elementos de Transformação **115**

gam a todos os membros dessa equipe? Estas perguntas vão surgindo à medida que a roda gira, o que estimula nossa avaliação e criatividade. Por fim, no terceiro plano temos, interagindo com essa *oferta*, o desempenho de nossos recursos.

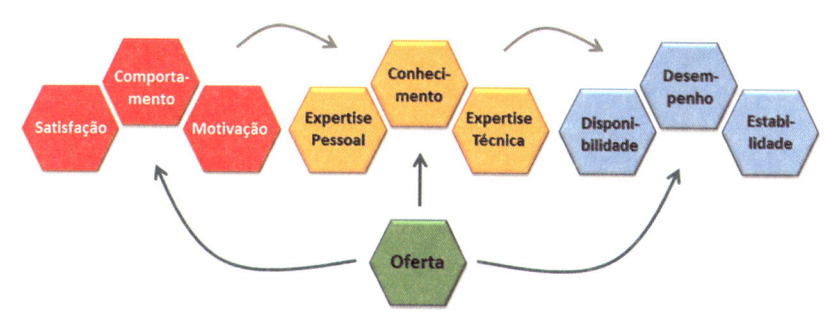

Figura 4.10

Estão disponíveis sempre que necessários? São utilizados dentro de suas limitações? Estão conservados e trabalhando em um ritmo adequado? Quanto à estabilidade, são utilizados de forma adequada quanto ao que podem nos oferecer? Observamos os elementos que se modificam – em sua conexão – conforme nosso foco. Com isso, estamos *costurando* essa teia de possibilidades por todos os lados, tornando-a resistente e forte à medida que nossa visão é ampliada.

4.5 – Conectividade pelas Propostas

A conectividade é baseada no valor[19] do elemento na estrutura da IP. Na área referente à natureza, temos as proposições relacionadas à essa. Então, os pensamentos afins são aqueles originados nessas proposições. Veja o mostrado na figura 4.11, em que extraímos esses elementos. É o eixo do objetivo *Serviços* onde temos as SOLUÇÕES desenvolvidas. Elas atendem a uma **necessidade** identificada, e a partir desta temos as duas propostas, *Oferta* e *Execução*. A partir daí ligamos às demais propostas nos demais eixos.

Figura 4.11

A satisfação de quem propõe a oferta, sua *expertise* pessoal e a estabilidade de seus recursos, influirão diretamente no resultado desejado ou incrementarão seus resultados no esforço do trabalho. Pense no atendimento de balcão de uma loja de livros, ou na venda de porta em porta. Se o promotor da venda estiver insatisfeito, não tiver habilidades no tratamento com o cliente e os recursos de consulta e trabalho não estiverem confiáveis, perderá o negócio e a simpatia do cliente. Vivenciamos essa situação o tempo todo quando estamos nos *shopping centers* e lojas de comércio. Por outro lado, o trabalho dedicado ao desenvolvimento de nossa identidade empresarial facilitará a *oferta* da solução ser melhor assimilada pelo cliente.

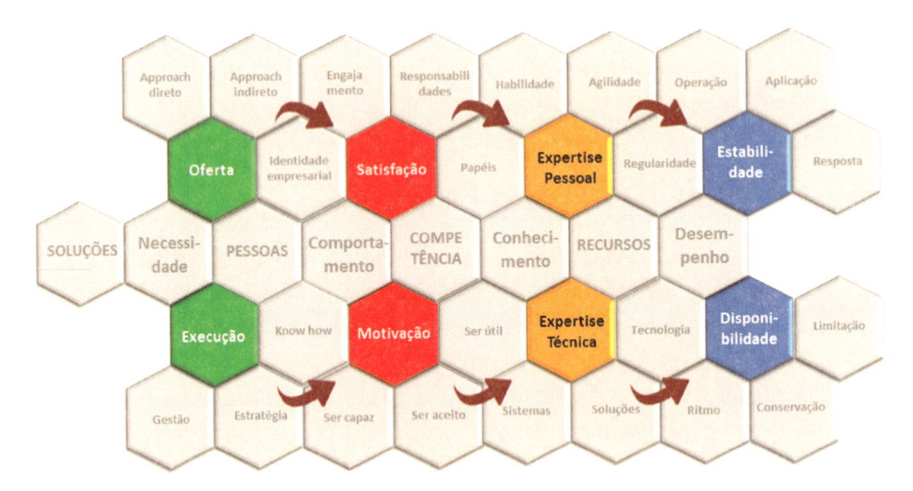

Figura 4.12

Para finalizar nosso raciocínio, observemos na área da essência as proposições relacionadas a essa. Na *Execução* para o cliente de serviços, temos como proposta à necessidade a motivação de quem a realiza, sua *expertise* técnica e a disponibilidade de seus recursos. Aqui temos o

Parte 4 Conectividade dos Elementos de Transformação 117

desafio de fazer que nossas *soluções*, cheguem ao cliente e sejam executadas em sua essência conforme as expectativas. Para isso, a motivação tem importante papel nessa cadeia de atendimento. Ela nos fará sair do terreno frio da impessoalidade e nos motivará a interagir com esse cliente ainda desconhecido. Essa motivação começa dentro do nosso ambiente de trabalho. É em primeiro plano a motivação pessoal, aquela que nos faz desejar estar neste tipo de serviço, depois a motivação em direção ao cliente, resultado de nossa busca por resultados.

Figura 4.13

Sem esse tipo de motivação para realizar um trabalho, tudo parecerá muito superficial e sem credibilidade, ela tem a ver com a forma como somos tratados e inseridos no cotidiano da empresa onde trabalhamos. Mesmo que nosso trabalho seja autônomo, somos produto do meio que gerou esse trabalho. Voltando aos eixos de transformação, encontraremos como elementos de expectativa para essa motivação sermos úteis, aceitos e capazes de realizar nosso trabalho. Aí está o princípio de nossa motivação. É claro que ela não se esgota somente nesses três elementos, mas do ponto de vista da IP, são eles que *puxam o carro*. Sei que o leitor gostaria de perguntar: "Mas a satisfação, *expertise* pessoal e estabilidade também não influenciam a motivação?". Estará corretíssimo em pensar assim. As duas propostas em cada eixo da Inteligência Produtiva se complementam e, como já dito, nunca se contradizem. Um pássaro conseguiria voar com somente uma asa? Também aqui é assim. Separamos os conceitos pela sua proposição ou meio para atingir um objetivo, não retirando a relação que existe entre eles. Poderíamos afirmar que, para uma *oferta* envolvendo vendas sem contato direto com o cliente através de mídia, redes sociais e P&P tradicional, será importante que haja satisfação, *expertise* pessoal, e ainda que os recursos tenham estabilidade operacional. Mas como dividimos essa *necessidade* em duas vertentes, procuramos pesar para cada lado o que sentimos ser mais importante e necessário naquela proposição. Este é na realidade um exercício dessa inteligência. Mais uma vez vamos nos arguir: "Quem precisa mais de motivação? Quem trabalha em um ambiente de oferta ao cliente – oferecer o produto – ou quem irá executar o serviço já *conquistado*?". Ora, ambos precisam de motivação, mas conforme a realidade da organização, um ou outro precisará de maior atenção. Se a empresa vende muito e o problema é a execução, nesta estará o esforço extra. Se, ao contrário, temos ociosidade na execução por falta de clientes, o foco é a oferta. O mesmo raciocínio vale para a *expertise* e para o conhecimento dos recursos necessários. Assim, realizando esse exercício, estamos sendo seletivos com nossa inteligência e exigindo dela em cada situação mais e mais conexões ou, como dizem os especialistas da área, precisamos estimular mais *sinapses*[10] de conhecimento em direção a nosso desejo. Não há dúvidas de que, se estivéssemos frente a frente com um lobo nos encarando como se fôssemos um apetitoso e suculento pedaço de carne, todo o nosso corpo e mente faria as conexões possíveis para nos fazer reagir com o propósito de preservar nossa vida! Com a inteligência produtiva também é assim. As conexões são realizadas conforme o desafio que temos pela frente. Na figura 4.14 a seguir, veja as proposições que precisamos trabalhar para estarmos, de forma inteligente, trabalhando nossa produtividade frente ao desafio que utilizamos como exemplo na área de serviços e soluções.

Figura 4.14

---

10 Adotamos o termo *sinapses* fazendo analogia à ligação, união que o mesmo representa no sistema neurológico.

4.6 – Conectividade pelas Expectativas

Este tipo de conexão nos permite visualizar os seis elementos que pertencem a cada eixo de IP de forma integrada. Na figura 4.15 destacamos os seis elementos na composição original de cada eixo de IP e, a seguir, mostramos os seis elementos também de cada eixo na configuração integrada, um desenho que se assemelha a um mosaico – ver figura 4.16. Esse tipo de abordagem nos permite visualizar e trabalhar com os elementos de expectativas do mesmo eixo de inteligência. Esse trabalho pode ser para avaliar a situação da organização ou de um grupo de indivíduos. A partir dele temos um ponto de partida para um planejamento de melhoria. Veremos, no final do capítulo, a união dos três eixos base da Inteligência Produtiva e o eixo objetivo produtivo. Seria como se navegássemos por várias páginas da internet de nossa mente, explorando, avaliando e percebendo a similaridade entre elas. De acordo com o que cada uma tem a nos dizer vamos elaborando nosso plano de ação e, ao final, temos um mapeamento da nossa inteligência produtiva nos mostrando como estão nossas expectativas, e a partir dele o que deve ser feito para melhorar os pontos que se apresentarem insatisfatórios.

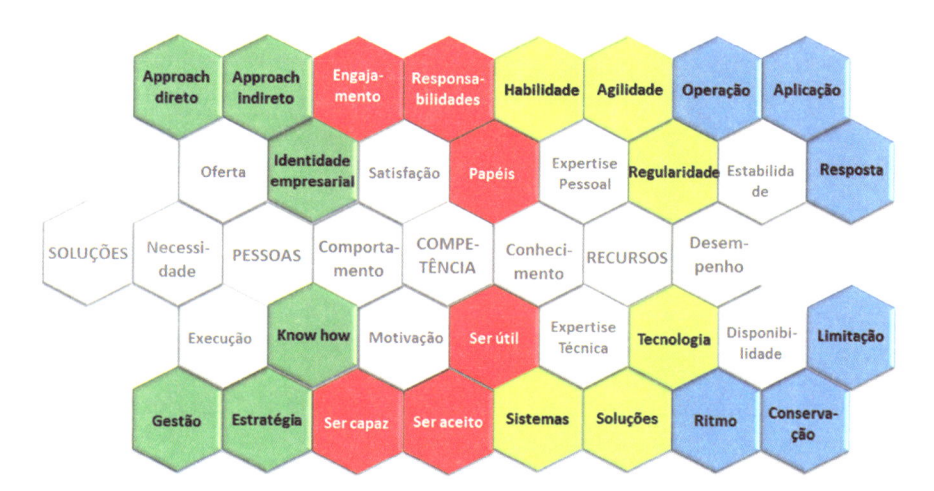

Figura 4.15

Conectividade Integrada – Expectativas Eixo SERVIÇOS:

Figura 4.16

Vamos analisar, em cada eixo de inteligência, as expectativas que, se trabalhadas, influenciam os resultados de nossa capacidade produtiva. Vamos começar pelo eixo do objetivo produtivo, onde as expectativas da IP são os elementos que podem impulsionar nossos resultados.

Recordando o que define a estrutura dorsal do eixo objetivo em Serviços, temos: O que norteia a atividade serviços? As Soluções. Qual a essência que faz as soluções serem desenvolvidas para atender ao cliente? A *necessidade* a um tipo de serviço. As expectativas para oferta acontecer são: *Approach* direto, *Approach* indireto e Identidade Empresarial. Para a execução temos: *Know-how*, estratégia e gestão. Esses seis elementos estão representados na figura 4.16. A orientação da IP para que o negócio SERVIÇOS dê resultado em termos de produtividade é focarmos no contato com o cliente nas dependências da empresa, loja ou galpão, concentrarmo-nos no esforço de chegar até ele se nossas vendas não forem somente internas, e criar uma estrutura de atendimento que dê suporte às nossas propostas e soluções. Não importa se o negócio seja uma lavanderia, uma borracharia ou uma sofisticada empresa de tecnologia. Conforme as proporções que queiramos atingir, a produtividade dependerá da inteligência aplicada nos elementos de expectativa da atividade. Se for um negócio pequeno, a relação com o público interno e/ou externo deve merecer grande parte da atenção. Se for um pouco maior, a relação com o cliente via *call center*, *site* e propaganda e publicidade deve ser pensada. As redes sociais são uma boa decisão!

Avalie também a execução dos serviços. Ela envolve o seu domínio da atividade – *know-how* –, a estratégia e a forma de gestão. Os serviços de correio exemplificam um setor de prestação de serviços importante para a sociedade. Eles já foram eleitos diversas vezes como instituição mais confiável do Brasil. Por ser um serviço público, avalie de acordo com as expectativas acima o serviço de correio local, como você classificaria essa atividade em relação à sua proposta de soluções na área de entrega de correspondências e mercadorias diversas. Trabalhe cada elemento de expectativa da configuração acima. Você perceberá com esse exercício porque os elementos do alvo produtivo – a meta – definem a maneira de atingir os resultados do negócio.

Conectividade Integrada – Expectativas Eixo PESSOAS:

Figura 4.17

Na figura 4.17 temos a configuração após a integração das seis expectativas geradas pelo comportamento. São elas que dão movimento a qualquer organização. Os demais eixos só ganham sentido se houver a presença dos legítimos possuidores da inteligência – pessoas –, incluindo a produtiva.

A essência das pessoas é o COMPORTAMENTO, ele é ditado pelo grau de SATISFAÇÃO que possuem e pela MOTIVAÇÃO que tiverem. A partir daí, temos na asa direita – ou lado Natureza – da satisfação, as expectativas que a validam, ou seja, o engajamento, as responsabilidades e os papéis definidos. Na asa esquerda – lado Essência –, temos a motivação que gera as expectativas em ser útil, ser aceito e ser capaz. Essa configuração demonstra a força implícita do ato de produzir gerada pelo comportamento humano. Quando as empresas começaram a participar dos programas de qualidade total oriundos do Japão e dos Estados Unidos, podíamos identificar os mais entusiasmados como os que possuíam esses elementos de inteligência produtiva. Embora estivéssemos em busca da qualidade, a produtividade era o resultado agregado. Isso ficou mais evidente quando surgiram os programas *Six Sigma*, onde empresas como a GE e Motorola, no final dos anos 80, implantaram uma metodologia que, entre outros benefícios, focava a produtividade. Ora, esses programas só atingiram sucesso porque os envolvidos tinham um comportamento condizente com o representado neste eixo de inteligência. Estavam engajados nos programas e acreditavam nas mudanças que os mesmos poderiam trazer às suas empresas. As responsabilidades passaram a ser melhor definidas, quem fazia o quê e como. Os papéis ficavam claros: quem planejava, quem executava e quem controlava, e isso trazia um componente de satisfação a toda a equipe. Aliado a isso, procurava-se que se sentissem úteis ao participarem dos programas, dando sugestões e assumindo a liderança. Por ser um trabalho de grupo, a sensação de ser aceito era percebida com maior vibração, motivando a participação de um número cada vez maior de pessoas. Por fim, ao realizar todo o conteúdo dos programas e ver os resultados surgindo, o sentimento de estar sendo capaz aumentava ainda mais a vontade de continuar buscando resultados melhores. Isso é a manifestação da vontade produtiva!

Conectividade Integrada – Expectativas Eixo COMPETÊNCIA:

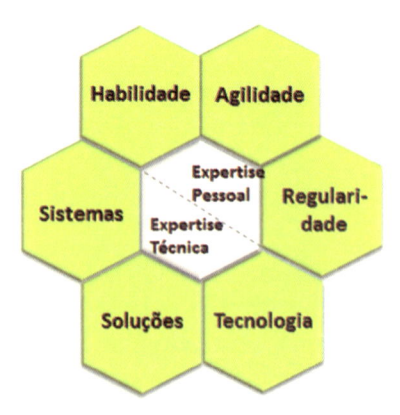

Figura 4.18

A próxima formação sintetiza as expectativas que temos quando queremos desenvolver nosso conhecimento. Sabedores de que esse conhecimento vem de nossa *expertise* pessoal e de nossa *expertise* adquirida, ou técnica, devemos nos esforçar para entender cada elemento desse saber. No livro cristão *A Bíblia*, existe uma frase no Novo Testamento, no evangelho de João[20], que diz: "Conhecereis a verdade e a verdade vos libertará". Se retirarmos o aspecto religioso desta mensagem e ficarmos com sua essência filosófica, entenderemos o que são as expectativas do conhecimento. A liberdade que vem com a verdade é o saber. Aquilo que desconhecemos não pode ser real ou verdade para nós. Mas, a partir do instante que passamos a conhecê-lo, se torna real e, consequentemente, uma verdade. Uma amiga psicóloga disse certa vez que uma das frases conclusivas mais citadas de seus pacientes dizia: "Eu era criança e não sabia". O que eles queriam dizer é que, a partir daquele momento, entendiam seu comportamento, que era parecido com o de uma criança imatura, mimada e ingênua, e havia então uma disposição em modificá-lo. Já não agiriam mais como crianças ou de forma irresponsável em seus atos. Isto é como descortinar a verdade sobre quem na realidade somos. As seis expectativas do conhecimento, divididas em *expertise* pessoal e técnica, nos permitem avaliar, em cada uma delas, o grau que temos de conhecimento ou talento natural. É como aprender a nos conhecer e, a partir daí, utilizarmos essa *verdade* como ponto de partida para nosso aprimoramento pessoal e profissional. Peço ao leitor que retorne ao eixo COMPETÊNCIA, Parte 3. Recorde as premissas em cada elemento de inteligência. Embora contenham apenas parte da informação, trazem consigo aquilo que é suficiente para torná-lo mais ativo, mais focado e com possibilidades de ter melhores resultados no que faz. Se você é médico, enfermeiro, técnico, engenheiro, atleta, ou tem qualquer outra profissão para seu sustento, olhe para o mosaico do conhecimento representado e faça uma reflexão sobre cada elemento. Você talvez encontre verdades que ainda não tinha se dado conta. Então, mãos à obra, porque sempre haverá tempo para aqueles que querem se transformar!

Conectividade Integrada – Expectativa Eixo RECURSOS:

Figura 4.19

Minha esposa estava *montando* um novo escritório e teria que comprar celulares para a equipe que faria o serviço de campo. Por ser uma área muito abrangente, de turismo, estariam espalhados pela cidade e, às vezes, até fora dela. Ela perguntou-me certa tarde, enquanto estávamos tomando café, qual celular deveria escolher, que modelo seria mais adequado e como decidir isso. Antes de dizer qual foi minha resposta, instigo o leitor, em sua área de trabalho, a se perguntar quais recursos utiliza para atingir seus objetivos. Você pode separar essa pergunta em duas etapas. A primeira, seus recursos pessoais de trabalho, e a segunda, os recursos que sua empresa dispõe para atingir os objetivos dela. Vou contar agora qual foi a minha orientação, e isso servirá para você também em suas duas etapas. Após a preocupação dela ter sido colocada ali na mesa, junto ao queijo e café, peguei uma folha de papel e fiz um desenho. Adivinhe qual foi esse desenho? Se você olhou para a figura das expectativas, acertou em cheio! Essa é uma das vantagens desse tipo de conectividade. A conexão realizada nos dá a visão geral daquilo em que devemos pensar e nos concentrar para atingir nossos objetivos. Disse a ela para avaliar qual o grau de facilidade que sua equipe teria para manusear os celulares e, então, escolher um cuja operação de rotina fosse fácil a eles. Depois questionei qual aplicação teriam. Se somente comunicação verbal ou utilizariam ainda as redes sociais. Se precisariam utilizar algum aplicativo, tipo GPS, localizador, taxis, e por aí uma dezena de possibilidades. A resposta do celular – *feedback* – tipo velocidade, conexão de linhas via operadoras, facilidade de modificar as configurações, pesaria na sua escolha? Bem, nessa fase da conversa, falamos sobre a estabilidade do celular, isto é, o quanto os usuários poderiam confiar neles. A seguir, quis provocar como seria a necessidade do recurso estar sempre disponível. Então, perguntei a ela: os celulares terão algum limite? Talvez de operadora, região, planos possíveis para consumo e bateria. E a conservação, deveriam ser robustos, ter proteções contra quedas, ter facilidade de assistência técnica, substitutos? Antes que ela pensasse na resposta, fechei perguntando sobre o ritmo de utilização do mesmo. O tempo todo do dia ou somente uma parte deste? Utilizaria em um ritmo constante ou seria de forma dosada ao longo do dia. Bem, minha esposa foi anotando suas considerações e, ao final, disse, com um sorriso feliz: "*Bom, agora sei o que tenho que pedir ao vendedor. Mas e se ele mostrar muitas opções de marcas, como devo escolher?*". Então, pacientemente, fiz os desenhos das demais cadeias de expectativas e, juntos, analisamos aquilo que seria mais relevante em relação aos recursos naquele momento. No final, disse a ela: "*É a verba que você puder lançar mão que definirá o que comprará. Mas, aí, você já saberá o que quer. Será como escolher um sapato com couro importado ou nacional, os dois calçarão você bem, mas somente você saberá dizer até aonde aguenta o calo que produzirem!*".

Para encerrar este capítulo sobre a conectividade, montaremos um mosaico com os vinte e quatro elementos de expectativas da Inteligência Produtiva, lembrando ao leitor que três deles são eixos de transformação (pessoas, competência e recursos) e o quarto deverá ser substituído pela sua área de negócios. Essa área influi sobre a interpretação dos outros três, modificando ligeiramente o foco que se quer dar, mas não sua essência. Por exemplo, sistemas na *expertise* técnica podem ser importante fator de conhecimento para uma empresa de tecnologia, mas talvez não o seja para uma empresa que comercialize soluções em educação pedagógica, tipo métodos de ensino. Veremos no mosaico que todos os elementos estão interligados, quase *conversam entre si*. Por exemplo, *ser capaz* na proposição *motivação* é vizinho de *approach indireto*; possuirão ligação? *Ser útil* nessa mesma proposição é vizinho de *habilidade* ou *sistemas*; serão afins? E o elemento *aplicação* da proposição *estabilidade* é vizinho de *soluções* da proposição *expertise técnica*. Conhecer as *soluções* ajuda a entender as *aplicações* de meus recursos? São apenas conjecturas que a figura nos implica de impacto, o importante é analisarmos cada eixo de inteligência e pesarmos na balança quais expectativas estão sendo atendidas em nosso negócio, ou até mesmo na vida pessoal, e quais precisam ser trabalhadas. Quando tomamos essa consciência e começamos a desenvolver esses elementos, estamos tornando nossa inteligência para a produção mais eficiente, estamos nos tornando produtivos. As abelhas, formigas e muitas outras espécies são produtivas porque trabalham dentro de um objetivo predefinido em seus genes pela sua perpetuação. Nem sempre conseguem ser totalmente eficientes, pois não possuem inteligência que lhes permita ter consciência do que fazem, apenas fazem. Nós, os humanos, temos nossa inteligência fragmentada em diversos tipos, condizentes com nossa natureza, ambiente e cultura. Ter consciência dessa consciência é nosso maior diferencial nesse planeta maravilhoso!

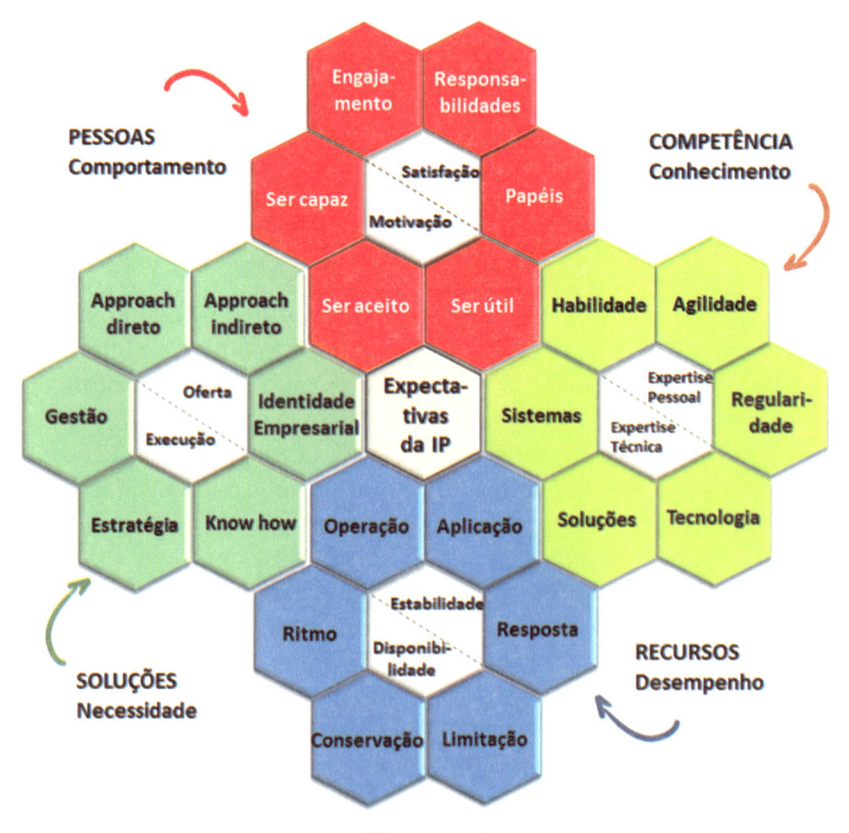

Figura 4.20

4.7 – Conectividade pela Intuição

Em seu livro *O andar do bêbado, como o acaso determina nossas vidas*, o escritor e doutor em física Leonard Mlodinow[21] nos dá uma visão de como a aleatoriedade está presente em nossas vidas. Seu livro é um tratado estatístico bem-humorado, mas que determina com precisão o quão impreciso é nosso destino. Se tivermos uma decisão a tomar e traçarmos três caminhos possíveis, então nosso futuro será determinado por esse um terço de possibilidades que escolhermos. Por mais aleatória que seja uma decisão ou circunstância, de certa forma para aqueles que acreditam no destino, a intuição nos terá encaminhado até aquele ponto. Para os que não creem em destino, resta a conclusão lógica de que, por decisão própria, caminhou até aquele ponto. Enfim, com ou sem intuição, a decisão de estar ali tem a ver com sua vida e suas escolhas. Faço este preâmbulo para justificar as escolhas da conectividade pela intuição. Se voltarmos à figura 4.2 do Mapeamento da IP, na Parte 4, veremos que temos quarenta elementos de conhecimento formando nossa colmeia de inteligência, que poderia ser desmembrada assim:

- 4 elementos que definem a **Natureza** dos Eixos de Inteligência;
- 4 elementos que são a **Essência**;
- 8 elementos que são as **Propostas** para chegar aos objetivos;
- 24 elementos que são as **Expectativas** a serem atendidas.

Veremos no capítulo sobre Avaliação e Diagnóstico de IP que temos como orientar nosso foco aos pontos de atenção onde deveremos concentrar nossos esforços para melhora da produtividade. Mas na conectividade pela intuição, temos liberdade de montar nossa grade de atuação com base no nosso *feeling* e em nossa observação do meio e das pessoas onde queremos atuar. Novamente citando o livro *O andar do bêbado*, em estatística, quanto mais dados você tiver para analisar, mais preciso se tornará o resultado. Um possível erro que incorremos ao utilizar nosso *feeling* é que ele é construído com base na nossa história e na forma como vemos o mundo, e nem sempre essa forma condiz com a realidade. Costumo dizer que a realidade é a capacidade que temos de esculpir o mundo à nossa volta, na forma como o vemos. Então, cada um tem a sua realidade conforme seus olhos têm a capacidade de enxergar. Vamos voltar à nossa análise do Mapeamento da IP e, utilizando o conhecimento adquirido até agora, montaremos uma grade de trabalho para desenvolvimento da IP no ambiente onde queremos ser produtivos. Se você quer se orientar a um foco, minha sugestão é que escolha, dentre as quarenta possibilidades existentes, aquelas nas quais necessita trabalhar, quais as sete que, segundo as informações e dados que possui, estariam influenciando mais fortemente de forma negativa os seus resultados. Esse é apenas um exercício para mostrar as possibilidades de trabalho com a IP, quanto mais precisas forem suas fontes de informações, mais preciso será o foco a ser orientado. Estamos trabalhando com o *case* da área de SERVIÇOS, e os resultados apontados abaixo são de uma empresa onde trabalhei; a análise é resultado de minhas observações.

Necessidade > *Approach* direto > *Approach* indireto > Papéis > Limitação > *Expertise* Pessoal > Sistemas

Se tiver dúvida nessa primeira fase, escreva todos os pontos que achar negativos e faça um filtro, selecionando apenas sete entre eles. Analisando os sete elementos encontrados por mim, escolhi um que fosse o centro das atenções, o que estivesse pesando mais entre eles, e o escolhido foi **Necessidade**. Vamos então montar a grade tipo colmeia conforme abaixo:

Figura 4.21

De preferência, devemos colocar os elementos de mesma dimensão de inteligência juntos. Esse é um exemplo real de uma empresa de prestação de serviços na área de tecnologia. O que percebemos em nossa análise inicial é que a produtividade estava sendo ameaçada pelo planejamento do negócio. Temos no eixo objetivo três elementos que são fundamentais para que essa prestação de serviços dê resultados: primeiro, as necessidades dos clientes não estavam bem definidas, ou limitadas a um escopo reduzido. Segundo, a estratégia de execução dos serviços era moldada pelo desejo do cliente e, no caso dessa empresa, isso gerava problemas. A estratégia de divulgação da empresa no mercado também se mostrava deficiente e, segundo a percepção, o que pesava mais era a forma como era realizada (ou não realizada). Completando a análise, verificamos que faltou definição dos papeis, havia limitação nos recursos utilizados, incluindo-se como recursos *quem executava os serviços*. Ficou evidente que havia menos que o necessário para o atendimento da demanda e, também, que havia necessidade de se desenvolver o *time* segundo suas atribuições. Era certo que nem todos tinham o perfil adequado para as funções que executavam. Por fim, conhecer os sistemas com os quais esses profissionais lidavam era de suma importância para a prestação daquele tipo de serviço.

Embora pareça uma análise de gestão do negócio, o que estamos focando é a inteligência produtiva dessa empresa. Fica claro ao leitor mais atento que analisar essa inteligência em uma empresa é como analisar os resultados do negócio, pois é a inteligência que nos faz atingir resultados. É difícil recordar uma empresa que tenha tido crescimento e dado lucro sem que para isso seus resultados tivessem avaliações positivas. Empresa que produz abaixo da linha de sobrevivência fatalmente morre antes de chegar à maturidade. E aquelas que chegaram à maturidade têm o grande desafio de continuarem produtivas. Agir de forma produtiva é utilizar essa inteligência e seus elementos em favor dos resultados que se quer obter. Conheci o dono da empresa utilizada como *case* para o exemplo acima, e ele viu a configuração e concordou com os resultados. A empresa mudou de direção, está em outro segmento diferente do que estava na época dessa análise. Fechou. Segundo ele, se tivesse percebido na época esses elementos e tivesse trabalhado em cima deles, provavelmente ainda estaria no Mercado, e mais forte, já que um dos elementos de ter perdido mercado foi não ter trabalhado melhor a *oferta* com os clientes. "Não basta a uma empresa ser, ela tem que fazer os outros saberem quem ela é", palavras de um amigo sábio.

Como eu disse no início deste capítulo, são muitas as possibilidades de conexão dos elementos de inteligência produtiva, e elas interagem entre si. Se você acha um argumento, ele provavelmente estará ligado a outro. No caso apresentado, perguntei a esse amigo sobre a questão da limitação dos recursos, se isso teria influenciado a *oferta* já que, ao *vender* serviços, isso implica ter uma estratégia para executá-los e, provavelmente, na falta dos recursos disponíveis, o empenho da venda era desmotivado.

Se, como no caso da configuração montada, percebemos uma área de influência com mais elementos, como o caso do objetivo produtivo, também denota sinal de que nessa área é preciso envidar mais esforços. Em uma análise mais profunda, deveríamos pegar cada elemento de IP em seu eixo original e avaliar suas conexões. Qual a influência delas? Podemos realizar melhorias nessas áreas de inteligência? Esse é o desafio para aqueles que se prontifiquem a explorar todos os recônditos da atividade produtiva, especificamente no que diz respeito ao uso de nossa inteligência.

Parte 5
Avaliação dos Elementos de Transformação

5.1-Avaliação pela Observação e Percepção

Avaliar um imóvel é saber precisar um valor que seja justo para recompensar quem o vende e atender as expectativas de quem o compra. Quando avaliamos mal, a negociação pode ser prejudicada e até mesmo deixar de acontecer. Podemos dizer que avaliar é estimar o valor adequado à importância do imóvel e isso depende, além das características próprias, como localização e acesso, de demanda na região, entre outros fatores. O avaliador utiliza sua capacidade de observação e sua percepção quanto ao todo. Avaliar os elementos de transformação da IP segue o mesmo princípio. Qual a importância daquele elemento no conjunto? Ele pode estar influenciando os outros elementos, se sim, até que nível? São conjecturas importantes, pois uma má produtividade pode ter origem onde menos esperamos, ou estar exatamente por trás do previsível, mas invisível aos nossos olhos.

A análise dos elementos deve portanto obedecer a certa ordem de valor, relacionada à posição do elemento. As proposições – por representarem o que se espera – terão valor dobrado. As expectativas – por terem três possibilidades – assim, em maior número – terão valor unitário. Para exemplificar, suponhamos que se pergunte o que acha de sua equipe de trabalho, e sua resposta seja ser ela muito boa, atendendo perfeitamente suas necessidades. Por esse motivo, por ser você o líder, sua percepção tem peso dobrado. Mas, ao continuar a avaliação com a equipe, se entenda que a forma como percebida está incorreta, existem problemas. As respostas das expectativas demonstraram assim. Ou seja, para que um questionamento *proposta* seja anulado, serão necessárias duas ou mais *expectativas* contradizendo-a. O pressuposto disto é justamente o fato de esperarmos que nossas propostas sejam atendidas pelas expectativas. Quando isso ocorre, é porque estamos no caminho certo, caso contrário, é onde devemos agir para correção de rota.

A avaliação é orientada por sua natureza e essência. Ela possui oito perguntas, duas para as propostas e seis para as expectativas. Somente as propostas e expectativas são avaliadas. Cada uma com uma nota conceitual que vai de péssimo a excelente. O resultado é uma tabela 8x10 com peso dobrado dos elementos de proposição.

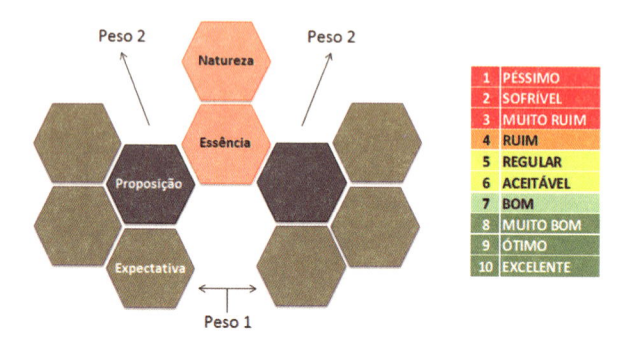

Figura 5.1

Ao falar em inteligência e em pessoas, estamos falando de um universo extenso e povoado de estrelas. São os profissionais estudiosos e pesquisadores, cujo trabalho possibilitou-nos entender melhor o ser humano e seu comportamento. A começar por Hipócrates e Claudio Galeno na antiguidade, que definiram quatro tipos de personalidades que norteiam hoje muitos estudos de psicologia. Poderiam ser classificados em quatro tipos conforme sua natureza. Sanguíneas, coléricas, melancólicas ou fleumáticas. Cada uma expressa um jeito de ser e corresponde à resposta em relação aos que as cercam. Muitos trabalhos de relevância surgiram a partir de então. O da escritora e educadora Sheila N. Glazov referido em seu livro *What Color is Your Brain*? (Qual a cor do seu cérebro?), é um deles. Define quatro tipos de comportamentos atribuídos às cores azul, verde, amarelo e laranja. Sua proposta é utilizar esse padrão de comportamento para ajudar gente a se conhecer melhor e com os quais se relacionam. Chegou a esse padrão após análise e avaliações em sua trajetória como educadora e tendo como base estudos comportamentais de centenas de indivíduos. Para ajudá-lo a avaliar o grau de inteligência produtiva, elaboramos um roteiro com questionamentos que o ajudarão a encontrar um referencial. Não é tão lógico como os fundamentos matemáticos onde 2+2 = 4. É possível elaborar seu próprio roteiro, ligar os elementos conforme sua percepção para ver os fatos. O objetivo é retratar a maneira como sua organização está dentro de um conceito de Inteligência Produtiva. E, quanto mais envolvidos, e mais dados obtiver, mais próximo estará de encontrar respostas.

Os caminhos são muitos, você deve encontrar o que dê o melhor resultado para você e seus propósitos!

Após análise das respostas, teremos a média das notas. Ela representa a situação do respectivo eixo. Suponhamos que a média tenha sido seis, nesse caso deveremos dar atenção a todos os elementos que ficaram abaixo dessa média. Eles requerem atenção, podem estar impactando os resultados que queremos atingir. Da mesma forma, os resultados que estiverem acima daquela, representam os elementos de IP onde temos pontos fortes. Ao final do livro é apresentado um exemplo de diagnóstico para a indústria. Ele servirá como modelo para o leitor criar seu próprio roteiro.

NOTA AVALIATIVA — PERGUNTAS X PESO

AVALIAÇÃO DOS EIXOS DE INTELIGÊNCIA PRODUTIVA		PESO	PÉSSIMO	SOFRÍVEL	MUITO RUIM	RUIM	REGULAR	ACEITÁVEL	BOM	MUITO BOM	ÓTIMO	EXCELENTE
			1	2	3	4	5	6	7	8	9	10
Proposição	Natureza	2										
Expectativa		1										
Expectativa		1										
Expectativa		1										
Proposição	Essência	2										
Expectativa		1										
Expectativa		1										
Expectativa		1										

Figura 5.2

O sistema de perguntas também poderá ser desenvolvido em aplicativos, *softwares* ou qualquer programa que trabalhe com banco de dados. Pode ser construído a partir de um algoritmo com perguntas respectivas a cada um dos elementos. As notas serão processadas para encontrarmos a média geral. Ela será plotada na coluna respectiva e servirá de linha de referência. O questionamento para cada elemento pode ser expandido em uma avaliação mais ampla – relacionada ao tema – de modo a se ter maior assertividade.

5.2 – Método de Avaliação pelos Elementos de Transformação

Tenho três filhos. O mais novo tem quatorze anos de idade. É ativo, saudável e gosta muito de estudar – isso quando não está jogando videogame. Há algum tempo, ele se queixou de algumas dores no corpo. Como não sabia o que era, sugeri que fosse ao médico com sua mãe. Mais tarde, em casa, quando estávamos jantando, perguntei-lhe o que o médico tinha dito. Então disse que teria uma pilha de exames a fazer – meu filho é meio exagerado em seus termos. Que exames são esses? – perguntei curioso e ao mesmo tempo preocupado. Eram exames de sangue, uma ressonância magnética e um exame com um oftalmologista. Disse também que o médico tinha feito muitas perguntas a ele e feito um exame geral em seu corpo: resposta neurológica, auscultação, apalpamento etc. Fiquei pensando no que me dizia e entendi que o médico percebeu alguns sintomas dos quais desconfiava. Algum tempo passou, e felizmente descobrimos que era apenas uma virose, que foi tratada e curada. Com a medicina é assim, a suposição é descartada. Se o médico desconfia de algo, faz perguntas, faz exames e somente depois de sua análise dá um diagnóstico sobre o que temos e qual o tratamento a ser aplicado. Muitas vezes, antes de irmos ao médico, fazemos suposições sobre o que sentimos com base em sintomas que identificamos em nosso mal-estar. Pode ser uma queimação no estômago, gases no abdômen, uma leve lombalgia, dor nas articulações e outras sensações. Fazemos nossa avaliação, decidimos tomar um remédio e aguardamos para ver o resultado. Se a melhora não vem, decidimos ir ao médico. Quando estamos lidando com a Inteligência Produtiva e queremos entender qual dos quarenta elementos de IP deve merecer nossa atenção, o que devemos fazer é agir como médicos, ou seja, examinar e ouvir as respostas que o organismo tem para dar. Para facilitar o diagnóstico, dividimos a análise em quatro regiões, tendo cada uma dez órgãos. Uma região refere-se às pessoas, e envolve o nosso comportamento. Os elementos dessa região que precisamos auscultar são as sensações de satisfação e motivação com suas respectivas expectativas. Precisamos descobrir qual das seis expectativas, ou se mais de uma delas, está com algum problema. A outra região é a do conhecimento. Apalpamos o lado da *expertise* pessoal e verificamos se tem alguma expectativa nessa área demandando cuidados. Se tudo estiver bem, vamos para o outro lado, o da *expertise* técnica. Sendo esta área mais específica, precisaremos de exames para detectar possíveis problemas. Continuemos nossa analogia, a próxima região a examinar é a dos recursos. Digamos que essa seja uma região com um toque mais robusto, que necessita de um acompanhamento para fazermos nossas avaliações. E, por fim, a região do objetivo produtivo. Esta seria, sem dúvida, a região do coração – onde mora a emoção! É exatamente assim, que funciona o diagnóstico sobre a Inteligência Produtiva nas organizações, projetos, obras e trabalhos onde estejamos envolvidos. Se percebermos algo indo diferente do que gostaríamos, temos que examinar os eixos de IP, seus elementos, cruzar as informações coletadas e elaborar um diagnóstico que nos permita detectar a área fragilizada. Um fator importante sobre o diagnóstico é que ele nos permite inclusive orientar nosso planejamento estratégico. Devemos investir mais no clima organizacional da empresa? Promover ações que estimulem o engajamento da equipe? Estimular o desenvolvimento técnico e capacitação, criando situações de remanejamento conforme sua natureza e características pessoais? Quem tem destreza para bater com o martelo, não pode ser desperdiçado segurando o prego. Outra área, que pode necessitar de ações estratégicas, é a dos recursos materiais. A falta desses recursos é um freio a puxar uma empresa para trás. É como estar em uma guerra, ter dez atiradores de elite, mas somente oito rifles. É fácil prever o que vai acontecer, são muitas as possibilidades, inclusive a que o leitor deve estar imaginando, como, por exemplo, uma briga interna por esses poucos recursos disponíveis!

Dar atenção aos elementos de Inteligência Produtiva é elevar o resultado para melhores patamares!

136 *Inteligência Produtiva*

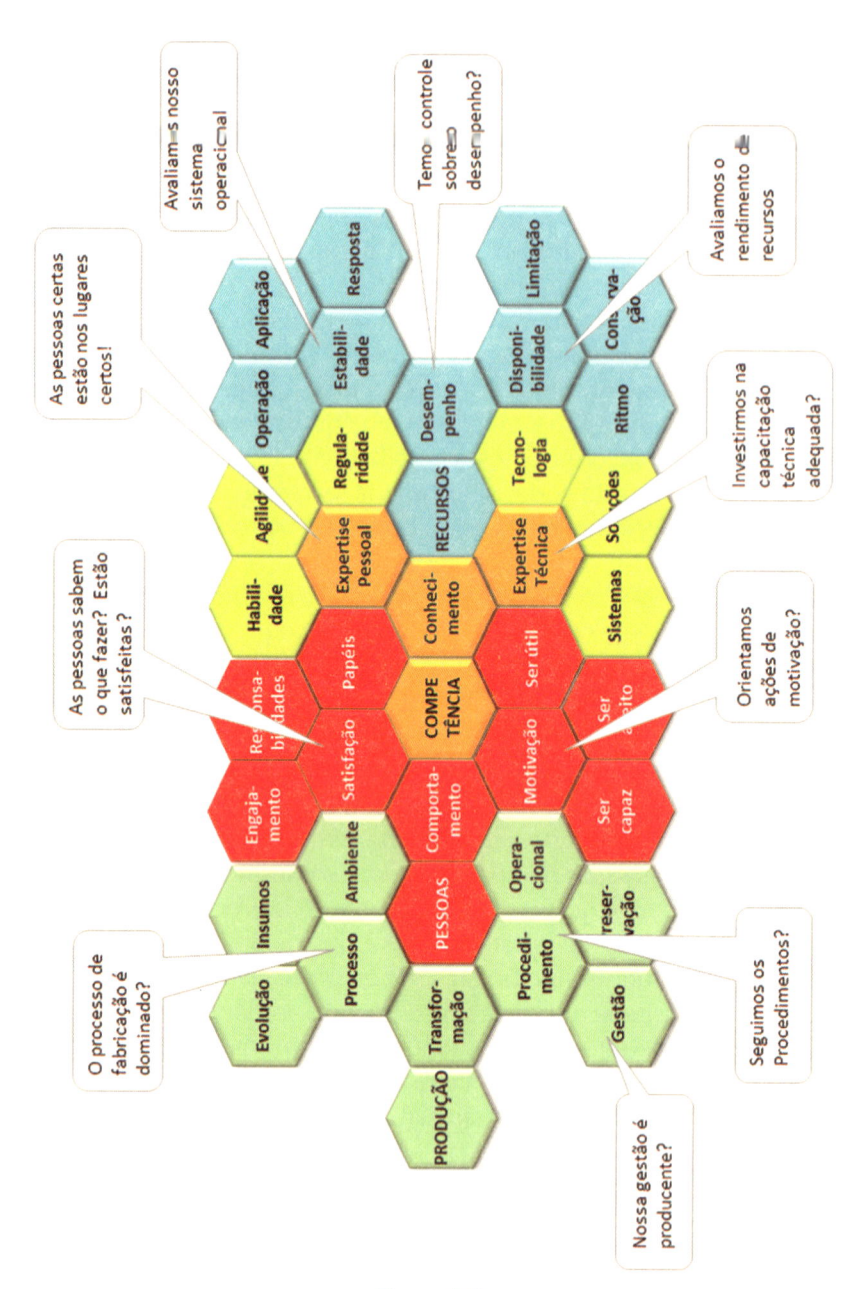

Figura 5.3

Avaliando Proposições Secundárias do Comportamento:

Satisfação e Motivação:

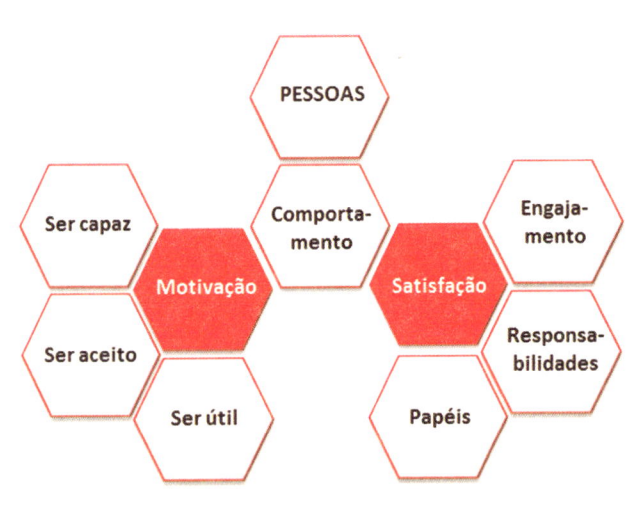

Figura 5.4

Quando detectamos que a **satisfação** está afetando os resultados de nossa produtividade, devemos investigar se existem problemas de engajamento nas metas propostas, definição clara das responsabilidades desses profissionais, e avaliar os papéis por eles desempenhados. O eixo secundário Satisfação ligado ao comportamento influencia a Inteligência Produtiva. Podemos ter as melhores máquinas, recursos e competência, mas, se não houver satisfação com nosso ambiente de trabalho quanto aos nossos papeis e responsabilidades, não estaremos engajados nos propósitos da empresa ou projeto. Sem engajamento, nossa produtividade fica aquém do que poderíamos alcançar.

Mas, se detectamos que a **motivação** é que está afetando o trabalho, nossa investigação deverá tentar detectar se existem problemas afetando a autoestima da equipe. Ninguém consegue realizar um bom trabalho sem estar se sentindo útil à equipe onde atua. Do mesmo modo, ser aceito pelo grupo e se sentir capaz para desempenhar seu papel afetam essa motivação. Quando falta motivação é porque não nos sentimos úteis, aceitos e capazes de desempenhar nossos papéis, perdendo o desejo para atingir um objetivo, seja ele qual for.

Avaliar o eixo PESSOAS é avaliar nosso comportamento. Somos às vezes difíceis, volúveis, bipolares, problemáticos, mas, acima de tudo, somos humanos. Nossa programação é a felicidade, o problema é que esse algoritmo é afetado a cada minuto por agentes externos.

Avaliando Proposições Secundárias do Conhecimento:

Expertise Pessoal e *Expertise* Técnica:

Figura 5.5

O conhecimento **próprio** depende muito de nossas características individuais. Quando detectamos que a falta de iniciativa em nossa equipe está nos impedindo de atingir produtividade, devemos identificar o motivo. É fato, nem sempre termos consciência do nosso *modus operandi* porque sempre agimos assim e nunca ninguém nos falou sobre isso. É uma região de trabalho delicada, pois ninguém gosta de ser criticado quanto à maneira de ser. Temos então o desafio de ajudar na identificação das deficiências e de trabalhar para a sua correção!

Do outro lado do conhecimento, temos aquele que faz parte da *expertise* técnica, o **adquirido**. Este é um dos pontos mais importantes na produtividade do nosso projeto ou negócio. Sem esse entendimento técnico, fica difícil nos destacarmos. É preciso identificar a tecnologia e as soluções aplicadas a ela. Quanto maior o conhecimento na área, maior a aceitação junto aos clientes. Outro item a avaliar é se as soluções tecnológicas aplicadas são adequadas. Elas estão de acordo com as necessidades, ajudam a promover resultados mais satisfatórios ao projeto ou negócio? Por fim, precisamos avaliar os sistemas que fazem a *roda* produzir. Estão adequados à sua aplicação? Avaliar nossa *expertise* técnica é avaliar o quão estamos atualizados.

Avaliando Proposições Secundárias do Desempenho:

Estabilidade e Disponibilidade:

Figura 5.6

A meta onde queremos chegar é termos todos os recursos produzindo com desempenho adequado e de forma estabilizada. A **estabilidade** depende de como operamos; estamos procedendo da forma correta? Nossos recursos são aplicados conforme sua proposta ou estamos exigindo além do que eles podem nos oferecer? E as respostas a mudanças são compatíveis com nossas expectativas? Avaliar os recursos quanto à estabilidade operacional é verificar se eles atendem nossa demanda sem sacrifício ou esforço que possa vir a prejudicá-los a médio ou longo prazo. Queremos um desempenho estável, uma produção previsível e nenhum sobressalto que impeça de atingirmos nossas metas.

A **disponibilidade** de um recurso, seja ele qual for, é a maneira como estamos nos orientando nos cuidados a ele dispensados. É preciso avaliar o respeito aos limites e capacidade, uma vez que ultrapassá-los é correr o risco de torná-los indisponíveis. Avaliar a manutenção e verificar se as revisões programadas estão sendo realizadas. Outro fator importante é avaliar o ritmo de trabalho do recurso ou equipamento. Se há muitas interrupções indesejadas durante sua utilização, é possível prever que problemas de funcionamento ocorrerão.

Parte 6
Autoavaliação como Ferramenta de Crescimento

6.1 – Importância da Autoavaliação

De acordo com o psicanalista Sigmund Freud, *"A inteligência é o único meio que possuímos para dominar os nossos instintos"*[(22)]. Somos capazes de demonstrar como somos afetados pela inteligência e aptidões que desenvolvemos. É a inteligência que nos dá o domínio sobre nosso instinto *animal*. Em um mundo moderno, onde produzir virou questão de sobrevivência, é a inteligência produtiva que nos torna diferentes e à frente das demais criaturas. Nas páginas anteriores você conheceu os elementos dessa inteligência – ou capazes de transformá-la –, em seus respectivos eixos e como ela influencia o resultado do que nos propomos a produzir. Todos a possuímos em determinado grau, mas possuir essa consciência, nem todos. Aqueles que possuírem poderão se destacar buscando em seus elementos de transformação, seu diferencial. Tê-la é saber que o comportamento influencia o resultado onde estivermos agindo. Ele é resultado da satisfação e motivação com suas respectivas expectativas. O conhecimento modifica aquilo que fizermos. Seja pela *expertise* nata, a que possuímos por destreza pessoal, seja o adquirido, aquele que buscamos aprender. É buscar o melhor desempenho de nossos recursos. Eles facilitam nosso esforço. Finalizando, é reconhecer os elementos de transformação do nosso objetivo. Ora, segundo a Bíblia, Deus disse, "Faça-se a luz, e ela foi feita" [11], nós mortais, não temos esse poder, se quisermos a luz, teremos que produzi-la com a ajuda de outros,

---

11 Ver Bíblia cristã – livro de Gênesis, capítulo 1, versículos 3 a 5.

com nosso conhecimento e utilizando recursos que nos possibilitem tal feito. Assim foi com Thomas Edison[12] ao inventar a lâmpada elétrica.

No livro – *What Color Is Your Brain?*[13] –,seus leitores são orientados a fazerem um exercício de autoanálise. Para isso a autora desenvolveu um questionário que chamou de *Brain Color Quiz*, algo como uma seção de análise sobre suas características pessoais e como você responde a determinadas situações. Quando iniciamos um programa de exercícios físicos, passamos por uma aula de avaliação onde é estabelecido um programa para atinjirmos nosso objetivo – emagrecimento e/ou fortalecimento. Assim ocorre com a Inteligência Produtiva. Até o momento, vimos os conceitos, desdobramentos e como ela está presente no nosso cotidiano, mesmo não havendo consciência disso. Ao chegar a esta parte do livro, o leitor deve estar familiarizado com o diagrama gráfico representativo da IP e com os termos utilizados. Talvez até consiga desenhá-lo em sua mente. Aprendeu a lidar com a conectividade e por esse motivo não será difícil interpretar nos diagramas a seguir, a conexão que faremos, pegando emprestado o sentido de s*inapses nervosas* e aplicando à Inteligência Produtiva.

Elas são informações que se ligam diretamente aos elementos de transformação. São responsáveis pela transmissão da informação nos eixos de IP. Exemplo: em uma reunião onde o líder apresenta um novo projeto da empresa ao final dela alguém, percebendo o ar alheio, pergunta a um participante: *Porque você não está interessado?* Nesse momento, tendo conhecimento dos elementos de IP, ele – o participante – se perguntaria: *Para que me interessar se o líder não gosta de mim?* O que ele está fazendo é estabeler ligações entre um fato ocorrido e onde ele – o fato – pode se encaixar no eixo de elementos de transformação. Vamos mostrar nas próximas páginas como realizar essas *sinapses* com o propósito de uma autoanálise. O diagrama pode ser utilizado individualmente ou por uma equipe. Nesse caso, as respostas serão representativas do pensamento desse grupo. Diferente de um *brainstorming* tradicional, neste tipo de exercício as ideias são orientadas pelos elementos no diagrama do eixo de inteligência.

---

12 Veja *Referências Bibliográficas*
13 Veja *Referencias Bibliográficas*

6.2 – Autoavaliação, Eixo Pessoas e Comportamento

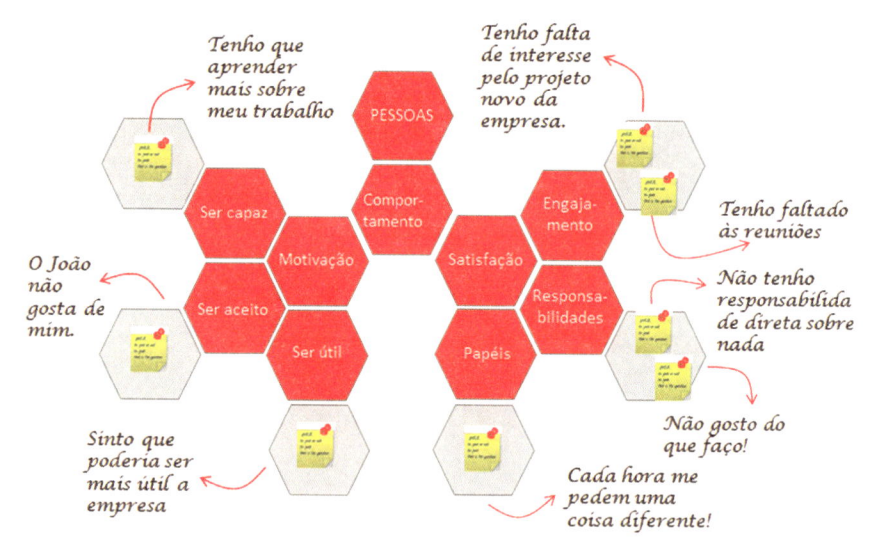

Figura 6.1

1º. Passo: Desenhe o diagrama gráfico para o eixo de inteligência que você quer trabalhar – nesse caso, PESSOAS. Acrescente seis ou mais novas células em branco como na figura acima.

2º. Passo: Como em um *brainstorming*, escreva em pequenos cartões fatos relacionados a seu trabalho, *performance* e às pessoas. Olhe para a figura e pense em seus elementos de transformação, eles induzirão você a criar uma relação mental entre os mesmos e o que você está pensando.

3º. Passo: Cole os fatos de acordo – ou ligados – com os elementos conforme a figura anterior demonstra. Se precisar mais espaço, expanda o diagrama.

4º. Passo: Elabore uma lista com os resultados, reflita em cada pensamento associado e faça um Plano de Ação para *atuar* sobre aquilo que você *escavou* em sua mente.

5º. Passo: Volte à lista semanalmente e averigue se o andamento do plano de ação está de acordo com os resultados que você deseja.

(*) **Nota:** Se algum fato escrito não se encaixar no diagrama, guarde-o, ele poderá se encaixar nos demais eixos de inteligência.

PLANO DE AÇÃO para a Autoavaliação

Realizei muitas palestras em minha área de trabalho, algumas até indo além desta, mas sempre sobre motivos com os quais me identifico, como o funcionamento do cérebro, a mente, suas peculiaridades e nossas aptidões. O que percebo tanto nas palestras técnicas quanto nas de cunho mais humano, é que a atenção é despertada quando o assunto se liga diretamente à vida das pessoas. Como planejar uma montagem complexa em um sistema de bombeamento de rejeitos de minério? Uns prestarão atenção e outros nem tanto. Mas quando pergunto como a família de quem está presente reage à sua ausência em casa por longos períodos devido a trabalharem em obras em locais remotos, nessa hora tenho cem por cento de atenção. Porque de algum modo o assunto pessoal é de interesse de todos. Lidando com a Inteligência Produtiva, pude perceber que muitos dos questionamentos que fazemos são amplos e atingem nossas vidas pessoais de alguma forma. Se você olha para o diagrama da página anterior e se pergunta sobre engajamento, querendo ou não sua mente lhe dá a resposta consciente que procura em seu ambiente de trabalho, mas num lampejo ela mergulha e começa a vasculhar esse sentimento *estar engajado* em outras áreas da sua vida, como a social e a familiar. Dar atenção a essa expansão do pensamento é importante, porque se a mente busca correlações no inconsciente, fora do seu plano de trabalho, é porque existem canais querendo conectar essas informações. Em outras palavras, isto está atingindo você e pode estar gerando efeitos colaterais, como por exemplo, certa irritabilidade que você não consegue explicar. Esse é o papel do autodiagnóstico, embora orientado pelos elementos de transformação da inteligência, ele provoca possibilidades além das esperadas. No exemplo do diagrama mostrado, avaliaremos a busca de solução aos problemas ou fatos apresentados. Para efeito didático, adotemos que essas respostas tenham sido suas. Na proposição SATISFAÇÃO, encontramos o seguinte fato relacionado a expectativa ENGAJAMENTO: *"Tenho falta de interesse pelo projeto novo da empresa"*. Uma proposta de solução para esse fato seria avaliar o porquê dessa falta de interesse, e encontrando o motivo, trabalhar para bloquear suas causas. Isso pode ser feito conversando com o gerente envolvido, buscando motivações pelo projeto. Inclusive poderá descobrir que a falta de interesse não é problema de engajamento, mas sim de sentir-se capaz para compreender a parte técnica, e nesse caso o problema seria transferido para outro elemento de transformação, o do SER CAPAZ. Buscar essa capacitação trará a resposta para o *pseudo* problema de interesse. Seguindo a avaliação, foi dito que *Tenho faltado às reuniões*. Faltas constantes podem estar ligadas ao engajamento no trabalho ou às responsabilidades não estarem muito bem definidas. Coincidentemente, esse fato divide atenção com essas duas células de inteligência – veja na figura. Deve-se avaliar o motivo das faltas e qual sua verdadeira origem. Pode ser um simples problema de organização, nesse caso está afetando sua capacidade de realização do trabalho. Precisa ser resolvida. Ou um problema com os organizadores das reuniões, e aí caímos em outra célula, a do SER ACEITO. Como pode ser visto, trazer o fato à tona permite navegar com o mesmo – o fato – no mapeamento de inteligência produtiva, e definir exatamente qual sua ligação com os demais elementos. Encerrando os fatos na expectativa do engajamento, caminhamos até a seguinte, a das RESPONSABILIDADES. Foi respondido "*Não tenho responsabilidade direta sobre nada*". Ora, ou o problema é que não é passada responsabilidade alguma, ou *você* tem se abstido de receber essas responsabilidades. Muitas vezes, somos nós que devemos passar aos outros o nosso sinal *verde*, tipo *pode contar comigo*. Se necessário, converse com o gerente ou colegas de serviço e procure saber que tipo de responsabilidades você poderia assumir e mova-se em direção a elas. Não espere, é *você* – aqui hipoteticamente – quem deve fazer as coisas acontecerem! Fechando a cadeia da satisfação em nosso diagrama, temos a expectativa PAPEIS. O fato gerado foi "*Não gosto do que faço!*". Penso eu que esse seja um sentimento muito grande em nossa sociedade. Estamos sendo levados por modismos sociais, interesses de instituições de ensino querendo vender seus pacotes de *formação profissional* e então ficamos a nos dedicar a cursos que nada tem a ver com o nosso *eu*. Como vimos no diagrama da COMPETÊNCIA, nossas habilidades pessoais e técnicas fazem a diferença na atividade que nos propomos a realizar. No caso aqui em questão, não gostar do que faz pode ser sintoma de conflito entre o que você gosta de fazer e o que escolheu para fazer. Resolva essa questão o quanto antes, ela pode interferir em toda a sua carreira profissional e ainda refletir seriamente na vida pessoal.

Reavalie sua posição profissional, prazeres, motivações. Se precisar converse com amigos, familiares e até mesmo seu superior ou colegas de trabalho. Descubra o que está por trás desse *não gosto* e reoriente suas atividades para algo que lhe traga satisfação, sem ela será difícil encontrar motivação no seu trabalho.

Voltando ao nosso diagrama das *sinapses* de influencia, ainda referente à expectativa PAPEIS, temos outro fato, "*Cada hora me pedem uma coisa diferente*". Também essa frase é muito comum no meio profissional. São os que reclamam nao saberem por onde começar, porque são demandados por assuntos e pessoas de diversas áreas. Nesse caso, reavalie se a sua posição deveria ser exatamente essa, resolver todas as questões. Pode ser um voto de confiança em você e então seria algo positivo, concorda? Veja por outro ângulo, porque os assuntos que chegam até você para serem resolvidos vêm de fontes diversas? Pode ser um problema de organização interna da empresa, e nesse caso você pode assumir a responsabilidade de *reorganizar* a distribuição de tarefas. Então você estará assumindo responsabilidades, o ponto que estava incomodando anteriormente, lembra-se? Para fechar nossa autoavaliação, vamos entrar na cadeia da motivação. Lá encontramos as seguintes afirmações, ou fatos. "*Sinto que poderia ser mais útil à empresa*". É novamente uma questão de autoanálise relacionada com seu comportamento na empresa. Avalie o que está fazendo e, principalmente, o que poderia fazer e não faz. Seja crítico de si mesmo. Investigue onde em seu campo de trabalho poderia estar sendo mais útil. Converse com o seu gerente. Toda proposta para ajudar a empresa é bem vinda, principalmente quando é sincera. Já dentro da expectativa SER ACEITO, encontramos um fato interessante: "*O João não gosta de mim*". Certa vez, um amigo meu realizou um trabalho de consultoria para uma empresa de metalurgia e ele disse que um dos gerentes não gostava dele. Ele pensava que aquilo era gratuito, pois não lhe havia causado mal nenhum e não se lembrava de ter tido com ele algum conflito. Aquilo lhe incomodava, pois gostamos de conviver com quem nos é querido ou pelo menos que tenhamos alguma afinidade. Isso pode influir no nosso ânimo e consequentemente no trabalho que realizamos. Algum tempo depois daquele trabalho ter terminado, ele consultando seus *e-mails* antigos, deparou com um dessa pessoa o convidando para ocupar um cargo importante na empresa, ao que ele teria respondido negativamente para aceitar, pois receava ter um rendimento menor ao que estava tendo – ele me explicou que havia deduzido assim, devido a ter acesso ao valor dos salários praticados pela empresa. A questão é que o gerente nem falara em valores, então como ele poderia responder dessa forma? E mesmo que falasse, é um assunto delicado para se tratar por *e-mail*. Ele não conseguiu transmitir a ele que sua real preocupação era com compromissos já assumidos e que, portanto, ficaria difícil aceitar em função disso. Precipitou-se e falou de valores, como procurando uma desculpa, sem pensar que estava sendo indelicado. Então, era compreensível ele não *gostar* dele, havia transmitido uma ideia errada sobre *sua pessoa*. Muitas vezes, fazemos isso sem perceber em nossas relações.

Então, havia um bom motivo! Geralmente é assim mesmo que ocorre esse tipo de sentimento. Ele nasce lá atrás, em algum fato mal resolvido com a pessoa. Muito raramente, os motivos são imprevisíveis, como por exemplo, a pessoa não gostar da gente porque nós a lembramos de alguém que ela desgosta, e sem perceber ela faz uma transferência emocional disso. Nesses casos é a nossa atitude que irá convencer que nada temos a ver com essa outra pessoa com a qual ela não se dá bem. São sempre situações delicadas, procure encontrar os motivos e trabalhe na direção de esgotá-los se estiverem prejudicando o seu trabalho. Uma conversa séria e honesta com a pessoa envolvida pode ser um bom começo, até porque na impossibilidade de resolver e isso continuar lhe prejudicando, o melhor será rever sua posição na empresa.

Finalizando nossa análise, a expectativa SER CAPAZ traz o fato *"Tenho que aprender mais sobre o meu trabalho"*. Esta é uma afirmação importante. Para nos sentirmos capazes, devemos nos aparelhar com o conhecimento que ele exige de nós. Também aqui há um elo com o eixo da COMPETÊNCIA e o elemento de *expertise* técnica. Procure saber o porquê desse sentimento de incapacidade. Pode mesmo ser falta de conhecimento, mas pode ser um problema de estar na área errada. Ser um problema de relacionamento e você estar confundindo com capacidade. Essa é a grande contribuição que a Inteligência Produtiva nos traz, permitir que analisemos situações, fatos, sentimentos por diversos ângulos e associados a diversas fontes, tudo dependendo de como o ligamos à nossa inteligência produtiva.

Apresentaremos a seguir o Diagrama das *Sinapses* de Influência para o autodiagnóstico nos eixos de inteligência da Competência e Recursos. O método de análise é o mesmo, desenhe as células em branco e faça a mesma reflexão, agora com os elementos de cada eixo de inteligência. Reflita sobre eles e elabore um plano de ação para solucionar os desvios encontrados ou amenizá-los tanto quanto possível. Lembre-se de sempre se orientar pelo objetivo de produção. Ao fazer um questionamento, tenha em mente o resultado produtivo para não desviar o seu foco. No exemplo anterior, no fato *"João não gosta de mim"*, atenha-se ao quanto isso prejudica seu resultado profissional. Se não prejudica, embora importante deve na escala de prioridades ficar para depois daqueles fatos que o prejudicam diretamente. Não que o sentimento implícito deixe de ser importante, mas estamos avaliando a sua capacidade de produção, e se ela é afetada – o problema está sob controle –, então o fato deixa de ser relevante. Mas por experiência, posso afirmar que tudo que esteja ligado a estes elementos de transformação da inteligência influi na sua capacidade de produzir. Sugiro que você trabalhe com os três eixos ao mesmo tempo, assim poderá avaliar fatos que se encaixem melhor em outro eixo diferente daquele que está avaliando.

6.3 – Autoavaliação Eixo Competência e Conhecimento

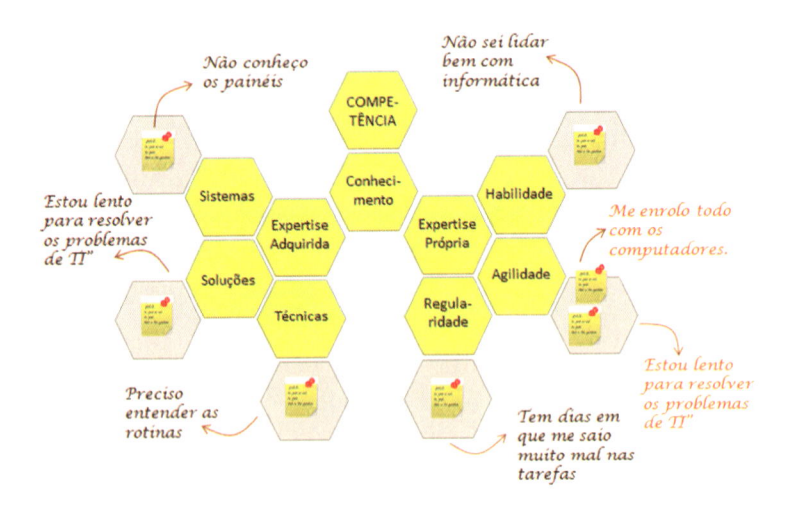

Figura 6.2

Fixe a atenção no diagrama de *sinapses* e vá escrevendo os fatos que julgar terem influência nos elementos de inteligência. *"Não sei lidar bem com informática"* é um elemento de *Expertise* Pessoal ou Técnica. Avalie e se necessário amplie as células, tantas quantas forem preciso. *"Tem dias em que me saio muito mal nas tarefas"* é um fato que pode estar ligado a Regularidade ou Agilidade, dependerá da natureza destas tarefas. Mesmo que você erre a classificação no início, não importa, ao analisar você terá uma visão melhor do que está dizendo para si mesmo e talvez modifique a classificação inicial. O processo de autoavaliação no eixo competência nos trará discernimento entre aquilo que pensamos ser nossa *expertise* e o que precisamos buscar fora.

Por exemplo, se você fosse da área de tecnologia da informação e tivesse muita facilidade para lidar com algoritmos e programas de computador, ao fazer sua autoanálise você registraria o seguinte fato: "*Meu gerente disse que estou lento para resolver os problemas de TI da equipe*". A princípio, você poderia classificar essa informação como pertencendo à Agilidade, ou seja, você precisa ter destreza e desenvolver melhor o trabalho. Mas analisando melhor você poderia, ao olhar para o lado oposto do diagrama, concluir que o problema estaria em Soluções, isto é, você precisaria se aprofundar mais no conhecimento das soluções para os problemas possíveis. Você não estaria lento, mas sim com dificuldades para resolver os problemas por não ter domínio sobre as soluções, ou tecnologia, ou entender bem os sistemas com os quais estaria trabalhando. Esse discernimento do que é *você* e o que *você precisa* não só o ajuda a encontrar os caminhos de como resolver os problemas como melhora sua autoestima, afinal você não é lento por natureza, apenas está lento por motivos externos a você – seu conhecimento – então pode mudar isso. Se detectar algum problema na *expertise* pessoal, lembre-se, você pode mudar isso também, basta procurar ajuda e desenvolver um plano de melhoria de suas características e potenciais.

6.4 –Autoavaliação Eixo Recursos e Desempenho

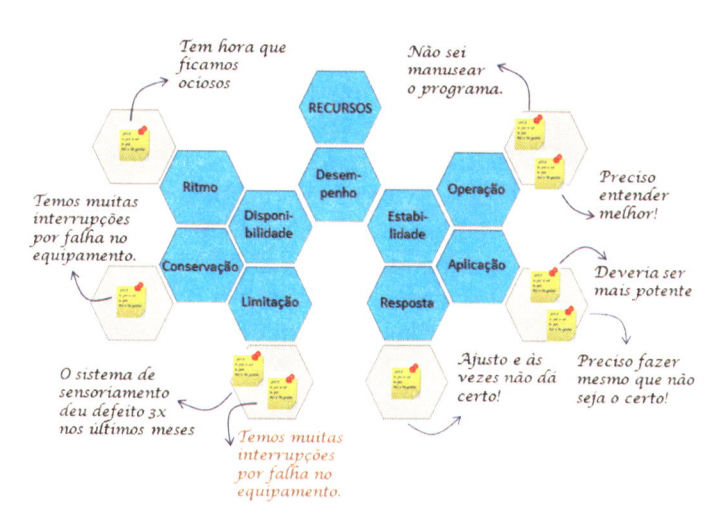

Figura 6.3

O autodiagnóstico de RECURSOS talvez seja o mais fácil de fazer, porque as respostas são bem claras. *"Não sei manusear o programa"* é problema do elemento Operação ou estaria no eixo de COMPETÊNCIA no elemento de Tecnologia. *"Temos muitas interrupções por falha nos equipamentos"* – aqui é fácil definir, Conservação. Mas por outro lado, essa falha pode estar ligada a você exigir do equipamento em demasia, aí poderia ser Limites. Quando você faz essa análise, entende melhor a natureza dos problemas e pode buscar as soluções mais adequadas para resolvê-los. Também aqui, a visão das seis expectativas como um todo permite que você possa enxergar o problema de vários ângulos. Se encontrarmos o fato *"O sistema de sensoriamento deu defeito comigo três vezes nos últimos meses"*. Bom, não nos preocupemos com o que é um sistema de sensoriamento, mas é algo para medir alguma grandeza física como temperatura, vazão, pressão, análise de água, rios, entre outras aplicações. Se ele – o sistema – quebrou com você e isso está prejudicando sua produtividade, pergunte-se, você o está operando de forma inadequada? Ele se aplica ao que você está fazendo? As limitações operacionais do aparelho são observadas? Ele tem recebido as intervenções de manutenção de forma programada e adequada? Provavelmente, o sim para uma das perguntas acima irá ajudá-lo a identificar o problema e a trabalhar uma solução. Trabalhei em muitos projetos da área técnica, e posso afirmar que é muito comum a relação dos defeitos dos equipamentos com coisas que não tem muito a ver com o verdadeiro problema. Isto gera um desgaste de tempo, recursos e gastos desnecessários até que o verdadeiro problema venha à tona. Por isso, a análise multifatorial – vários fatores ao mesmo tempo – nos permite ligar o fato gerador do problema com o elemento de inteligência produtiva que ele deve afetar.

6.5 – Autoavaliação Eixo Objetivo

Figura 6.4

O Diagrama de *sinapses* para o OBJETIVO deve provocar no exercício de autodiagnóstico questionamentos quanto à natureza da atividade e suas soluções apresentadas. É a percepção de como sua atitude e modo de agir estão influenciando o resultado do seu trabalho. No caso exemplo da área de serviços, pense nas soluções que você desenvolve para atender necessidades do seu cliente e na forma como você se aproxima para levar a ele estas soluções. Você pode ter levantado um fato que diz, *"Estamos recebendo poucos clientes"*. Qual o motivo desta situação? Os clientes estão sendo mal atendidos? Suas instalações não estão adequadas? Os atendentes e a equipe de frente não estão fazendo a abordagem na forma correta com o cliente?

Avalie como é o atendimento em suas instalações. Se conveniente, faça um teste, envie alguém de confiança e peça a opinião dele, ou contrate uma consultoria com essa finalidade. Atender bem o cliente é o primeiro passo para se efetuar um bom negócio. Quanto ao *approach* indireto, provoque suas *sinapses*. Sua equipe está bem preparada – ou você – para esse contato? Tem as informações que sua solução pode oferecer e sabe como demonstrar isso? Tome cuidado com as visitas mecânicas, aquelas que são realizadas apenas para cumprir metas ou atender programações. O objetivo do *approach* indireto é levar a solução ao cliente e provocar nele o interesse. Se você se depara com a informação *"Fizemos poucas vendas externas esse mês"*, então avalie o porquê desse resultado. É a qualidade da equipe ou tem a ver com os recursos utilizados para a abordagem com o cliente? Sua estratégia para essa aproximação está correta? Conheci um consultor externo de vendas, ou *promoter* como é chamado hoje em dia, que tinha como estratégia, fazer demonstrações ao *vivo* de seus produtos. Isso lhe trazia problemas, pois o produto por ele representado era uma solução para rejuvenescimento de carros.

Envolvia a pintura e plásticos externos do veículo incluindo os estofados, e os painéis plásticos internos também. Assim, ele necessitava que o carro do cliente estivesse presente para demonstrar o que poderia ser feito ou então ele convidaria o cliente até seu próprio carro. É fácil prever que nem todo mundo se dispunha a ir ao local onde estaria o carro. Sua abordagem estava dando poucos resultados, precisava ser reorientada. Os tempos estão mudados e técnicas que eram eficientes antes não o são mais. E quanto ao atendimento pelo telefone? Os *Call Centers* têm sido campeões de reclamações pelos consumidores. Eles fazem um jogo de empurra-empurra e deixam o cliente desorientado. Esquecem-se de que um mau atendimento é um cliente perdido. Ao fazer o autodiagnóstico do objetivo produtivo, para área de SERVIÇOS, tente enxergar a *necessidade* como a ponte entre o que você está oferecendo e o que o cliente deseja. Escreva então os fatos relacionados a essa necessidade e avalie em qual célula de IP eles se aplicam. Não perca o foco, seu negócio ou sua gestão estão em segundo plano – exceto quando abordados diretamente –, e busca-se avaliar aqui a sua capacidade de produzir e gerar receita. O atendimento à necessidade do cliente é por onde tudo começa. Também não é a venda, a venda é uma consequência dessa aproximação. Nem toda empresa que vende bem é porque se aproxima bem do cliente, às vezes é a demanda ou o produto que vende por si, como a telefonia, por exemplo. O resultado da avaliação pode levar você a descobrir problemas em sua gestão, nesse caso ela vem para o primeiro plano. Avalie então a origem desses problemas e como estão afetando seu resultado.

Estamos em plena era da informação. Um tiro nas esquinas da *Times Square* de New York, conforme sua relevância, se espalha pelo mundo em poucos minutos, vai até Mariana, cidade no interior de Minas Gerais, e em Londres na Inglaterra, quase no mesmo instante. Então, temos que criar novas formas de chegar até nosso cliente, o consumidor de nossas soluções. Em sua autoavaliação, pense em fatos relevantes para a produtividade do negócio. "*O medidor diz que meu site tem poucas visitas*", esse fato pode denotar que está mal elaborado, que não aproxima o cliente de suas soluções ou não desperta nele o interesse. Pode também ser um problema de administração, talvez o visitante não receba *feedback* sobre suas consultas. "*A concorrência está abafando meu negócio*", a causa desse fato pode ser a ação inovadora da concorrência em se fazer presente nas redes sociais levando a seus clientes informações sobre as soluções ou despertando nestes o interesse em ir buscá-las em seus *sites*. Muitos empresários, profissionais liberais e consultores dizem que não têm dinheiro para gastar com propaganda e publicidade, mas eles se esquecem que é essa veiculação de informação que poderá aumentar a fonte de seus rendimentos, então ela deve ser considerada uma boa estratégia.

Se o consumidor cliente não conhece sua solução, como ele poderá querer ir atrás dela? A divulgação de sua solução para o mercado é o oxigênio que mantém seu negócio respirando, sem ela você não se torna conhecido, sem ser conhecido você não vende, sem vender você pode *morrer na praia*. E essa divulgação pode ser feita pela escolha da estratégia correta. "*As pessoas dizem que não conhecem minha marca*", fixe esse fato em cima do elemento de Identidade Empresarial, é lá que ele se insere e a partir de onde ações devem ser geradas para dar conhecimento à solução desenvolvida. É claro que nas redes sociais, *site*, mídia, contato externo e *call centers* você também trabalha sua marca e informa suas soluções, mas é na Identidade Empresarial que você planeja como isso deverá acontecer e qual *cara* sua empresa quer ter. No lado esquerdo de nosso diagrama temos a outra vertente que atende à necessidade do cliente, a execução do serviço ofertado. Em um autodiagnóstico, pergunte-se sobre o domínio do trabalho que está sendo executado, ele é condizente com o que foi proposto ao cliente? A execução está de acordo com o nível de solução oferecida e dentro dos padrões de atendimento que o cliente tinha expectativa? É durante a execução de qualquer tipo de serviço que temos a melhor oportunidade de mostrar o nosso conhecimento diferenciado sobre o produto ofertado, ou seja, o nosso *know-how*. Um deslize aqui pode jogar todo um trabalho de divulgação e convencimento ao cliente por água abaixo. Toda execução para ser bem aplicada depende, além do conhecimento sobre a mesma, da estratégia adotada durante esta. Em outras palavras, todo o planejamento, possibilidades, recursos e riscos estão contidos na estratégia da execução. Como será o procedimento etapa por etapa, desde a chegada ao cliente até a finalização e retirada do local de trabalho, incluindo a forma como esse ambiente será deixado. Quantas vezes nos deparamos com prestadores de serviço que na hora H de sua execução esqueceram algum recurso que impede a realização do mesmo, tipo uma furadeira apropriada, uma escada de maior alcance e coisas do gênero. Por último, temos a gestão da execução. Ela nasce na oferta, é lá que são esclarecidas a forma e como estes serviços serão executados. Essa gestão deve envolver as pessoas, os recursos, os conhecimentos necessários, a logística, documentação, programas de suporte, apoio administrativo e tudo o mais que direcione a empresa a obter resultados com sua proposta. Nesse autodiagnóstico do objetivo, deve ser avaliada a atividade do ponto de vista da produtividade. A solução para a necessidade do cliente é oferecida com boa argumentação? A concordância entre o proposto e o entregue, incluindo a maneira de execução, está alinhada e coerente? Lembre-se, produtividade aqui não é entregar mais em menor espaço de tempo, pode até acontecer, mas o objetivo é entregar a quantidade solicitada no tempo prometido, sempre.

Podemos utilizar o quadro a seguir, construído de uma forma convencional, para transferir os resultados de autoavaliação obtidos. É apresentada uma visão geral dos elementos de transformação e as expectativas que demandam atenção focada.

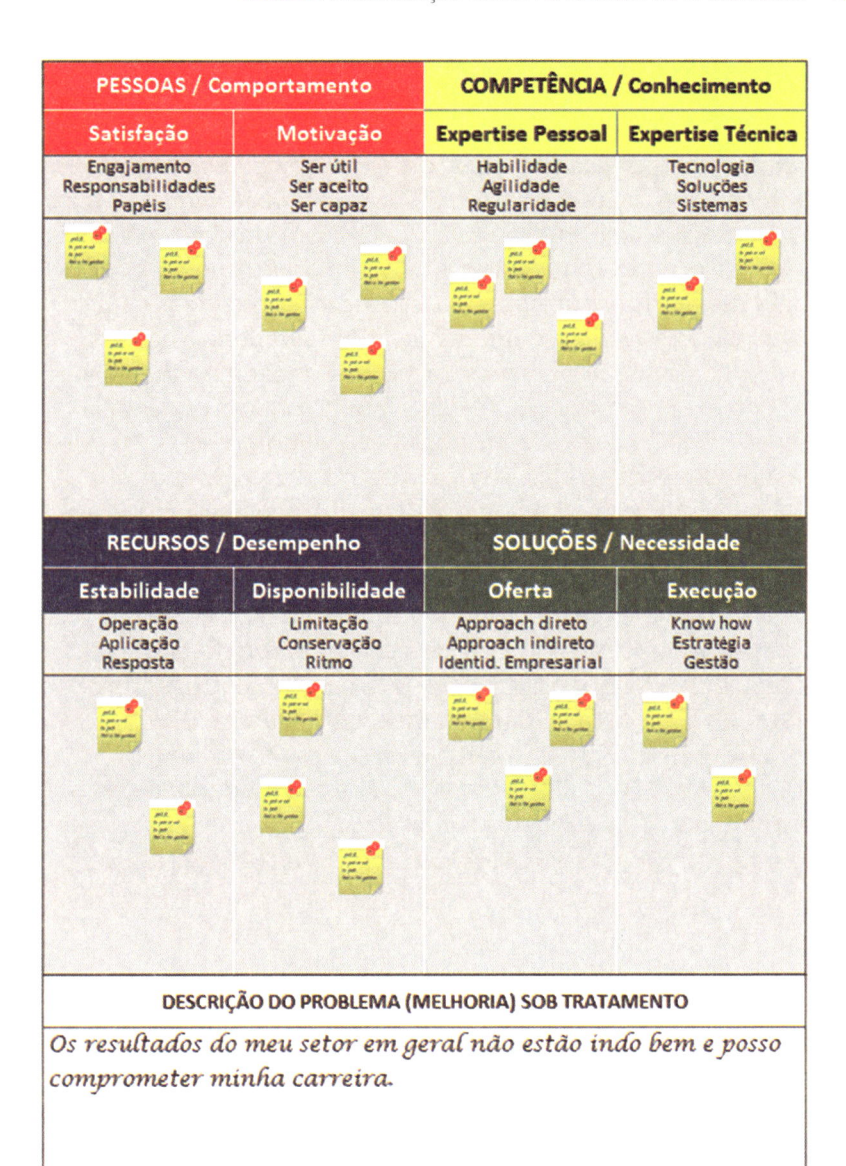

Parte 6 Autoavaliação como Ferramenta de Crescimento

PESSOAS / Comportamento		COMPETÊNCIA / Conhecimento	
Satisfação	**Motivação**	**Expertise Pessoal**	**Expertise Técnica**
Engajamento Responsabilidades Papéis	Ser útil Ser aceito Ser capaz	Habilidade Agilidade Regularidade	Tecnologia Soluções Sistemas
RECURSOS / Desempenho		SOLUÇÕES / Necessidade	
Estabilidade	**Disponibilidade**	**Oferta**	**Execução**
Operação Aplicação Resposta	Limitação Conservação Ritmo	Approach direto Approach indireto Identid. Empresarial	Know how Estratégia Gestão

DESCRIÇÃO DO PROBLEMA (MELHORIA) SOB TRATAMENTO

Os resultados do meu setor em geral não estão indo bem e posso comprometer minha carreira.

Figura 6.5

Apendice – 1
Roteiro para Definição do Eixo Objetivo – A Direção

Introdução

Nas páginas seguintes vamos demonstrar como podemos trabalhar em seis áreas consideradas alvos produtivos. Nestas áreas vamos estabelecer os elementos básicos da Inteligência Produtiva, seguindo a mesma estrutura de expansão vista até agora. A escolha destas áreas se deve a serem de suma importância para a nossa sobrevivência. São elas, indústria, comércio e serviços, que representam os setores básicos de nossa economia. O segundo conjunto engloba o esporte, o entretenimento e a comunicação. Este segundo conjunto de atividades é o que podemos chamar de *nova era*, já que está vinculado totalmente à mídia e veículos modernos de comunicação como os *smartphones*. Outras áreas como saúde, cosméticos, educação, poderiam também ter nossa atenção, mas ficarão para uma abordagem em outra oportunidade. Como veremos, os elementos de IP são construídos na mesma formação, sempre tendo uma ideia básica seguida de uma ideia principal, que se divide em dois eixos secundários. Cada eixo secundário apresentará suas três possibilidades complementares que são as expectativas. Este modelo é definitivo? A resposta é não. O modelo apresentado é o mais próximo para as considerações que neste momento queremos apresentar. Uma equipe bem formada e assistida pode chegar a um modelo de estrutura seguindo essa formação de maneira mais precisa e orientada às suas necessidades de IP. O que lembramos é que essa construção é norteada pelas proposições e pelo equilíbrio entre elas.

Figura AP1-1

A1 – Indústria

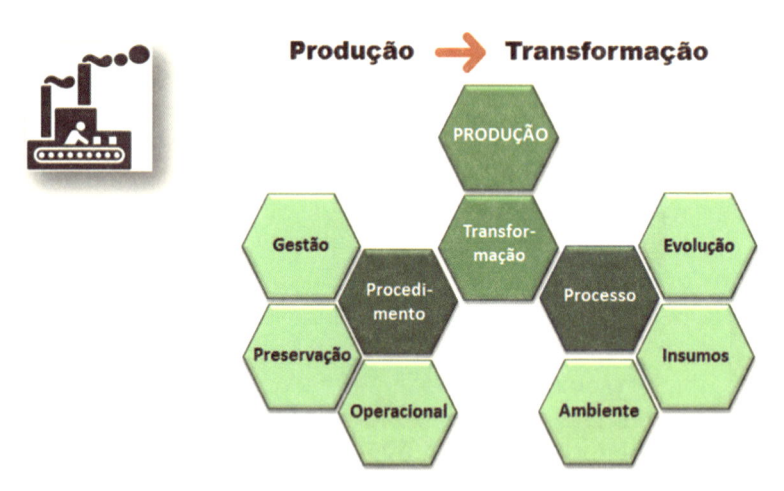

Figura AP1-2

Na indústria, não importando o segmento (alimentos, bebidas, energia, celulose e papel, açúcar e álcool, óleo e gás, petróleo, química, metalúrgica, siderúrgica, cimenteira, entre outras), o que transforma matéria prima em produto são os equipamentos projetados e construídos para cada fim específico. De modo geral, orientar o foco para a indústria é orientar o foco para os equipamentos utilizados na produção. Nós já vimos isto no Eixo *Recursos*. Quando abordamos a atividade INDÚSTRIA, estamos falando do fenômeno de transformação que ocorre através dos processos industriais. Toda produção é decorrente de transformarmos matéria prima ou produtos semiacabados em um produto novo, final. Quando trabalhamos a Inteligência Produtiva para produzir, devemos nos esforçar para entender como ocorre esse processo e qual é a sua origem. Trata-se de um processo químico, físico ou biológico? A transformação ocorre em uma etapa simples ou é decorrente de várias etapas com seus subprocessos. Por exemplo, no caso da siderurgia temos um processo inicial de depósito da matéria prima. Na sequência, essa matéria prima é enviada para uma área de redução chamada altos fornos. Nos altos fornos um processo químico por reação gera o gusa. Este é enviado para um novo processo, a aciaria. Também na aciaria temos um processo de reação química. Após convertido em aço, o produto vai para um processo de lingotamento. O lingotamento é onde o aço líquido é esfriado em forma de lingotes ou barras. Para encerrar o processo, essas barras são enviadas para a laminação onde são laminadas. Laminar é conformar o aço para um perfil de consumo. Barras chatas para um tipo de indústria. Vergalhões para a construção civil e cantoneiras para outro tipo de indústria.

Chamamos a esse conjunto de processos e seus subprocessos de transformação industrial. E, para entendermos esse processo conforme o exemplo, temos que entender sua evolução, tal qual demonstrado. Depois, quais os insumos alimentam esse processo. Insumo é tudo aquilo que apoia o processo de produção. Por exemplo, o oxigênio em uma siderurgia pode ser considerado um insumo. Os combustíveis, idem. E para finalizar o entendimento do processo, temos o ambiente. Utilizar a IP é entender o ambiente onde todo o processo ocorre. Não só o ambiente interno onde se dá a transformação, mas também o ambiente externo e o que tiramos e devolvemos a ele após feita a transformação. Esse ambiente ganhou importância e se tornou uma cadeira acadêmica, ganhando o *status* de órgão governamental. Talvez a sua importância para nossa sobrevivência seja tão necessária que foi identificada por Howard Gardner como uma de nossas inteligências, a naturalista. Nos idos dos anos 90 o Brasil foi literalmente atropelado por uma avalanche de conhecimento na área de qualidade total, que teve início no mundo de forma geral pelos anos 80. O que apregoava essa cultura? Exatamente entender os processos e criar procedimentos adequados a eles. Aprendemos a escrever procedimentos para quase tudo. Tinha até exageros, mas tudo bem, o importante era o ganho final, o aculturamento para uma qualidade durante e não após. Praticar qualidade na fabricação durante o processo nos fazia antecipar possíveis defeitos e assim reduzíamos a quantidade de itens refugados no final. O ganho foi considerável. O Brasil começou a mudar e rever seus processos, porque à medida em que se escrevia os procedimentos, descobria-se oportunidades de melhoria. Mais uma vez, *touché!*

Avançamos então na arte de entender os procedimentos. Qual é a melhor forma de operar? Como padronizar as ações, de modo a evitar que troca de funcionários e de turnos afetassem os produtos devido a diferença no modo que cada um tinha ao executar suas tarefas. Avançamos também ao ampliar esse conceito de procedimento operacional para a área de manutenção. Assim, também o modo como as intervenções eram feitas nos equipamentos passou a ser vigiada, padronizada e o melhor, difundida. Sou de um tempo onde quem sabia muito guardava o conhecimento consigo a sete chaves. Era difícil transmitir o conhecimento aos mais novos ou menos capazes. Quem sabia muito, tinha por assim dizer, um *trunfo* nas mãos, porque dividi-lo então?

Nos tempos atuais, os procedimentos que fazem a diferença são os procedimentos de gestão. Eles englobam todas as atividades necessárias à administração de uma empresa e seus vários processos. Partindo da gestão de recursos humanos, o RH, que algumas empresas também chamam de gestão de pessoas ou gestão de gente, até a gestão financeira, comercial, *marketing* e tantas outras. O termo até ficou meio desgastado. A tudo se dá o nome de gestão. Mas também aqui o que importa é o que ganhamos. Capacitação da equipe. Trabalhar com nossa *expertise* técnica e pessoal complementa o elemento de inteligência gestão.

Nesse livro não entraremos em detalhe nos elementos de IP citados que serão discutidos em maiores detalhes em uma edição futura que tenha como proposta essa finalidade. Vamos nos ater a um resumo do conjunto de expectativas da atividade produtiva na indústria. Será no momento o suficiente para que o leitor entenda o processo de construção da inteligência produtiva voltada para essa área de atividade, e possa iniciar seu próprio mapeamento.

Apendice 1 Roteiro para Definição do Eixo Objetivo – A Direção

Resumo Elementos Transformação Indústria:

PRODUÇÃO	Reflete a área de trabalho onde necessitamos desenvolver nossa capacidade de criar, gerar, fazer acontecer.
TRANSFORMAÇÃO	Define a premissa da produção, isto é, a transformação de matérias primas e insumos em produtos finais acabados.
PROCESSO	Entender o processo é conhecer como ocorre a transformação em cada etapa até chegar ao produto final.
EVOLUÇÃO	É a evolução do processo em cada etapa, da origem pelas matérias primas até o produto final acabado.
INSUMOS	Conhecer todos os insumos que fazem parte da produção e seus processos. De onde vem, estoque, utilização, descarte.
AMBIENTE	Para produzir como devo interagir com o ambiente de produção e o ambiente externo à produção. Meu processo é sustentável?
PROCEDIMENTO	São as instruções passo a passo do que deve ser feito, por quem e quando para que a transformação ocorra dentro do planejado.
OPERACIONAL	Instruções orientadas à forma de operar. É como seguir uma receita de bolo, o que fazer, quando, como e onde, além do por quem.
PRESERVAÇÃO	Instruções à preservação dos recursos. Como mantê-los operando com o melhor rendimento possível sem lhes causar danos.
GESTÃO	Instruções da cultura da empresa. Sua gestão corporativa, envolvendo seus princípios, missão, qualidade, governança, etc.

Figura AP1-3

A2 – Comércio

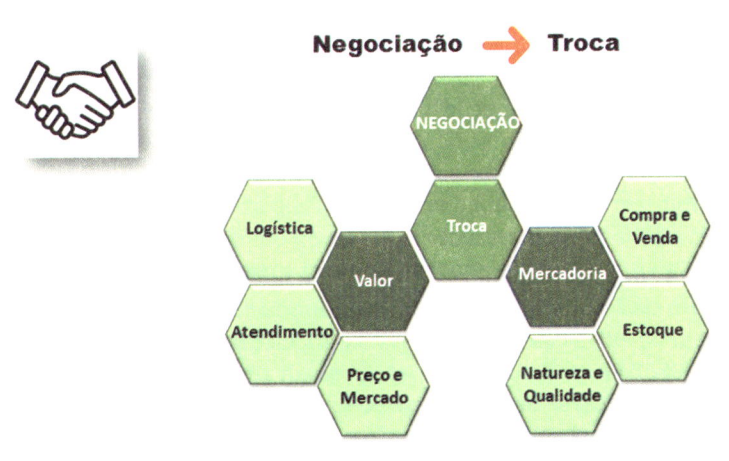

Figura AP1-4

Meu avô tinha um pequeno comércio no interior de Minas Gerais. Ficava em uma cidade pequena, naquela época com pouco mais de dez mil habitantes, considerando a zona rural. Vendia de tudo, desde pá e enxada para capinar a roça até linha e agulha para costureiras domésticas. Mas não pense que se você pedisse uma cadeira ou lamparina ele iria dizer *não tenho*. Poderia até não ter naquele momento, mas em sete dias tudo se resolvia. Assim era o comércio nos idos dos anos sessenta. Essa imagem do comércio é para mim a essência do sucesso nos dias atuais. A preocupação em não deixar o cliente insatisfeito. Comércio é um dever! Dizia ele. Se você se propõe a trocar o dinheiro do seu cliente pela sua mercadoria, então que *"ela seja tão boa quanto o dinheiro que você pediu em troca"*, palavras dele. Não vamos entrar no mérito da questão comercial, esse também não é um livro sobre negociações e comércio, mas sobre a natureza produtiva que está por trás dessa atividade. Então, se você tem interesse na área comercial, não se esqueça, comércio é uma negociação de troca, tal qual os índios e os colonizadores na época do descobrimento. Hoje não trocamos mercadoria por objetos de interesse, mas dinheiro por mercadoria, assim o equilíbrio nessa troca é dado pela mercadoria e pelo valor agregado a ela.

Estamos passando por uma grande revolução, a venda pela *internet*, isso vai mudar muito a forma de negociarmos daqui para a frente. Embora isso seja verdade, continuamos fazendo a mesma operação, trocando mercadoria por valor. A forma de fazer isso é que está mudando. Ao invés de você sair de sua casa, ir até a loja, escolher a mercadoria, comprar, pagar e voltar para casa com ela – quando possível, você faz diferente! Você acessa a loja pelo site no seu computador, *notebook* ou *smartphone*. Escolhe a mercadoria através de fotos e descritivos. Escolhe a forma de pagamento e como e quando quer que ela lhe seja entregue, faz o pagamento e continua em casa, confortavelmente aguardando! Não sei se meu avô ia gostar muito disso, ele dizia que o prazer do comércio estava em conversar com o *freguês*. Vender sem conversar era como escovar os dentes sem pasta de dente, meio sem prazer. Temos grandes organizações comerciais hoje que treinam seus funcionários vendedores para fazerem o que meu avô fazia por prazer, dar satisfação ao cliente por ser bem atendido. Tudo bem que meu avô às vezes conversava até demais com sua clientela, mas naquele tempo tinha-se tempo para isso. Aliás, tempo é o que mais nos falta nos dias de hoje, e no comércio ele é fundamental, como vender sem ter tempo para o cliente? Se é uma troca entre mercadoria e valor, e como estamos falando da inteligência produtiva, ter bons resultados é saber lidar com as operações de compra e venda. A arte do comércio está em comprar por um preço abaixo do preço que se deve vender, a diferença é a margem de lucro. Quanto melhor se comprar, melhor serão as chances de você vender com lucro. A grande questão então é saber comprar a um bom preço e não em vender o mais caro que puder para obter grandes lucros. Deve-se no bom comércio levar ao cliente final a vantagem do negócio.

Inteligência Produtiva no comércio é saber comprar e vender com boa margem. Mas entre a compra e a venda temos um espaço de tempo. Então, como uma boa abelha operária, saber estocar e quando repor as mercadorias lhe dará vantagens comerciais em relação a seus concorrentes. E, finalizando esse braço da *mercadoria*, vem o que é implícito a qualquer objeto que compramos, a sua natureza. Se é de osso, deve ser de um bom tipo de osso. Se é de aço inoxidável, que seja de boa qualidade. Se é de plástico, que tenha durabilidade e seja flexível. Enfim, oferecer uma mercadoria com qualidade abaixo da expectativa do cliente é como dar um tiro no próprio pé, no linguajar do meu avô – o cliente não voltará mais. E pior ainda, se ele sair espalhando para todo mundo que seu produto é de mal a pior, com certeza suas vendas irão cair.

Acho interessante nos dias de hoje falarem de qualidade como se fosse valor agregado ao produto. Qualidade deveria ser encarada como item obrigatório. Não se pode admitir um produto *meio bom*. Se ele é meio bom, então é porque a outra metade é meio ruim, e já pensou em comprar algo e quando você foi utilizar descobrir que ele é meio ruim? Você nem vai querer saber onde ele é meio bom, já estragou seu dia! Qualidade é compromisso! É você valorizar a troca que está fazendo, dando ao seu cliente um objeto que justifique o dinheiro que está recebendo. Inteligência produtiva é você ter consciência disso e trabalhar para que isso esteja sempre presente em seus negócios e trocas que faz.

No equilíbrio da troca temos no outro lado a cadeia de valor. Aquilo que dá à operação de troca um significado que valoriza o prazer da aquisição para ambos os lados. Ele é representado pelo preço praticado. Se você exige por sua mercadoria um preço muito além daquilo que pagou por ela, está onerando quem a está comprando. O preço justo é aquele que cobre o custo de aquisição da mercadoria, as operações de guarda e venda e a remessa até o comprador, computando aí um lucro considerado justo no mercado. Esse lucro varia de mercadoria para mercadoria. Algumas têm uma margem baixa considerando o volume de vendas, por exemplo, o combustível. Outras têm uma margem maior, devido sua especificidade, como uma joia, por exemplo. O mercado tende a regular esses preços em função das operações realizadas com o mesmo tipo de mercadoria. Na cadeia de valor encontramos também o atendimento ao cliente. Tudo aquilo que diz respeito ao consumidor se enquadra nesse elemento de valor da Inteligência Produtiva. Bom atendimento é atender às expectativas do consumidor, atender bem com respeito e consideração, ser justo e honesto nas informações e clareza das negociações. Quem pratica a inteligência produtiva no comércio, são os que produzem direcionados ao consumidor, buscando entender o que ele deseja e se educando nessa direção. Para fechar as expectativas de IP na área do comércio, na cadeia de valor, temos a logística. Logística é um termo moderno para designar tudo aquilo que envolve transporte, armazenamento e transferência de produtos e mercadorias de um ponto para outro. Antigamente chamávamos pelos duetos compra e recebimento pelo cliente e venda e entrega pelo comerciante. A preocupação era fazer a mercadoria chegar ao destino, não havia muita preocupação com a forma de distribuição, custos associados e tempo. Hoje o fator tempo faz a diferença, quem entrega mais rápido, vende mais. Com os tentáculos de alcance do poder de vendas alcançando os lugares mais longínquos possíveis, o fator custo passou a contar também. Assim a logística engloba esses e mais outros tantos pontos que determinam ou não uma venda. Mais uma vez, venho afirmar, esse não é um livro sobre logística. Nosso interesse está em sua influência na negociação, ou de acordo com a IP, o quanto ele nos torna mais ou menos produtivos em estabelecer uma troca comercial. Veremos nos capítulos sobre interatividade dos elementos da IP, como os elementos de comércio ganham apoio dos elementos de competência, pessoas e recursos, fortalecendo o resultado da operação de troca.

Inteligência produtiva no comércio é a adaptação à premissa da "troca". Quanto mais benéfica às partes, melhor.

Figura AP1-6

Apendice 1 Roteiro para Definição do Eixo Objetivo – A Direção

Em referência às figuras anteriores onde chamamos a atenção para o comércio de antigamente – os antigos empórios, e o comercio atual digital via *online* e *internet*, gostaria que o leitor apreciasse a seguinte consideração. A IP nos conduz à busca da adaptação de nossa maneira de agir frente aos desafios que surgem. Com o aumento da população mundial, efetuar a troca entre mercadoria e valor passou a ter prioridade no número de transações efetuadas ou nos contatos diretos entre vendedor e comprador. Assim, passamos de vendedores ambulantes, os antigos mascates em seus burros e cavalos fazendo a mercadoria chegar até o comprador, a vendedores digitais, ou *online* via *internet*. Nesse aventureiro caminho, tivemos as negociações via os armazéns gerais, que deram origem a vilas e se tornaram grandes cidades. Nessa viagem, encontramos as vendas por catálogos, um tipo de negociação envolvendo a fotografia e descrição dos produtos, permitindo ao consumidor escolher o produto de seu interesse e efetuar o pedido ao vendedor ambulante. Veio o desenvolvimento das lojas de varejo, aqueles grandes prédios cheio de seções de vendas especializadas. Em seguida o surgimento dos supermercados. Estes tinham a função de chegar até onde estava o consumidor, penetrando nos mais longínquos bairros e subúrbios. Mais outro passo e surgem os shopping centers, que procuravam atrair o consumidor com seu conforto e comodidade e oferecendo atrações junto aos pontos de vendas. As praças de alimentação ganharam notoriedade nesse quesito de agradar ao público. Nada melhor do que comer e comprar, não é mesmo? Avançamos e chegamos às vendas sem contato com o consumidor, ou vendas por telefone e mais tarde *internet*. São as chamadas vendas sem ponto de venda. Nesse interim surgem as *drugstores*, farmácias que vendem de tudo, inclusive remédio. E os *Outlets*, inteligente iniciativa para vender produtos de linhas que serão substituídas por novas coleções. Todo esse caminho acima, caro leitor, é o caminho da evolução do comércio e sua premissa de trocar mercadorias por valor. A inteligência produtiva nessa área, como mostrado, é a nossa capacidade de irmos nos adaptando às novas necessidades e criarmos condições para que as trocas sejam feitas de forma mais dinâmica e efetiva. O cérebro trabalhando as informações e criando formas de tornar executável as necessidades de vendas. Identificamos os três elementos base da IP na comercialização. Eles envolvem as pessoas, sua competência para atingir um objetivo e os recursos que buscam para torná-lo real. Efetuar a troca é o objetivo final a ser alcançado. Quando temos a consciência de estar trabalhando com a inteligência produtiva, concentramos nosso foco nos envolvidos com os quais lidamos, no desenvolvimento de sua *expertise* orientando-o a trabalhar a negociação, e finalizando devemos avaliar os recursos necessários ao que deve ser executado. Interagindo os elementos da IP, nossa visão se amplia as nossas metas e caminhos.

Resumo Elementos Transformação Comércio:

NEGOCIAÇÃO	Reflete a área de trabalho onde necessitamos desenvolver nossa capacidade de criar, gerar, fazer acontecer.
TROCA	Define a premissa da negociação. A troca é o objetivo final. Oferecemos uma mercadoria por um valor considerado justo
MERCADORIA	A mercadoria é um dos objetos de troca. É ela quem gera valor e por isso os cuidados ao lidar com ela são importantes.
COMPRA / VENDA	No comércio é a operação mais importante. Desenvolver habilidades nessa área nos torna com condições de obter melhores resultados, ou ser mais produtivos.
ESTOQUE REPOSIÇÃO	Se queremos ter resultado, necessitamos fazer a mercadoria gerar valor. Devemos estabelecer critérios para que seu "giro" seja mais eficaz.
NATUREZA QUALIDADE	Uma troca que gere insatisfação não se repetirá mais com as pessoas envolvidas. Deve-se garantir a satisfação a ambos os lados, isto atrai novos negócios.
VALOR	O valor é o que recebemos ou pagamos pela mercadoria. Esse valor de certa forma ultrapassa o significado da moeda conforme o produto. A arte é um exemplo.
PREÇO (MERCADO)	Estabelecer o preço justo nem sempre é estabelecer o melhor preço. Cada vez mais o preço tem ido além da fronteira da moeda. É preciso frear o lucro fácil.
ATENDIMENTO	A base da troca é o relacionamento. Devemos incentivar e buscar as melhores formas de realizar esse contato durante a troca.
LOGÍSTICA	O manuseio da mercadoria, sua guarda e transferência são fundamentais para o sucesso da troca. E tudo o mais que estiver associado.

Figura AP1-7

A3 – Serviços

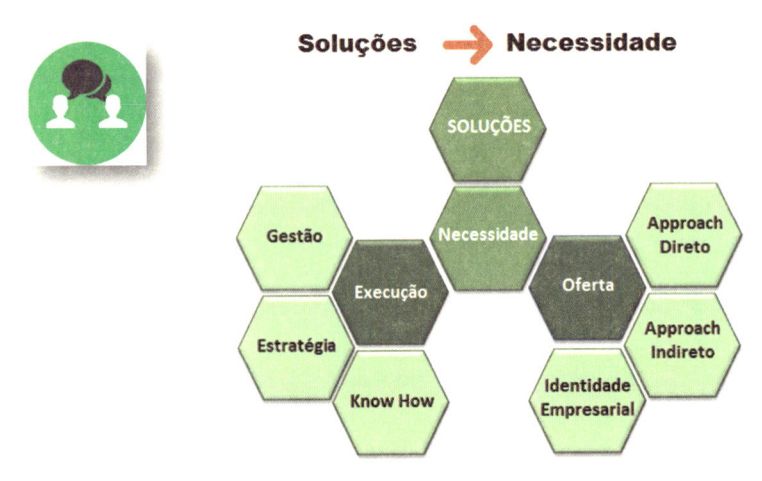

Figura AP1-8

Antes de falarmos sobre o setor de serviços, vamos falar um pouco sobre onde ele está inserido na economia brasileira e também mundial. Quando nos referimos à inteligência produtiva, estamos nos referindo à capacidade que os seres humanos têm de produzir um bem. Esse bem pode ser um produto comercial, industrial ou de necessidade para sua subsistência e conforto no dia a dia. As abelhas possuem a inteligência produtiva, mas como são limitadas em outros tipos de inteligência, apenas fabricam o mel e usufruem dele. Elas não o comercializam e nem se importam com coisas como conforto e luxo. Já o ser humano, por ser dotado de inteligências diversas, ser racional e emotivo, acaba utilizando sua capacidade de produzir de forma pluralizada. Ele a utiliza para a sua sobrevivência, para o seu conforto, para a sua segurança e para o seu prazer. Começamos a produzir de forma primária através da agricultura, plantando e colhendo aquilo que nos era interessante como alimento. Utilizamos também a caça aos animais com esse mesmo propósito. Evoluímos ao passar da caça para a criação em confinamento, pois era preciso produzir mais em razão do aumento do consumo. A extração mineral nos possibilitou gerar matéria prima para aquele que chamamos de setor secundário da economia. Neste patamar secundário, a indústria de transformação é a principal. Ela transforma matéria prima em produtos consumíveis ou que se tornarão matéria prima de outro tipo de transformação, como máquinas, equipamentos e bens de consumo. Completam este setor a geração de energia e a construção civil. A IP pode ser percebida nos três elementos base presentes em todos os setores citados, ou seja, pessoas, conhecimento e recursos necessários. Uma forma de economia ganhou ênfase após a era da industrialização. Chamamos a ela de setor terciário ou setor de serviços. Quando você, caro leitor, liga para a lavanderia para agendar a coleta de sua roupa para lavar, está interagindo com esta economia. Esses serviços são prestados pelos mais diversos tipos de profissionais. O professor que trabalha para um colégio ou dá aulas particulares, o bombeiro que conserta problemas em sua casa ou apartamento, e muitos profissionais como advogados, engenheiros e dentistas. São atividades ligadas à nossa rotina diária como as necessidades básicas, ter conforto e prazer. Estão presentes no comércio, transporte, educação, saúde, bem estar social e por aí vai. Graças a esse desempenho do setor de serviços, surgiu uma nova era junto ao momento industrial. Essa é conhecida como a era da informação. Temos nos serviços relacionados à informação dezenas, se não centenas, de atividades. O interessado leitor que desejar pesquisar mais sobre o setor de serviços encontrará mais informações no site do IBGE (Instituto Brasileiro de Geografia e Estatística – www.ibge.gov.br).

O setor de serviços pode ser definido como aquele que tem o propósito de atender a uma necessidade que não é parte do *core business*[11] das empresas, ou às necessidades em geral de quem não tem como realizar determinadas atividades ou tarefas e por isso busca ajuda externa.

Se você, caro leitor é um empreendedor, tem seu próprio negócio ou está querendo ter, procure entender bem essa premissa no setor de serviços. As abelhas produzem para sobreviver, precisam do mel para isso. Evoluíram sua forma de construir colmeias para produzir o mel, que é resultado de um processo digestivo. Não podendo interferir nesse processo digestivo, interferiram no armazenamento do produto, o mel. O resultado é o mesmo, ter mais mel para os momentos de escassez como o inverno. Já para nós humanos, o ato de produzir vai além da simples sobrevivência. A maneira como sobrevivemos se torna alvo de nossas intenções. Produzimos alimento para nos alimentar porque sem alimento morremos, casas para morar porque sem abrigo estamos vulneráveis, roupas para nos vestir porque sem ela estaríamos sujeitos ao frio. O homem é o único animal que se utiliza de roupas além de sua pele. Talvez nossa inteligência nos dê consciência da nossa nudez, e culturalmente ela não é aceita publicamente. Devaneios à parte, se nunca tivéssemos nos preocupado em utilizar roupa, nossos genes já teriam desenvolvido características para nos propiciar uma cobertura mais adequada a fim de podermos suportar as intempéries.

Então, o princípio da inteligência produtiva aplicado à área de serviços é este. Permitir que desenvolvamos um trabalho para atender a necessidade de outro através do nosso relacionamento com os demais, do conhecimento adquirido e de recursos que por bem acharmos necessários. Esse trabalho é em grande parte um produto, daí a inteligência que o gerou ser chamada de produtiva. Quando Santos Dumont, em 1906, apresentou seu 14 Bis ao mundo, estava utilizando sua inteligência de natureza produtiva. Produzir é tornar um objetivo em algo concreto. A partir do desejo realizado de Santos Dumont, muitos outros passaram a produzir também, seguindo seu conhecimento. Junto então ao serviço que se presta, temos os envolvidos e seu comportamento, o conhecimento necessário para produzi-lo e os recursos para torná-lo real. O filósofo humanista Michel de Montaigne, nascido em 1533 na França, formulou o seguinte pensamento: *"A mais honrosa das ocupações é servir ao público e ser útil ao maior número de pessoas*[12]*"*. Preocupado com os aspectos relacionados à generalidade humana, ele conseguiu sintetizar neste pensamento o que vem a ser a essência da inteligência produtiva na área de serviços, o atendimento a uma necessidade. Isto significa servir apresentando uma solução para as necessidades das pessoas.

> *Aquele que presta um serviço deve ter a humildade necessária para entender que é o outro o cliente, e que o ato de servir é uma doação. Quem entrega esperando receber, receberá muito menos do que entregou. O verdadeiro valor de prestar um serviço é a satisfação e alegria de poder servir. São esses sentimentos que trarão a prosperidade!*

Figura AP1-9

Pesquisando a *necessidade*, começamos a desenvolver atividades que nos levassem a encontrar soluções para isso. Isso se aplica tanto para a vida pessoal como para as organizações. Nas organizações, o advento da terceirização deu um impulso à prestação de serviços fora de seus respectivos *core business*. Por esse motivo a *necessidade* é a essência da busca destas soluções. Partindo dessa "*necessidade* temos a oferta e a execução. É fácil entender, se temos uma solução para uma possível necessidade de alguém, temos então que ofertar essa solução e garantir sua execução. A oferta nos leva à expectativa do *approach* direto e indireto. *Approach* significa fazer contato, compreender, entender, criar empatia e atender as expectativas da outra pessoa. O propósito é oferecer a ele uma solução para os possíveis problemas que tenha e nos quais você se especializou. Essa aproximação pode ser realizada internamente em seu ambiente de negócios ou externamente indo até onde está o cliente. Pode ser por telefone e pelas mídias em *sites*, redes sociais e a propaganda e publicidade convencionais. Do outro lado dessa oferta temos a execução. Devemos ter *know-how* naquilo a que nos propomos a executar, motivo pelo qual encontramos uma solução. Seguindo as expectativas da execução, temos a estratégia. É ela que nos permite desenhar como queremos realizar o nosso trabalho, quais recursos utilizaremos, como será nosso diferencial de atendimento, de custo, de qualidade. Essa estratégia nos permite enxergar a atividade que executaremos e desenvolver os procedimentos necessários para sua execução. Que tipo de material utilizaremos, como será o acompanhamento, até que ponto o cliente será envolvido nesta execução. A estratégia focada na inteligência produtiva tem a ver com a execução da atividade e não deve ser confundida com a estratégia de negócios, que é outro assunto. Encerrando, temos a expectativa da gestão. Significa gerenciar a atividade de forma que ela atenda o propósito prometido ao cliente e garantir que novos negócios possam ser realizados com ele e através dele. Recapitulando o eixo objetivo para a área de serviços, temos a solução desenvolvida, a necessidade atendida, a oferta trabalhada e a execução planejada. Na representação desse eixo a seguir, vemos a interação desses elementos de inteligência. Cada elemento de expectativa (Oferta > *approach* direto, *approach* indireto, identidade empresarial; Execução > *know-how*, estratégia e gestão) gera todo um planejamento e programação para que esta expectativa seja atendida, exatamente como tem sido demonstrado nos demais eixos de IP.

Resumo Elementos Transformação Serviços:

SOLUÇÕES	Reflete a área de trabalho onde necessitamos desenvolver nossa capacidade de criar, gerar, fazer acontecer. Em serviços encontrar soluções é abrir caminhos.
NECESSIDADE	Nem todas as pessoas sabem exatamente o que precisam, por isso descobrir e desenvolver soluções para as possíveis necessidades das pessoas é a direção.
OFERTA	É a forma como se faz chegar até o potencial cliente a solução desenvolvida para sua necessidade e demonstrar como ela pode atender sua expectativa.
APPROACH DIRETO	É a aproximação até onde o cliente está presente, ainda que por voz. Deve haver simpatia e empatia para que as soluções sejam ouvidas. Exemplo: visitas.
APPROACH INDIRETO	É a aproximação onde o cliente na maior parte das vezes não está presente. O objetivo é atrair sua atenção para o contato direto. Exemplo, através da mídia.
IDENTIDADE EMPRESARIAL	É o desenvolvimento da identidade da empresa. É feito através da marca, cultura, presença de mercado e seus representantes. É como ele quer ser vista e aceita.
EXECUÇÃO	É a forma como será realizado o serviço ofertado. Deve ser desenvolvida de forma a atender as expectativas do cliente. Todas as etapas devem ser pensadas.
KNOW HOW	É o conhecimento da solução apresentada envolvendo a expertise do executante e seu domínio no atendimento àquela necessidade. É o seu diferencial.
ESTRATÉGIA	Estabelece a forma, o como, quando, onde, por quem incluindo os recursos, procedimentos e domínio dos processos envolvidos para a boa execução.
GESTÃO	Define a orientação administrativa que rege as atividades e operações envolvendo a execução das atividades propostas.

Figura AP1-10

A4 – Entretenimento

Figura AP1-11

Na indústria do entretenimento focamos um universo bem variado e que conta com produções para a TV, cinema e teatro. Fazem parte também as atividades encontradas em parques de diversões como o megaparque *Disneyworld*, em Orlando, na Flórida. Em todos eles temos um elemento central que é a busca do prazer através da diversão. Em referência a este prazer, temos muitas definições. Todas elas convergem no sentimento agradável, proporcionado por algo que estejamos fazendo. Estas sensações agradáveis podem nos dar deleite e alegria, um contentamento ou algum tipo de emoção. Para a Inteligência Produtiva, a indústria do entretenimento tem como produto principal, proporcionar prazer através da diversão. O prazer é uma das formas que o homem utiliza para se sentir feliz. Essa felicidade é necessária para o bem estar de nossa mente e corpo. Gente triste e amargurada não vive muito tempo, por esse motivo, prazer e alegria são itens obrigatórios de sobrevivência. Ainda que não saibamos exatamente o que é a felicidade e quanto tempo ela deve fazer parte de nossas vidas, ao menos sabemos que precisamos dela para sobreviver. Então, a atividade que leva ao entretenimento é dirigida a um público com o propósito de conseguir deste o interesse e o envolvimento. Isto pode acontecer através de ações que vão desde um passeio de bicicleta na rua até uma volta na montanha russa mais aventureira. Ele busca provocar em nós emoções nascidas da mistura de medo, coragem e a busca da aventura. Existem atividades mais complexas como uma superprodução para o cinema ou para a TV. Elas podem envolver centenas de atores, profissionais e os mais variados recursos como cenários, vestimentas e simulações de campo em meio à vida real. Algumas vezes o objetivo é fazer parecer com o nosso dia a dia. Outras vezes, o exagero, a discrepância com a realidade é que se tornam a atração. E qual o propósito destas superproduções? Posso afirmar que não é outro senão entreter-nos, conseguir pelo aspecto visual nosso interesse. Por esse motivo é tão relevante a importância de cenas bem filmadas, reproduções de épocas, cenários fantásticos e a beleza ou originalidade dos locais onde a filmagem transcorre. Uma produção sem apelo visual terá que ter outro forte componente, como o auditivo ou emocional, caso contrário não segurará o interesse de quem a estiver assistindo. Esse apelo auditivo colocado em primeiro plano é o que ocorre nos shows musicais. Pode ser em uma ópera ou nas mais diversas produções, onde é o som que vem dos instrumentos e vozes que embalará e fará florescer nossas emoções. Ao som de uma simples melodia podemos ter sentimentos tristes, alegres, heroicos, reconfortantes e tantos outros aguçados pelas lembranças ou sonhos que ela nos transmite. É possível também o entretenimento pelas sensações que nos são provocadas, como o despertar das papilas gustativas pela visão de um prato que nos apeteça com molhos, iguarias e quitutes.

Não há como fazer o público tocar o pelo de um animal de estimação, mas é possível fazer que ele tenha essa sensação através de outra pessoa em uma cena realizando esse ato. A empatia do ator com a cena é que provocará mais ou menos essa sensação. Chamamos a isso transmitir e materializar a sensação. Pode ocorrer em cenas de frio intenso, neve e gelo. O ator treme, mostra a pele queimada do frio, o nariz escorrendo, o vapor condensado saindo da boca. Culmina com aquele típico esfregar das mãos buscando calor e sendo sopradas para aquecerem-se. Estes gestos fazem parte de padrões para transmitir a sensação vivida pelo ator. É o mesmo que faríamos se estivéssemos naquelas condições. Se você já assistiu a alguma cena parecida e sentiu frio, então o objetivo da produção foi alcançado. Isto é entreter pela sensação.

O prazer vem pelo entreter visualmente, auditivamente e sensitivamente. O objetivo é conquistar o envolvimento da audiência. Não adiantariam imagens muito bonitas se elas não viessem carregadas de alguma emoção. Seria como ver fotos de uma viagem que você não fez, é bonito, mas não te envolve emocionalmente porque você não esteve lá. Então, uma boa estória ou um bom filme tem que ter um apelo emocional. Deve fazer você rir, chorar, odiar, amar e principalmente querer continuar assistindo. Não é a curiosidade que nos faz querer assistir a próxima cena, é o nosso envolvimento emocional com personagens e sua história.

Este envolvimento pelo entretenimento também pode ser físico. Nesse caso, estamos falando de parques de diversões, do esporte e de passeios com as mais diversas finalidades. Quanto maior for o despertar da vontade de fazer, maior será o interesse e chances de sucesso. Para encerrar, temos o envolvimento pelas sensações espirituais. É o despertar do sentimento de fé, da sensação boa de estarmos em algo muito maior do que podemos perceber, nos envolve, acolhe, socorre e acalenta. Não sabemos bem o que é, mas está ligado ao nosso espírito, transcende nossas sensações físicas, emocionais e vai até a alma.

Podemos identificar os aspectos da IP na indústria do entretenimento, quando consideramos o esforço produtivo que é necessário para atingir os objetivos acima citados. Produzir um filme, por exemplo, exige organização, planejamento e direcionamento dos envolvidos. Devemos contar com o conhecimento e *expertise* de atores, diretores, pessoal da filmagem, roteiro e uma centena de profissionais envolvidos na evolução de cada cena. Tem ainda o pessoal dos bastidores, da edição do filme, da sua distribuição e divulgação. Sem uma inteligência orientada e que nos possibilite esse tipo de organização, fazer um filme seria, desculpem o trocadilho, uma ficção!

Resumo Elementos Transformação Entretenimento:

DIVERSÃO	Reflete a área de trabalho onde necessitamos desenvolver nossa capacidade de criar, gerar, fazer acontecer. Em entretenimento, diversão é a busca do prazer.
PRAZER	Define a premissa da diversão. Causar a sensação de prazer pelo envolvimento e recreação proporcionadas. Quanto maior o prazer, melhor foi a diversão.
ENTRETER	Causa prazer atraindo a atenção pelo apelo visual, auditivo ou sensitivo. Nos entretém, nos desviando temporariamente de nossas preocupações.
VISUALMENTE	Somos seres visuais, o ditado de que uma imagem vale mais que cem palavras resume a essência desse elemento interface da inteligência.
AUDITIVAMENTE	Atrair a atenção pela sonoridade, seja pela voz, uma melodia ou a agradável e misteriosa reprodução de sons naturais.
SENSITIVAMENTE	Proporcionar ou reproduzir a sensação dos sentidos de toque, olfato e paladar. É o mesmo que materializar a sensação.
ENVOLVER	Quanto mais abrangente for nossa interatividade com a diversão, maior será nosso envolvimento. Envolver gera comprometimento e apego.
FISICAMENTE	Levar prazer através da sensação física. Proporcionar ao corpo o deleite da experimentação. Frio, calor, brisa, chuva, exercício, etc.
EMOCIONAL- MENTE	Envolver-se com os sentimentos gerados. Amor, ódio, compaixão, desprezo, altruísmo e as demais janelas da emoção.
ESPIRITUAL- MENTE	Elevar o pensamento em um nível de reflexão acima da materialidade do corpo. Como dizem os poetas, é deixar fluir o pensamento pela janela da alma.

Figura AP1-12

Apendice 1 Roteiro para Definição do Eixo Objetivo – A Direção

A5 – Comunicação

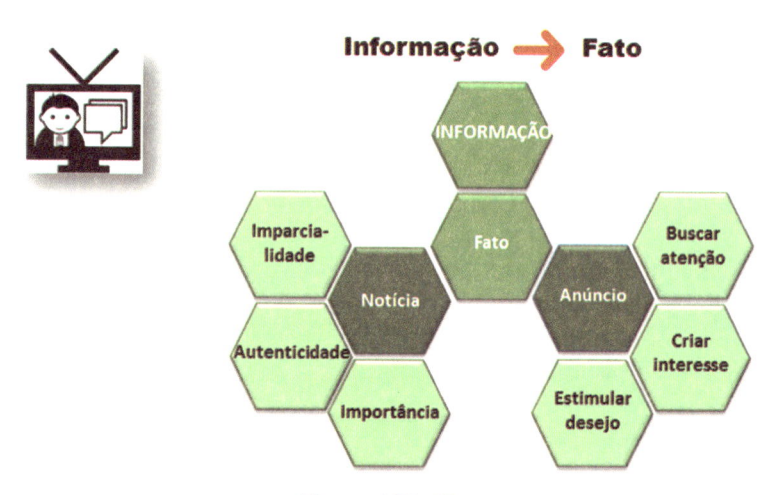

Figura AP1-13

No segmento de comunicação temos o que chamamos hoje de uma nova era. A *era da informação*. Nunca fomos tão bem informados como estamos sendo hoje. Temos informação de tudo, de coisas que nunca influenciaram nossas vidas, pessoas que nunca conheceremos, fatos que poderíamos ignorar completamente sem que isso fizesse um milésimo de diferença em nosso dia a dia, família, amigos e trabalho. Mesmo assim, não conseguimos mais nos distanciar dela, da notícia e de sua informação. Com o advento da telefonia celular e os *smartphones*, computadores pessoais, *iPad* e *tablets*, não temos como impedir que uma tempestade de informações nos cheguem a cada segundo, minuto, momento. Não que isso tecnicamente não seja possível, o problema somos nós! Fulano levou um tiro no abdômen quando passeava em Paris. Pronto! Você já recebeu a informação, o que vai fazer com ela? Não sabe. Mas, por algum impulso que não consegue resistir você lê, e as outras tantas que chegaram juntas também. Em um tempo bem remoto, víamos as pessoas andando nas ruas e olhando os *outdoors*, fachadas de casas, prédios, carros e o que mais lhes chamasse a atenção visual. Hoje, vemos as pessoas olhando seus *smartphones*, isso se não estivermos ocupados olhando o nosso! Estamos vivendo uma era especial. Não estamos mais presentes, estamos conectados. Se você, caro leitor, tiver de abordar alguém em seu devaneio digital, tome cuidado, ele pode estar na China, Europa ou Ásia, ou quem sabe até mesmo do seu lado, mas estranhamente por uma via através da rede social. É o que chamo de presença ausente em minhas palestras.

O parágrafo anterior pode não ter sido animador, mas é a realidade de milhões espalhados pelo mundo hoje, então vamos entender como a Inteligência Produtiva se manifesta neste fantástico e acelerado mundo!

Para começar, vamos entender que comunicação é informação, e esta por sua vez nos leva a algum tipo de acontecimento. Este pode ser um fato provocado, estimulado, como o anúncio de uma promoção comercial, um evento, um produto ou um negócio. O anúncio tem como função buscar a atenção do público ao qual é dirigido. Pode ser um público específico como os potenciais compradores de carros de luxo. Mas pode ser também o público em geral, como no caso de alertar sobre uma epidemia de dengue. Se conseguir a atenção, o passo seguinte do anúncio é criar o interesse, senão a informação se perde. O interesse pode ser motivado por diversos argumentos, isso vai depender dos competentes profissionais por trás das mensagens veiculadas. Ressalte-se a importância dos milhares de profissionais que temos por trás desse universo da comunicação. Vejo aqui, sem dúvida, componente forte de nossa inteligência criativa, mas não somente ela, as demais influenciam e muito esses resultados, como a inteligência analítica e prática.[13] Voltando à nossa inteligência produtiva, se o anúncio conseguiu atenção e despertou o interesse, o passo seguinte é estimular o desejo. Se conseguiu atrair a ânsia e vontade do leitor, então o intento do anúncio foi atingido. Palmas e prêmios a todos por trás das agências de publicidade e propaganda. Eles com certeza não vendem apenas produtos. São exímios artesãos da arte de transformá-los em sonhos e desejos!

No outro eixo do acontecimento, temos a notícia. Esta sim vinculada às agências de notícias, jornais e revistas. Noticiar um fato ou acontecimento é algo que exige do interlocutor muita habilidade. Ele terá que avaliar a importância do fato, e para isso tem que compreender o seu contexto e sua abrangência, pois o que é importante para uns pode não ser para outros. Avaliada a importância, vem o que lhe dará credibilidade junto ao público, isto é, sua autenticidade. Observe que meios de comunicação que caem na armadilha de noticiar acontecimentos inverídicos ou não esclarecidos, perdem o público e audiência. Autenticidade é credibilidade. Encerrando este eixo, temos outro fator importante para atestar a credibilidade, desta vez a imparcialidade ao escolher e repassar a notícia. Veículos de comunicação tendenciosos ou defensores de posições particulares correm o risco de perder seu público, exceto aqueles que se identificarem com essas mesmas tendências. Mas, lembremos, a notícia é de suma importância para o esclarecimento da população de um modo geral, e por isso aqueles que a transmitem precisam ter responsabilidade quanto a isso. Inteligência produtiva na indústria da comunicação é saber lidar com essa responsabilidade, seja para anunciar ou noticiar.

Vamos analisar os componentes da IP presentes aqui. Primeiro, não existe informação sem a participação dos interessados. Assim, eles são parte desse processo construtivo, seja como observador, protagonista ou relator. Para a IP é o trabalho de produção da informação que está sendo desenvolvido. Desenvolver a *expertise* na geração e tratamento do que está sendo reportado ou anunciado é o objetivo de quem deseja se dar bem nesse desafio. Conta aqui e muito, *expertise* pessoal. O talento e habilidades naturais para se expressar podem fazer a diferença na carreira. Mas são possíveis de serem desenvolvidos se for esse o grande desejo do profissional. Por fim, os recursos utilizados nessa área são cada vez mais avançados. TV digital, por exemplo, já é uma unanimidade. Manter esses recursos em condições é como manter um avião no ar. Seria desastroso para uma rede de comunicação ficar *fora do ar* devido a problemas técnicos. Toda a equipe que trabalha por trás da notícia, os chamados bastidores, tem muito trabalho para manter tudo operando e funcionando a contento ao longo das vinte e quatro horas do dia. Eu mesmo tenho o costume de assistir determinados programas na TV, e quando por algum motivo não os consigo ver, tenho a sensação de que alguma coisa faltou no meu dia. Chamamos a isso de hábito. Toda vez que é quebrado, ele gera vazio até ser preenchido por outro tipo de hábito. A indústria do entretenimento e comunicação produz em nós esses hábitos. O de ler, buscar informação e ouvir o que está sendo reportado. Quando a fonte falta, nos sentimos *vazios*, como quem deseja matar a sede. Noticiar um fato ou veicular um anúncio são produtos de nossa inteligência para atender uma nova necessidade à nossa sobrevivência, a informação. Se o leitor tem dúvida quanto a isso, peço que reflita apenas por alguns minutos no porquê de a *internet* fazer tanto sucesso e praticamente ter se tornado imprescindível em nossas vidas!

No passado, nossa IP exigiu de nós que criássemos os correios e os jornais como forma de comunicação. Comunicar é item de sobrevivência. Evoluímos para o rádio, a TV e agora a *Internet*. Qual será o próximo grande passo da humanidade nesse quesito? Não ficarei espantado se nesse futuro nós começarmos a nos comunicar, utilizando o mais sofisticado de todos os aparelhos, nosso cérebro e mente. Detalhe, sem utilizar outros aparelhos como ferramenta. Isso é possível? Se for imprescindível à nossa sobrevivência, sim. O gene humano[14] sempre encontra uma maneira de fazer possível o até então impossível!

Resumo Elementos Transformação Comunicação:

INFORMAÇÃO	Reflete a área de trabalho onde necessitamos desenvolver nossa capacidade de criar, gerar, fazer acontecer. Em comunicação, a informação é o produto principal.
FATO	A essência da informação é um fato traduzido por um acontecimento que tem interesse de forma geral público.
ANÚNCIO	É o fato criado ou orientado. Representa a materialização de um desejo a ser provocado. Seu alvo pode ser específico ou generalizado.
BUSCAR ATENÇÃO	Produzir por meio da arte da comunicação situações que capturem a atenção sobre o que está sendo anunciado. É popularmente o que se chama de isca.
CRIAR INTERESSE	Conquistada a atenção, é preciso segurá-la. Isso vem pela produção do interesse. Entender o outro é o caminho para gerar interesse.
ESTIMULAR DESEJO	O desejo nasce no cérebro. Assim, provocá-lo ou estimulá-lo, é produzir previamente sensações que o despertem.
NOTÍCIA	É o fato reportado, não temos controle sobre ele. Representa o filtro e interpretação do que é relevante, importante e interessante para conhecimento
IMPORTÂNCIA	O que é para uns pode não ser para outros. Então esse filtro depende da audiência que se quer atingir. Geral ou específica?
AUTENTICIDADE	Compromisso com a verdade. Produzir a notícia pautado na ética e bons costumes.
IMPARCIALIDADE	Notícias podem mudar o comportamento de uma população. Não devem ser tendenciosas. O compromisso é manter a informação em seu estado original.

Figura AP1-14

A6 – Esporte

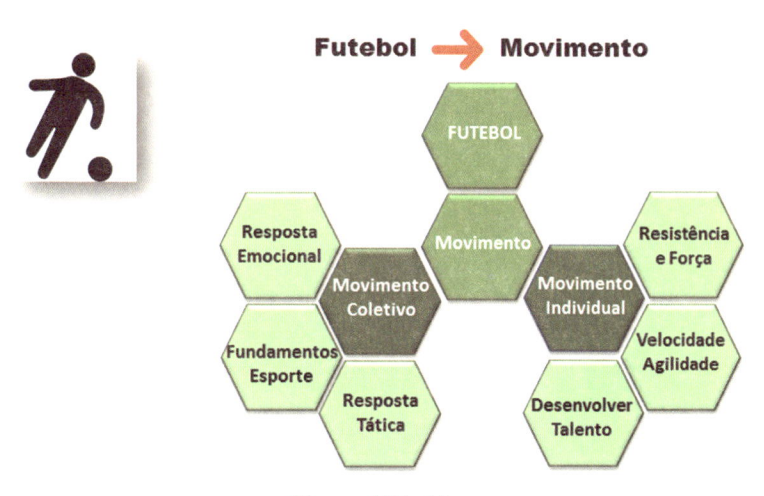

Futebol → Movimento

- FUTEBOL
  - Movimento
    - Movimento Coletivo
      - Resposta Emocional
      - Fundamentos Esporte
      - Resposta Tática
    - Movimento Individual
      - Resistência e Força
      - Velocidade Agilidade
      - Desenvolver Talento

Figura AP1-15

No esporte também não importando o tipo, pode ser futebol, voleibol, *rugby*, natação, atletismo, entre outros, a IP permite trabalhar com os dez elementos básicos para poder obter resultados acima da média. Por ser mais conhecido, utilizaremos como exemplo o futebol, paixão no Brasil e em muitos outros países por movimentar milhões de dólares e empregar milhares de pessoas. Estamos acostumados a ouvir os locutores dizerem que o resultado da partida é definido nos noventa minutos jogados no estádio sob o delírio ou decepção da torcida. Mas para chegar a esses noventa minutos tão preciosos, uma cadeia de atividades e gente é deflagrada ao longo da semana, envolvendo profissionais das mais diversas áreas, como especialistas táticos, técnicos em educação física, psicólogos, nutricionistas, administradores, auxiliares, roupeiros, massagistas, olheiros e patrocinadores.

No futebol, como na maioria dos esportes, a essência é o movimento. Ele pode ser gracioso, vigoroso, ágil, sutil, inteligente, preciso, contundente, frio e calculista ou cheio de emoção e pulsante como o coração.

Esse movimento também ganha dois cenários, que irão ser os responsáveis pelo trabalho dos atletas, permitindo desenvolver sua capacidade para produzir melhores resultados que aqueles alcançados pela equipe – ou indivíduo – adversária. Ao nos referirmos a atletas, estamos falando de preparo físico. Não há como ter movimentos precisos ou vigorosos, ágeis ou cheios de força, resistentes ou prolongados se não estivermos condicionados física e tecnicamente para a atividade. Este cenário, o do preparo físico, tem como resposta na inteligência produtiva aplicada ao esporte, dar ao atleta a condição de desempenhar da melhor forma possível sua técnica e seu talento.

Então, grupos de profissionais se dedicam a desenvolver a resistência e a força do atleta em exercícios combinados e direcionados. Assim também são os exercícios e testes de velocidade e agilidade, culminando no preparo cardiorrespiratório. O oxigênio é o combustível da resposta física. No outro cenário, temos o preparo técnico do atleta. É onde procuramos desenvolver aquele talento nato que ele apresenta, e por isso foi reconhecido entre tantos com a mesma vontade, mas nem sempre o mesmo talento.

Estar condicionado tecnicamente é o mesmo que ter respostas para atender a um plano tático. Em um esporte que exige a movimentação de vários atletas em um mesmo espaço delimitado, saber e ter um plano tático para facilitar essa movimentação e ludibriar o adversário é fundamental. Toda equipe deve ter um plano mestre, que oriente os jogadores de forma geral e vários outros secundários, adaptados ao momento da partida e ao adversário. Mas antes de responder a um plano tático, é preciso que o jogador tenha desenvolvido habilidades nos fundamentos do esporte, como cabecear uma bola ou bater uma falta. O mesmo vale nos demais esportes em seus fundamentos. E também trabalhar o talento nato que cada um possui. Estimular esse talento é investir no progresso e valor do jogador. Arrancada? Drible? Bater uma falta? Subir para um bloqueio, no caso do vôlei, executar de forma precisa um saque. É preciso descobrir e investir nessa habilidade que o atleta demonstra. São raros momentos de beleza que definem o resultado de uma partida. No futebol, vôlei e em qualquer outra atividade esportiva não pode faltar um elemento básico da inteligência produtiva. Sem ele, todo o trabalho pode ruir e ir por água abaixo. Estamos falando da resposta emocional do atleta para lidar com a pressão que vem com a cobrança por resultados cada vez melhores. Poeticamente falando, é a pressão que faz a diferença entre o carvão e o diamante. Nosso corpo e nosso intelecto respondem de forma diferente quando estamos trabalhando sob pressão extrema. Alguns apresentam até sintomas físicos como dor de cabeça, distúrbios intestinais, suor em excesso, tremedeira, taquicardia e até as pernas perderem a força. Outros apresentam sintomas emocionais como medo, pânico, euforia, ansiedade, atitudes reativas e impensadas.

O que provoca essas reações? Para o atleta pode ser o medo de não corresponder ao que é esperado dele. Isto inclui acertar, não errar, ser perfeito, trazer a vitória. Imagine o jogador de futebol que vai bater um pênalti decisivo. Ele olha ao seu redor e vê milhares de olhos prestando atenção em seus movimentos, em cada gesto que faz, quando pega a bola para ajeitar no gramado, quando se afasta e olha para o goleiro. Ele deixa de ser ele e passa a ser o correspondente de dezenas de milhares de torcedores, querendo que ele faça somente uma coisa, o gol! Nesse momento, por uma fração de segundos ele pensa: E se eu errar? Pronto, está instalado o pânico, agora não tem mais jeito. A possibilidade bateu em sua porta e vai entrando e se apossando de todo o seu corpo. O coração bate mais forte e as pernas formigam, tudo que era para ser grande – a distância entre as traves, por exemplo – fica menor e o que era para ser menor – o goleiro – fica grande. Isso é pressão. O atleta despreparado para lidar com ela sofrerá angustiadamente esse momento. E não somente no pênalti, mas também ao longo da partida, brigando com os colegas, ofendendo o juiz e até seus próprios companheiros. Acabará sendo expulso.

Aprender a lidar com a pressão e controlar os efeitos sob o organismo é papel de profissionais especializados na área. Eles devem identificar os atletas mais suscetíveis a descontroles, e elaborar programas de trabalho que tragam a ele condições de responder com autocontrole nestas situações, através de exercícios específicos. O estresse provocado pela pressão pode ser controlado. Conheço o caso de um atleta que em momentos de grande pressão se punha a ouvir o pai elogiando-o e falando de suas qualidades com muito orgulho. Ele conseguia se concentrar nisso e evitar que a pressão o intimidasse. Cada um pode desenvolver o seu jeito, mas para isso é preciso também entender o motivo do descontrole. Ele talvez comece fora do campo – é preciso avaliar. Desenvolver a inteligência produtiva no esporte é responder de forma positiva às exigências do movimento, sejam de natureza física ou técnica. Uma organização esportiva que transforme esses elementos com competência, conseguirá elevar seus resultados.

Resumo Elementos Transformação Esporte:

FUTEBOL	Reflete a área de trabalho onde necessitamos desenvolver nossa capacidade de criar, gerar, fazer acontecer. No esporte futebol, a essência é o movimento.
MOVIMENTO	Define a premissa do esporte corporal. Movimento resume o que o atleta tem de dominar para poder mostrar e exercitar seu talento.
MOVIMENTO INDIVIDUAL	É o desempenho do atleta em sua busca de desenvolver condições para estar habilitado aos movimentos e sua criatividade.
RESISTÊNCIA E FORÇA	O trabalho exige força e resistência para ser realizado. São elas que nos dão precisão e nos faz ser desafiadores. Desenvolvê-las é propiciar condições ao talento.
VELOCIDADE E AGILIDADE	Se trabalhadas elas nos trazem leveza e destreza. Desenvolvem a capacidade de produzir oxigênio e saber utilizá-lo. Oxigênio é o combustível do esporte.
TRABALHAR O TALENTO	Cada atleta tem o seu diferencial. Identificar e trabalhar esse talento é torná-lo uma força poderosa para o atleta e sua equipe alcançarem melhores resultados.
MOVIMENTO COLETIVO	É como o atleta se posiciona no contexto da equipe. É entender que o esporte é praticado em benefício do grupo. O individual só faz sentido se atender ao grupo.
RESPOSTA TÁTICA	Ter o jogo na mente antes de jogar, isso é resposta tática. O atleta deve entender os mecanismos táticos e saber utilizá-los a favor da equipe.
FUNDAMENTOS	O básico para se pertencer a um esporte é saber praticar todos os seus fundamentos. Para um bom profissional, erros são exceção e não uma normalidade.
RESPOSTA EMOCIONAL	Em um esporte de multidão onde a cobrança e expectativa da vitória sempre existirão, estar preparado emocionalmente é fundamental.

Figura AP1-16

Apêndice-2
Roteiro para Avaliação dos Eixos de Transformação

Avaliação na Indústria

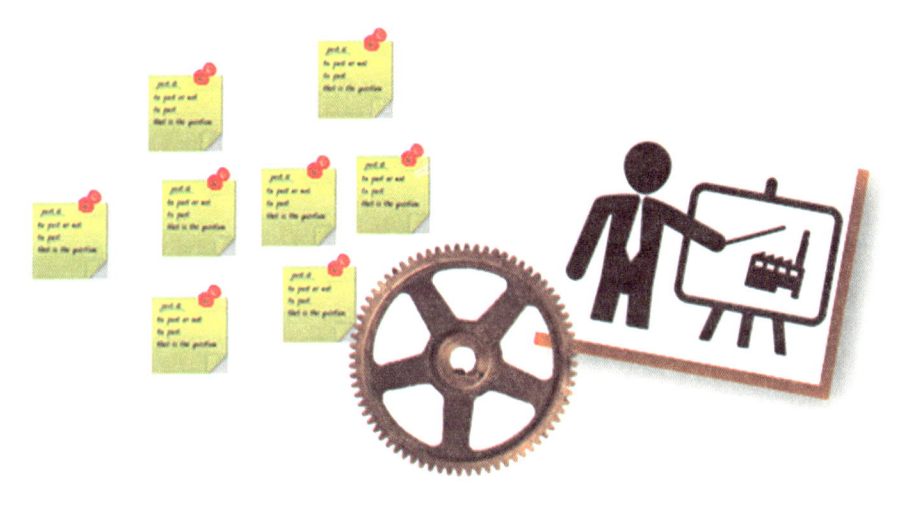

Figura AP2-1

Com base em dados levantados durante o comissionamento[14] em uma mineradora de grande porte, vamos fazer uma simulação de diagnóstico da Inteligência Produtiva. Nossa meta é entender porque os resultados

---
14 Atividade responsável por inspecionar, testar e iniciar a operação de equipamentos novos.

de uma área da mineração não estão satisfatórios como era esperado. Utilizamos para chegar até o equipamento – uma correia transportadora que tem como função levar o minério sobre uma borracha deslizante de um ponto a outro – um método semelhante ao tradicional *brainstorming*[15]. Vamos trabalhar em conjunto os três eixos de transformação da Inteligência Produtiva – pessoas, competência e recursos – e o eixo de trabalho ou meta. Esse último, definido como *Produção*. Antes de iniciar a avaliação vamos discorrer um pouco sobre o que é um empreendimento industrial.

Operação de um Projeto Industrial:

Figura AP2-2

Após ser construída, montada e testada, uma planta industrial está pronta para entrar em operação, é a fase três. Até chegarmos a essa, muitas surpresas surgiram ao longo das duas primeiras fases, não abordadas nesse espaço para não perdermos o foco – são elas a viabilidade e a implantação. Sabemos que em um projeto de grande envergadura é assim mesmo, vamos ajustando aquilo que não foi previsto ou que embora previsto não tenha saído como planejado. Por isso, é importante

---
15 A *tempestade de ideias* nesse caso é orientada com base nos dados de processo e dos equipamentos envolvidos.

que o projeto receba atenção constante, e as reuniões de correção de rota aconteçam diariamente. Isso impedirá que problemas que teriam grandes proporções se não detectados a tempo, sejam *cortados* pela raiz. Após a realização do comissionamento, iniciamos a operação da planta ou início do empreendimento de forma gradual e crescente. Isso significa começar a produzir em baixa escala, deixando que as pessoas e os equipamentos envolvidos se familiarizem com a rotina de produção. Normalmente, planeja-se uma produção crescente que comece em torno dos vinte por cento da produção considerada plena, e vá crescendo até atingir esta marca. O tempo para isso acontecer irá variar conforme o empreendimento. Existem aqueles em que este tempo dura uma semana e outros que chegam até seis meses ou mais. Algumas plantas industriais específicas costumam levar dois anos para serem consideradas *produzindo*, em função da complexidade de suas operações. Uma fábrica de tubos muito importante no interior de Minas Gerais e com participação francesa, japonesa, alemã e brasileira foi um exemplo desse tempo e complexidade que aqui citei. Durante essa fase de operação experimental, aproveita-se para que sejam realizados os ajustes da planta. Esses ajustes envolvem também as equipes de manutenção e de todas as demais atividades, afinal, produzir não se resume a apenas conceber um bem ou serviço. É também torná-lo viável ao consumo e fazer que ele chegue a seu destino. Quando atingimos uma produção estabilizada, temos as pessoas envolvidas bem seguras de todas as atividades ocorrendo e nossos planos de gestão estão alinhados com o ritmo da planta, então poderemos nos dedicar a uma importante atividade para completar a fase de operação. Esta atividade é a busca do melhor desempenho operacional. É você sair da zona de conforto, aquela em que tudo está indo bem, sem problemas, e se lançar em uma meta mais audaciosa, onde aumentamos a produção sem perder o controle, a estabilidade e a segurança da planta e sua operação.

O Sistema de Produção e a Avaliação da IP:

A figura AP2-3 demonstra um esquema básico do que vem a ser a dinâmica de um processo produtivo. A matéria prima representa a entrada do sistema.

Figura AP2-3

Ela deverá ser transformada a partir dos processos internos para chegarmos ao resultado desejado – o produto final. A transformação ocorre com o envolvimento na operação dos equipamentos, entendimento dos procedimentos e a resposta dos sistemas envolvidos. Podemos ver representados os quatro eixos de inteligência produtiva – Pessoas, Competência, Recursos e Objetivo. A avaliação aplicada à indústria nos permite entender onde podemos melhorar a *transformação* agindo sobre o comportamento dos envolvidos e os problemas existentes. Esse comportamento, em função de sua motivação e satisfação para a realização desse trabalho, influencia o resultado esperado. Como experimentação, tente dizer a um atleta de natação que esteja na raia da esquerda, antes de mergulhar em uma prova, que não nos importamos com o papel dele na equipe ou se ele está engajado ou não, e ainda provoque dizendo que dúvidas foram levantadas sobre sua capacidade. Agora vá ao atleta que está na raia da direita e diga exatamente o oposto. Acredita-se que, sete em cada dez provas com esse cenário, terminarão com a vitória do atleta da direita – o que foi motivado. As três vitórias do atleta da esquerda, se devem a ele querer provar o contrário, o que não deixa de ser uma motivação. Além do comportamento, a avaliação investiga o grau de conhecimento acerca das atividades que executa. É avaliado o conhecimento que é inerente ao perfil psicológico e natural de cada pessoa, bem como aquele que deve ser adquirido nos processos, procedimentos e sistemas acima. Eles farão a diferença no resultado final. Para encerrar, avaliaremos os recursos disponíveis. Eles têm um papel primordial para o sucesso do processo de transformação almejado.

Voltando à Correia Transportadora:

Um sistema de transporte para mineração é composto de uma estrutura que suporta os roletes transportadores e a correia de borracha que recebe o material, movimentando-o até o seu destino, geralmente um silo de recepção final ou transferência. Os sistemas que fazem a correia se movimentar são a inteligência que controlam de forma ordenada e sequencial os mecanismos envolvidos em suas mais diversas aplicações e formas. A figura AP2-4 ilustra de forma resumida as ações que são implícitas a qualquer sistema produtivo de transporte, desde o menor e mais simples ao maior e mais complexo engenho.

Figura AP2-3A

A ação de comando é colocar o sistema em funcionamento, controlar sua operação e interromper quando necessário, ou ao fim do processo quando for o caso. As variações para os diversos tipos de movimento estão representadas na **matriz** abaixo. A produtividade depende da estabilidade deste sistema, de sua disponibilidade e consequente desempenho.

```
⇩           ⇩           ⇩
PARTIDA  → OPERAÇÃO  → PARADA  →
⇩           ⇩           ⇩
LIGA     → SEQUÊNCIA → DESLIGA →
⇩           ⇩           ⇩
ACELERAÇÃO → DESEMPENHO → FRENAGEM →
```

Figura AP2-4

Questionamentos de Avaliação para o Eixo RECURSOS:

O que interessa em um RECURSO é o desempenho. Por isso o diagnóstico é feito em função dele. São oito questionamentos. As proposições secundárias, como já visto, ganharão o peso dobrado por serem geradoras de expectativas. As três expectativas ligadas em cada proposição superior e inferior devem confirmar as proposições ou não. Os questionamentos básicos dessa avaliação são:

- **PROPOSIÇÃO ESTABILIDADE**: Como é a operação do recurso de uma forma geral? É regular e estável sem altos e baixos dentro de uma faixa de trabalho desejada?
- EXPECTATIVA OPERAÇÃO: Como é a operação e manuseio dos recursos e sistemas? É fácil lidar com os equipamentos e com as atividades operacionais?
- EXPECTATIVA APLICAÇÃO: Como é a adaptação do recurso em sua função básica? Ele atende às expectativas quanto a seu trabalho e utilização?
- EXPECTATIVA RESPOSTA: Como os recursos e sistemas respondem aos comandos, regulagens e ajustes? Sua resposta é satisfatória ou é lenta e demorada? Está de acordo com o ritmo de produção desejado?

- **PROPOSIÇÃO DISPONIBILIDADE**: Como é a disponibilidade dos recursos e sistemas, estão sempre em condições de utilização e disponíveis quando requisitados?
- EXPECTATIVA LIMITAÇÃO: É exigido do recurso ou sistema um esforço superior à sua capacidade? Considere o conceito Péssimo

como muito exigido e o conceito Excelente como exigido abaixo de sua capacidade.

- EXPECTATIVA CONSERVAÇÃO: Como é a atividade de reparar e executar a manutenção do recurso e seus sistemas, incluindo a logística necessária. E quanto a peças reserva e mão de obra disponível – é satisfatório?
- EXPECTATIVA RITMO: Como é a observância da continuidade operacional? Existem interrupções frequentes ou o ritmo de trabalho é estável e duradouro?

A seguir, transferimos estas perguntas para a Tabela de Avaliação e Diagnóstico da IP – veja figura AP2-5. Os resultados obtidos na avaliação foram *marcados* na tabela, e considerando os pesos dobrados das proposições após a tabulação dos dados, encontramos uma média geral 6,0. Esta média é então indicada pela seta na coluna respectiva onde é destacada. Antes de proceder à análise desses resultados, lembramos que esses dados são para um equipamento específico, a correia transportadora da moagem, mas a avaliação poderia ser realizada para um conjunto de sistemas e a partir disso irmos investigando os resultados, até chegar a um equipamento específico, como neste caso.

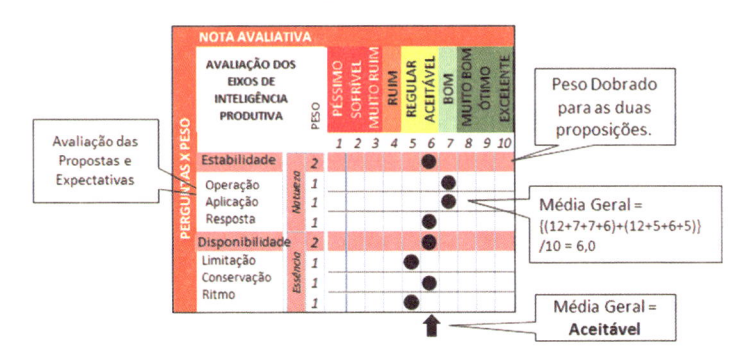

Figura AP2-5

Fórmula utilizada para encontrar a média:

$$\text{Desempenho} = (\text{Elementos Proposição} \times 2) + \text{Elementos Expectativa} \times 1) / 10.$$

O que nos interessa em um recurso é o desempenho, por isso o diagnóstico é orientado tendo ele como foco.

No diagnóstico, a média encontrada foi 6,0, o que indica que o desempenho da correia está apenas aceitável – conforme critérios –, mas como pode ser observado, ainda temos acima desse conceito quatro degraus [Bom, Muito Bom, Ótimo e Excelente]. Então, temos muita oportunidade de melhoria na utilização desse recurso. O desafio será encontrar o caminho para essa melhora. Um ponto de partida é observarmos os elementos de inteligência que ficaram fora da média encontrada.

Tivemos os seguintes elementos que ficaram abaixo da média: LIMITAÇÃO e RITMO, e acima da média encontramos os elementos OPERAÇÃO e APLICAÇÃO.

Com base nos questionamentos chegamos à figura AP2-6. De forma geral o desempenho de nossa correia transportadora é apenas aceitável. Temos bons indícios indicando que sua estabilidade operacional é boa, mas em contraponto, isso está sendo afetado pela disponibilidade, principalmente no ritmo operacional e exigências quanto ao limite dos recursos – itens abaixo da média. Esse panorama de análise isolada do eixo RECURSOS nos mostra que temos elementos de inteligência que precisam ser observados dentro da cadeia de disponibilidade, e que de uma forma geral, devemos aplicar esforços para melhorar o desempenho.

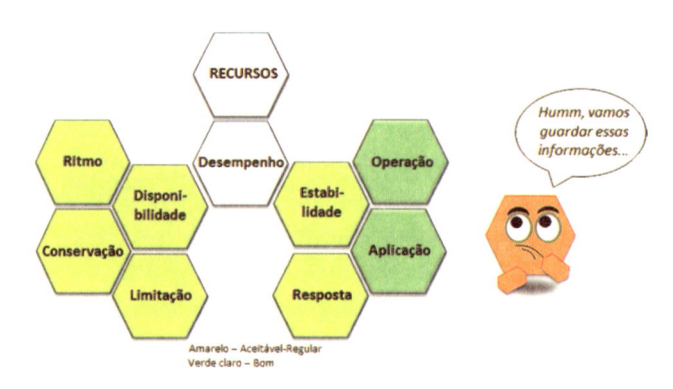

Figura AP2-6

Questionamentos de Avaliação para o Eixo PESSOAS:

Seguimos a mesma metodologia que foi utilizada para avaliar o eixo Recursos. Faremos questionamentos que nos possibilitem avaliar como é o comportamento dos envolvidos no trabalho, projeto ou tarefa que queremos avaliar. Nossa intenção é determinar até que ponto esse comportamento pode ou não estar influindo no resultado de sua produtividade. Normalmente quem responde ao questionamento das proposições é a liderança, e depois buscamos confirmação dessa percepção na equipe, onde as expectativas são ou não validadas.

- **PROPOSIÇÃO SATISFAÇÃO**: De uma maneira geral podemos dizer que as pessoas estão satisfeitas com seu trabalho no dia a dia. Suas ações e suas respostas às demandas comprovam isso?
- EXPECTATIVA ENGAJAMENTO: Como elas reagem a fazer parte do trabalho, demonstram estar *dentro*, interessadas? Percebe-se seu envolvimento e interesse pelo resultado do trabalho?
- EXPECTATIVA RESPONSABILIDADES: Como é o nível de autonomia, elas demonstram possuir uma responsabilidade? Agem no sentido de buscar soluções e caminhos para essas responsabilidades?
- EXPECTATIVA PAPÉIS: Como é a relação das pessoas com seu trabalho? Elas têm um papel definido sobre quais são suas tarefas, o que devem fazer e o que é esperado delas?

- **PROPOSIÇÃO MOTIVAÇÃO**: De uma maneira geral podemos dizer que as pessoas se sentem motivadas em seu trabalho no dia a dia?
- EXPECTATIVA SER ÚTIL: Como se sentem em relação à sua importância nas tarefas executadas e nos trabalhos da rotina, se sentem úteis, necessárias?
- EXPECTATIVA SER ACEITO: Como é feito a inclusão nos problemas da rotina, você pode afirmar que elas se sentem incluídas? É clara a visão de que são aceitas no ambiente de trabalho?
- EXPECTATIVA SER CAPAZ: Como você percebe a equipe no desenvolvimento de suas tarefas/funções? Demonstram domínio, estarem aptas e capacitadas para o que precisa ser realizado?

Transferimos as perguntas para a Tabela de Avaliação e Diagnóstico da IP, veja figura AP2-7:

Aplicamos a fórmula para média dos resultados e encontramos o valor 6,1. Ela é transferida para a coluna com a nota 6,1 – valor aproximado – e a destacamos com a seta para diferenciá-la. Por coincidência, a nota foi semelhante à obtida no quesito RECURSOS.

Avaliação Eixo Pessoas
Correia Transportadora
COMPORTAMENTO

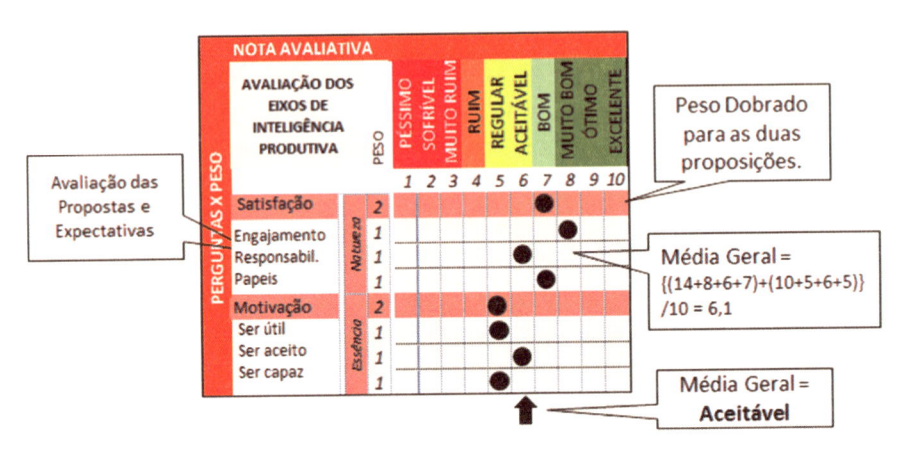

Figura AP2-7

Os resultados encontrados demonstram mais uma vez uma média não satisfatória tendo em vista a classificação "ACEITÁVEL" ou um 6,1. No entanto percebemos aqui uma nítida tendência à satisfação dos envolvidos. Embora não estejam muito motivadas, demonstram estar satisfeitas com seu trabalho. O que podemos então notar nessa avaliação? Verificamos que os envolvidos na atividade estão de forma geral satisfeitos com o que fazem, inclusive tem um conceito BOM em engajamento. Demonstram vontade de trabalhar e parecem saber quais são suas atribuições ou o que lhes compete fazer. Então como podem não estar motivadas, ou pelo menos, não tão motivadas como era de se esperar?

Ora, isso me lembra um conhecido que trabalhava em uma secretaria pública de governo, na área de segurança. Ele estava satisfeito com seu trabalho, gostava do que fazia, dizia ganhar o suficiente para atender seus compromissos, lazer e viagens. No entanto ele se dizia meio enfadado com sua rotina. Eram sempre as mesmas tarefas, mesmos locais de trabalho e mesmas pessoas com as quais lidava. Embora aceitasse isso, ele gostaria que algo novo acontecesse em seu trabalho, que tivesse algum desafio diferente em sua rotina. Parece ser esse o caso retratado na avaliação ao lado. A rotina permite que você avalie se é capaz de novos desafios? Se sempre fizer a mesma coisa, será que estará sendo útil, não poderia ser mais bem aproveitado em algo que lhe desse motivação? – esses são importantes questionamentos. Por esse motivo, do ponto de vista da Inteligência Produtiva, os dois elementos de proposição são tão importantes. É muito difícil termos uma equipe de trabalho – seja em que área for – classificada como produtiva se não estiverem presentes certo equilíbrio entre estes dois estados de espírito: satisfação e motivação. É difícil estarmos totalmente satisfeitos sem motivação e vice versa.

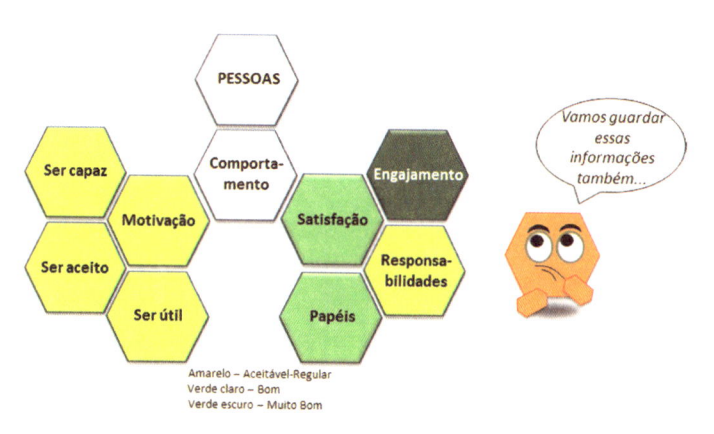

Figura AP2-8

Questionamentos de Avaliação para o Eixo COMPETÊNCIA:

É uma questão delicada. Em geral ninguém se sente bem sendo avaliado em sua competência. Não gostamos de ouvir *"Você não é muito bom no que faz"*. *"Quem, eu? Quem esse cara pensa que é para estar falando assim comigo?"*. Falar das pessoas é entrar no terreno de seu ego, e é muito difícil se sair bem se não houver coisas boas a dizer – a não ser que você esteja abordando-a profissionalmente – por exemplo, como psicólogo. Podemos dizer para exemplificar, que a competência, ou conhecimento associado a ela, é o que faz dois pilotos de Fórmula 1 com dois carros exatamente iguais, duas equipes exatamente iguais, terem um desempenho diferente na pista.

- **PROPOSIÇÃO *EXPERTISE* PESSOAL**: As pessoas de um mundo geral se *encaixam* no que fazem, tem tudo a ver com elas. (combina com seu jeito de ser)?
- EXPECTATIVA HABILIDADE: Quanto à habilidade, ela é demonstrada pelos profissionais no desempenho de suas tarefas de rotina?
- EXPECTATIVA AGILIDADE: Como são a agilidade, o ritmo, destreza e facilidade demonstradas na realização das tarefas?
- EXPECTATIVA REGULARIDADE: O trabalho é executado dentro de certa previsibilidade? Tem uma regularidade aceitável?

PROPOSIÇÃO *EXPERTISE* TÉCNICA: As pessoas demonstram saber o que fazer, quando e porque, apresentando domínio sobre as questões técnicas?

- EXPECTATIVA TECNOLOGIA: Como é o conhecimento das tecnologias utilizadas, as pessoas estão informadas, sabem como utilizar, tiram proveito delas?
- EXPECTATIVA SOLUÇÕES: O pessoal envolvido com os sistemas e equipamentos conseguem apresentar soluções para os problemas que aparecem? Demonstram conhecer as alternativas e domínio das situações?
- EXPECTATIVA SISTEMAS: A equipe tem conhecimento dos sistemas técnicos envolvidos? Entendem seu funcionamento, para que servem, onde estão aplicados?

Transferimos as perguntas para Tabela de Avaliação e Diagnóstico da IP, figura AP2-9:

Aplicamos a fórmula e encontramos uma média geral 6,7. Da mesma forma, essa média é transferida para a coluna com o valor 7,0 por arredondamento, e a destacamos com a seta para diferenciá-la. Que surpresa! Tivemos um conceito geral BOM nessa avaliação. Isso é muito interessante e vai apimentar a nossa análise acerca do resultado integrado dos eixos. A cor verde do conceito é a que se distingui aqui, e é um indicativo visual positivo em relação ao resultado.

Avaliação Eixo Competência
Correia Transportadora
CONHECIMENTO

AVALIAÇÃO DOS EIXOS DE INTELIGÊNCIA PRODUTIVA	PESO	PÉSSIMO 1	SOFRÍVEL 2	MUITO RUIM 3	RUIM 4	REGULAR 5	ACEITÁVEL 6	BOM 7	MUITO BOM 8	ÓTIMO 9	EXCELENTE 10
Exp. Pessoal	2						●				
Habilidade	1						●				
Agilidade	1						●				
Regularidade	1						●				
Exp. Técnica	2								●		
Tecnologia	1							●			
Soluções	1							●			
Sistemas	1							●			

Avaliação das Propostas e Expectativas

Peso Dobrado para as duas proposições.

Média Geral = {(12+6+6+6)+(16+7+7+7)} /10 = 6,7 (arredondar p/ 7,0)

Média Geral = **Bom**

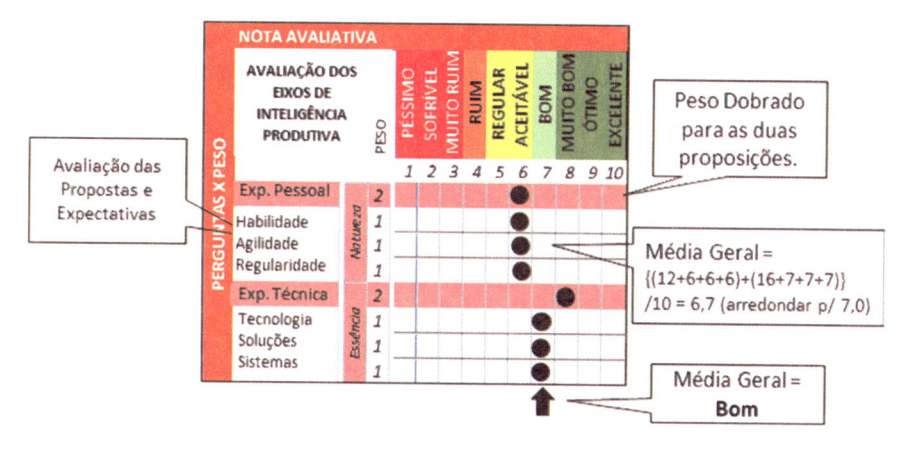

Figura AP2-9

Foi obtida uma nota média considerada satisfatória, com conceito BOM. Isto pode significar que nem todos os elementos de inteligência que estiverem abaixo dessa média podem ser considerados ruins. No nosso caso tivemos quatro considerados ACEITÁVEIS [*Expertise* pessoal e suas expectativas habilidade, agilidade e regularidade]. Na figura AP2-10 vemos claramente que é a *expertise* técnica que está puxando a equipe para cima. Embora a pessoal esteja dentro da média, ela se apresenta nesse caso como o elo fraco da corrente. Vemos então gente esforçada, que busca adquirir conhecimento, mas que não possui tanta habilidade e destreza pessoal. Este é um exemplo de equipe batalhadora, que merece investimento no desenvolvimento de suas capacidades próprias.

Nas empresas de tecnologia, costumamos nos deparar com o quadro ao lado. Temos pessoas estudiosas, que aprenderam todos os conceitos da tecnologia, sua aplicação, soluções possíveis para uma série de alternativas. Mas ao se depararem com o dia a dia da empresa, lhes falta certa destreza, habilidade para lidar com os sistemas. Elas sabem o que tem que ser feito, mas titubeiam quando precisam por a mão na *massa*, como, por exemplo, ligar um disjuntor que alimenta um sistema. Não é insegurança quanto ao resultado, mas sim falta de habilidade manual. Isso ocorre com muitos professores, até doutores em determinadas disciplinas. Eles normalmente recorrem a seus auxiliares e discípulos para as atividades manuais. Isso não os diminui em absolutamente nada, é apenas uma questão de *jeito*. Já na indústria e para a inteligência produtiva, essa característica pode influir no resultado se a tarefa ou responsabilidade exigir habilidade e regularidade nas ações, e principalmente se for necessária certa agilidade. Por esse motivo, também aqui, um equilíbrio entre as duas proposições da IP é mais interessante do que a inclinação a uma das duas *expertises*.

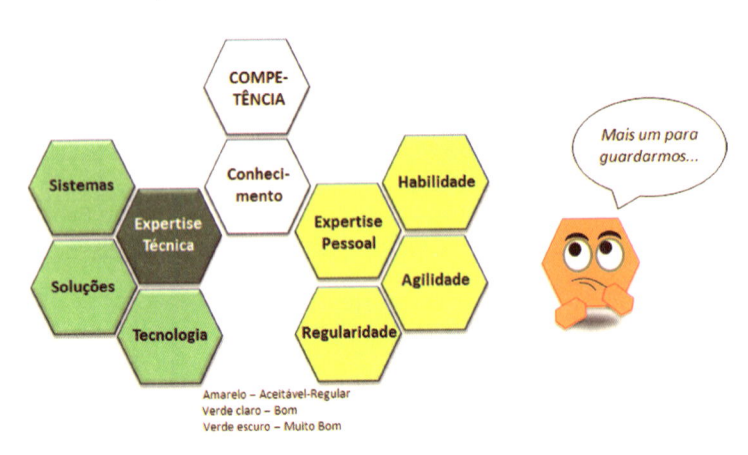

Figura AP2-10

Questionamentos de Avaliação para o Eixo PRODUÇÃO:

O eixo variável – objetivo – da Inteligência Produtiva nesse caso é a produção de minério. Como estamos nos focando na operação de uma correia transportadora, a análise da produção envolve as atividades de operação dessa correia, sua manutenção e preservação como equipamento e o entendimento que os profissionais tiverem em relação à sua função e natureza produtiva.

- **PROPOSIÇÃO PROCESSO**: Como é o conhecimento sobre os processos da empresa? Demonstram conhecer as transformações, utilização de insumos e como o processo interage e impacta o meio ambiente?
- **EXPECTATIVA EVOLUÇÃO**: A equipe sabe definir cada etapa de produção, como ocorre a evolução de fabricação e as entradas e saídas em cada uma?

- **EXPECTATIVA INSUMOS:** Existe um conhecimento e domínio sobre todos os insumos necessários à produção, inclusive estoque, consumo e logística de fornecimento e descarte quando necessário?
- **EXPECTATIVA AMBIENTE:** O ambiente onde o processo se transforma é de conhecimento de todos envolvidos, tanto o interno da empresa, quanto a interação com o ambiente externo e suas implicações em todas as fases da produção?

Do domínio dos processos passamos ao domínio dos procedimentos. Os questionamentos devem ser orientados à correia transportadora e ao processo de transporte ao qual ela está ligada.

- **PROPOSIÇÃO PROCEDIMENTO**: Os profissionais conhecem os procedimentos utilizados na produção, tanto operação, quanto manutenção e gestão em geral?
- **EXPECTATIVA OPERACIONAL:** Observa-se a utilização de procedimentos operacionais em todas as atividades?
- **EXPECTATIVA PRESERVAÇÃO:** Observa-se a utilização de procedimentos de manutenção, e conservação dos equipamentos em todas as atividades?
- **EXPECTATIVA GESTÃO:** Observa-se a utilização de procedimentos de gestão – qualidade, informação, comunicação, segurança entre outros – em todas as atividades?

Fechamos a avaliação com os resultados do eixo Produção na Tabela da figura AP2-11. Verificamos que voltamos à coluna ACEITÁVEL em nosso resultado geral do eixo. No caso de ser um eixo de Produção – o objetivo –, o resultado não deve ser considerado como adequado. O objetivo de qualquer indústria é produzir e ter bons resultados em sua produtividade, então ser classificada em uma avaliação com um conceito *aceitável* é no mínimo frustrante. Esta correia sem dúvida está impactando os resultados do processo onde está aplicada, e isso pode trazer implicações ao resultado financeiro da empresa.

**Avaliação Eixo Objetivo - Produção
Correia Transportadora
Transformação**

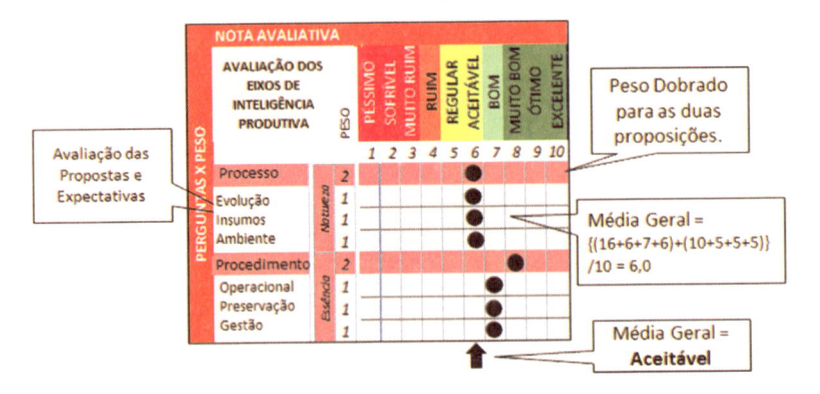

AVALIAÇÃO DOS EIXOS DE INTELIGÊNCIA PRODUTIVA		PESO	PÉSSIMO 1	SOFRÍVEL 2	MUITO RUIM 3	RUIM 4	REGULAR 5	ACEITÁVEL 6	BOM 7	MUITO BOM 8	ÓTIMO 9	EXCELENTE 10
Processo	Natureza	2						●				
Evolução		1						●				
Insumos		1						●				
Ambiente		1					●					
Procedimento	Essência	2							●			
Operacional		1					●					
Preservação		1					●					
Gestão		1					●					

Peso Dobrado para as duas proposições.

Média Geral = {(16+6+7+6)+(10+5+5+5)} /10 = 6,0

Média Geral = **Aceitável**

Figura AP2-11

A análise do eixo OBJETIVO é muito contundente e normalmente seu resultado é quase um diagnóstico dos resultados que a empresa está conseguindo alcançar. Como neste caso estamos analisando apenas uma correia transportadora, pode ser que seu desempenho não esteja afetando as demais etapas de processo, mas como precaução, o resultado merece investigação. O que percebemos é que quem está envolvido em sua operação e manutenção demonstra um bom conhecimento do processo, e inclusive dos insumos que serão necessários à produção. Em contrapartida, isso não se espelha na aplicação e utilização de procedimentos em geral. Devido a isso o resultado geral de sua produtividade é apenas aceitável.

As vantagens de se acompanhar esses casos de perto é que podemos fazer nossas avaliações de forma mais concreta. Conhecemos os participantes, os processos, os recursos, e podemos avaliar sua competência quanto ao conhecimento que possuem. Percebi claramente neste trabalho que o resultado alcançado é devido à falta de utilização de procedimentos. Talvez, por conhecerem bem o processo, os insumos utilizados e sua implicação com o meio ambiente, os envolvidos desta área da empresa não se preocupavam muito em conhecê-los, tampouco os manuais técnicos e operacionais. Então quando a correia operava em condições mais tranquilas, os problemas não apareciam. Mas quando se exigia dela, por exemplo, nos momentos de frenagem com carga alta, os problemas apareciam, e eram tratados com base no que os operadores e mantenedores tinham como experiência em equipamentos similares. Eles possuíam conhecimento técnico, mas não se aprofundavam nesse conhecimento em equipamentos novos, e isso era devido a não lerem os procedimentos e manuais técnicos. O resultado era uma operação instável, deixando a desejar.

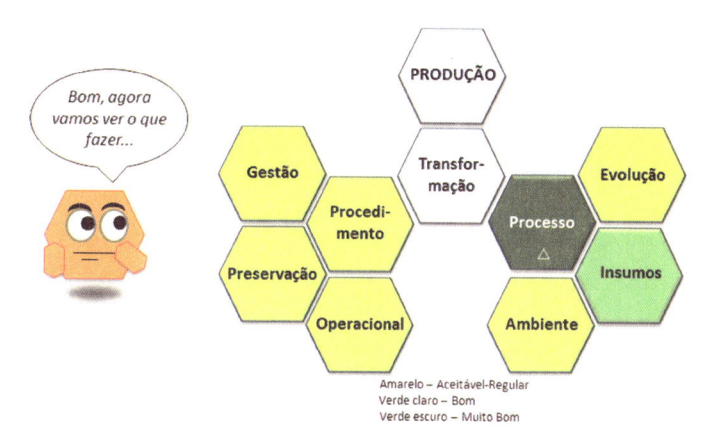

Figura AP2-12

Integrando os Resultados das Avaliações dos Eixos:

Ao analisar os resultados, vamos considerar a média dos quatro eixos conforme mostrado na tabela da figura AP2-13. Encontramos uma média 6,3 que não é a ideal, se considerarmos as possibilidades que poderíamos alcançar conforme demonstrado na Tabela de Conceitos a seguir.

200 Inteligência Produtiva

Vamos juntar todos os dados...

EIXO	Média
RECURSOS	6,0
PESSOAS	6,1
COMPETÊNCIA	7,0
PRODUÇÃO	6,0
GERAL	6,3

Amarelo – Aceitável-Regular
Verde claro – Bom
Verde escuro – Muito Bom

PÉSSIMO	SOFRÍVEL	MUITO RUIM	RUIM	REGULAR	ACEITÁVEL	BOM	MUITO BOM	ÓTIMO	EXCELENTE
1	2	3	4	5	6	7	8	9	10

Tabela de Conceitos

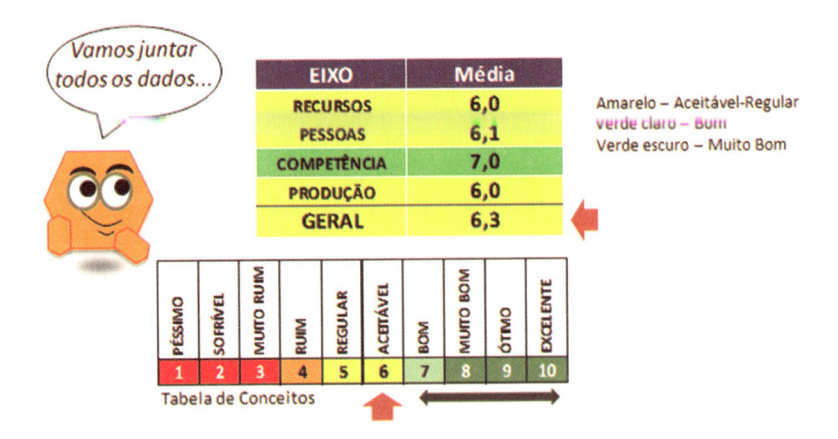

Figura AP2-13

A Correia Transportadora está com seus resultados *aceitáveis*, porque algumas áreas – elementos – de Inteligência Produtiva estão bem e outras não. Algumas vezes a percepção que temos é uma, e os fatos nem sempre se mostram condizentes. Isso costuma nos enganar, daí o peso dobrado para os questionamentos das *proposições*, elas devem dar valor a nossa percepção, mas em contrapartida ela – a proposição – tem que ser CONFIRMADA por essas *expectativas*. Percepção depende muito da emoção, que depende de nosso comportamento. Os questionamentos das proposições devem ser feitos às lideranças envolvidas – essas lideranças, por sua responsabilidade, possuem um peso dobrado na avaliação. Deverão responder com base em seu sentimento sobre os temas colocados.

Um bom trabalho para realizar com essa equipe – e as demais envolvidas no sistema de avaliação – é desenvolver através de treinamentos e dinâmicas o senso de observação, de percepção, de compreensão e elaboração de ações de correção a partir destas. Alguns autores na área de psicologia e pedagogia abordam esses temas como fundamentais para se entender e lidar com as questões sistêmicas.

> **OBSERVAÇÃO + PERCEPÇÃO + COMPREENSÃO = AÇÃO**

Já as expectativas devem ser questionadas diretamente aos executantes, e os resultados compilados, conforme cada linha de arguição.

É como perguntar a um técnico de futebol como está o seu time, e ele responder *muito bem*. São dedicados, aplicados e muito bem humorados. Gosto deles. Mas, quando você vai avaliar a tabela do campeonato o time está atrás, distante das primeiras posições. Então, o que o técnico *percebe* não é o que os outros veem ou os resultados demonstram.

Expansão do Questionário:

O questionário utilizado possui oito perguntas básicas em cada eixo de inteligência. Elas começam a partir das proposições. Ele não é definitivo, pode ser desenvolvido e sugiro até que para apurações mais precisas, cada elemento de inteligência contemplado no questionário dê origem a um caderno de perguntas que tornem mais precisas as respostas buscadas. Dessa forma, seria transferida a um questionário *Mestre* a média geral de cada caderno de questionamento, por elemento de inteligência. Exemplo: Sua organização é muito grande e você quer avaliar melhor os elementos. Então, para o elemento Tecnologia do eixo competência você elabora um questionário com vinte perguntas, o que lhe dará uma visão melhor sobre o resultado. Baseado nas respostas apuradas neste questionário, você transporta a nota média para o questionário *Mestre*, e assim pode ser feito com os demais elementos de inteligência. O importante é você seguir a estrutura de avaliação proposta. Temos uma área de negócio que é corroborada por uma afirmação, no caso da *indústria* a afirmação é a *transformação* que ocorre na fabricação. O questionamento começa a partir daí, no equilíbrio das proposições, asa direita e asa esquerda da estrutura. Vamos agora analisar os resultados da avaliação sobre a indústria, onde utilizamos um equipamento específico como exemplo, a correia transportadora de minério. Para isso, vamos agrupar as estruturas que formam os eixos de inteligência utilizando a sequência:

PESSOAS > COMPETÊNCIA > RECURSOS > PRODUÇÃO.

O raciocínio para estabelecer essa sequência vem da premissa que primeiro precisamos das pessoas. Elas desenvolvem sua competência em busca de conhecimento. O conhecimento nos leva a entender e buscar os recursos necessários. E em função do que queremos realizar – NOSSO OBJETIVO, ou direção –, iniciamos o trabalho.

Se agruparmos os elementos de inteligência conforme visto na figura AP2-14, que representa o Diagrama de Níveis – Resultado Avaliação – Método Estrela para Gestão à Vista, podemos observar o seguinte:

Diagrama de Níveis – Resultado da avaliação – Método à vista Estrela

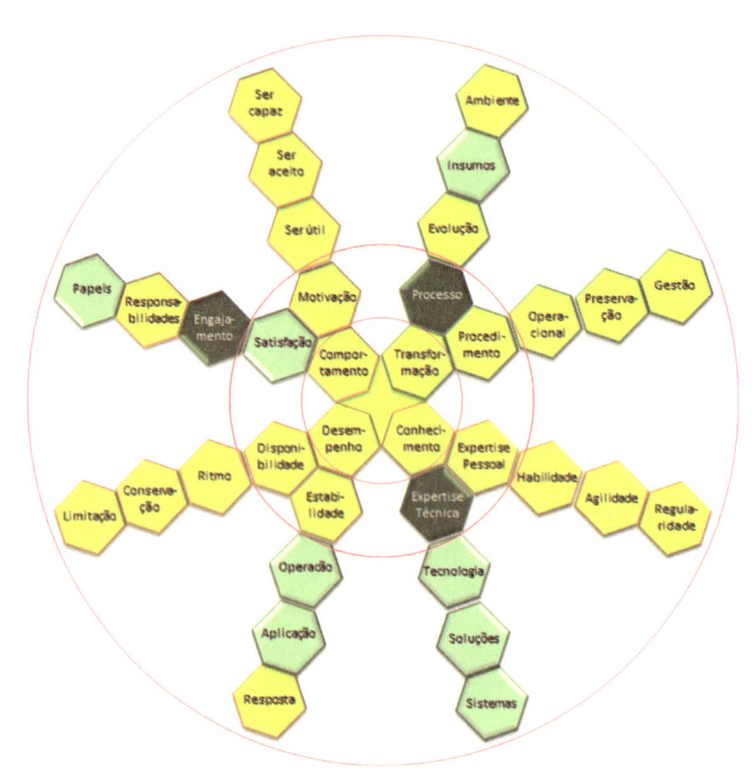

Figura AP2-14

- Felizmente não tivemos conceitos negativos, uma vez que não há elementos vermelhos (notas 1, 2 e 3) e nem laranja (nota 4) no nosso resultado.
- Nos 32 elementos de IP analisados, tivemos 66% de avaliações dentro dos conceitos regular e aceitável (notas 5 e 6). Isto não é

bom, pois há predominância da faixa amarela, o que indica sinal de alerta.
- Temos 34% de nossa avaliação como sendo positiva, ou seja, conceito bom (nota 7), e muito bom (nota 8). Podemos dizer que há um esforço para bons resultados, mas ele precisa ser melhorado.
- Nossa média geral (6,3) retrata o panorama de ALERTA demonstrado. Essa é uma avaliação **ESTRELA AMARELA**, ou seja, conceito ACEITÁVEL. Temos muito a melhorar na gestão das pessoas, seu conhecimento, os recursos e o entendimento da transformação pelo sistema de produção para esse caso específico avaliado.

Conclusão da Avaliação da Área Indústria

Correia Transportadora – Mineração:

Temos pontos de melhoria da IP nesse processo especificamente. Esta análise é um exemplo de como podemos conduzir a avaliação dos elementos em cada eixo. Na avaliação do Diagrama Estrela, percebemos que nenhuma das ESSÊNCIAS da produção ganhou o conceito acima de ACEITÁVEL. Já no nível PROPOSTAS, embora predomine o conceito ACEITÁVEL, temos três conceitos que variam de BOM a MUITO BOM. Durante a avaliação, volte aos capítulos específicos de definições de conceito de cada elemento de transformação para se assegurar do seu entendimento – Ver parte 3. Quando mencionamos na parte 4 a Conectividade pela Intuição, queríamos deixar uma possibilidade de trabalho para situações como a que acabamos de ver. É um bom exercício isolar os elementos que apresentam conceito regular e aceitável – vinte e um – e apresentar para os mesmos, linhas de ação para melhorar os resultados – transformar os elementos.

Como ilustração, encerraremos esse capítulo aplicando a conectividade dos eixos pelas expectativas, um detalhamento, conforme visto. Assim teremos em uma perspectiva geral a visão dos eixos de inteligência mais positivos e mais negativos. Pode ser visto na figura AP2-15 que em todos os eixos temos aspectos positivos, mas predomina o conceito regular/aceitável na cor amarela, nos indicando para ter atenção. Observa-se visualmente que o eixo do Conhecimento é o que mais apresenta bons resultados, principalmente na parte de *expertise* técnica.

Resultados pela perspectiva de conectividade das Expectativas:

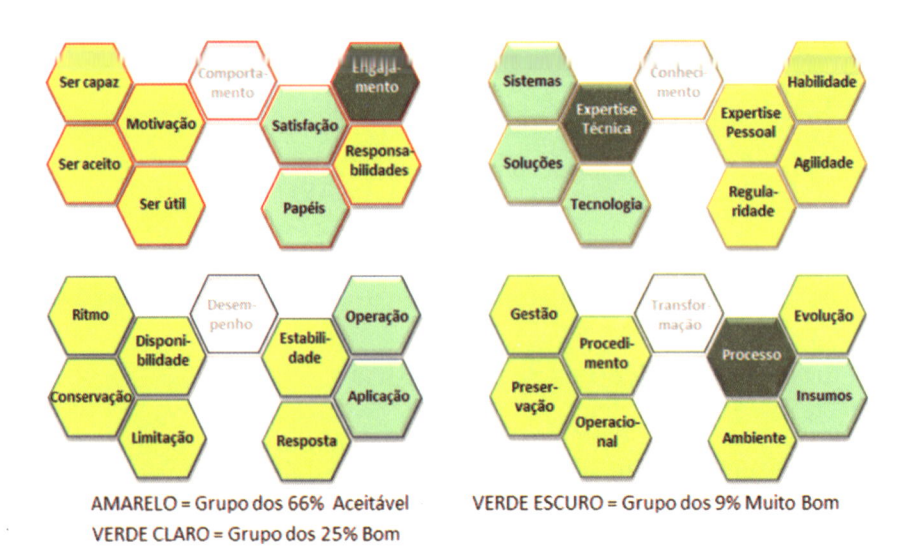

AMARELO = Grupo dos 66% Aceitável
VERDE CLARO = Grupo dos 25% Bom
VERDE ESCURO = Grupo dos 9% Muito Bom

Figura AP2-15

A conectividade linear, nesse caso, pode ser utilizada para ligar e analisar os elementos de mesmo valor conforme figuraAP2-16. Veja os resultados e tire suas conclusões. A conectividade a partir do objetivo – não demonstrada para esse problema – nos dá uma visão de polarização dos resultados a cada eixo, o que permite orientar a estratégia na direção escolhida. Já a pela intuição é como dissemos, um exercício de percepção, e nos permite tentar ligar os elementos às necessidades identificadas com as associações criadas.

Resultados pela Perspectiva de Conectividade Linear:

Figura AP2-16

Epílogo

Ao longo de duzentas e poucas páginas escritas e ilustradas, às vezes sérias e às vezes divertidas, tive a oportunidade e satisfação de mostrar a você uma constelação que está no céu de sua vida, e você ainda não tinha percebido a sua forma e grandeza. Quis demonstrar que ela sempre esteve lá, só não tínhamos ainda tido consciência da sua existência. Nós a chamamos aqui de Inteligência Produtiva. Porque enquanto inteligência, nos instiga a pensar e resolver problemas, nos faz consultar o baú de nossas experiências, impulsiona-nos em direção a buscar uma adaptação, sem a qual habitar seria um fardo. Permite-nos analisar, raciocinar e confrontar as situações que vivenciamos, e a partir delas encontrar novas situações que nos possibilitem um melhor caminhar. Nos faz perceber que enquanto pessoas, com gente lidamos. Enquanto racionais, é com o conhecimento que evoluímos. Enquanto primatas, os recursos nos são fundamentais. E, enquanto sonhadores é ela que nos faz mover, sair da inércia, ligar os registros que acumulamos ao longo da vida, dando-lhes um sentido para a nossa capacidade de criação e elaboração. Ao tomarmos consciência dessa forma de inteligência, e dos elementos que a partir dela alimentam os nossos registros mentais, temos condições de pela simples observação e conhecimento entender a origem de nossas ações e reações frente ao caminho pelo qual escolhemos enveredar. Esboçamos trinta elementos de inteligência nos eixos PESSOAS, COMPETÊNCIA e RECURSOS que acreditamos estarem presentes, e serem de vital importância para se atingir um nível de produção mental que tornem satisfatórios os resultados da empreitada em que nos lançarmos. Elaboramos também seis exemplos de eixos produtivos que permitam ao leitor obter o raciocínio, a lógica e a sensibilidade de sua construção. Com isso, poderá adaptar os modelos existentes de acordo com suas próprias necessidades. O leitor perceberá também que essa construção do diagrama tem em si o que eu chamo de memória visual. Ela facilita a reter na memória a construção do eixo e os elementos.

No filme *O náufrago*, lançado pela 20th Century Fox e DreamWorks com o brilhante desempenho do ator Tom Hanks, que deu vida à Chuck Noland um executivo da FedEx, encontramos muitos aspectos da Inteligência Produtiva. Chuck leva uma vida muito atribulada e sem tempo para sua noiva, até que em meio a toda essa correria, o avião em que estava – transporte de cargas do FedEx – cai no mar, próximo a uma ilha desabitada no meio do Pacífico Sul. Ele é o único sobrevivente, e durante quatro anos passa por uma experiência singular. A ilha é deserta, e ele precisa sobreviver enquanto relembra da noiva, de quem guarda uma foto em um pingente. Encontrando-se só na ilha deserta, Chuck precisa desesperadamente encontrar alguém – nós humanos não nascemos para viver só. Precisamos um do outro como anteparo de nossa consciência. Então cria o *amigo imaginário* Wilson, a partir de uma bola de couro. Para sair da ilha, Chuck precisava trabalhar, produzir um modo que lhe permitisse navegar ou mesmo encontrar ajuda. Sozinho não conseguiria. Com um amigo para motivá-lo, a quem se sentisse na obrigação de satisfazer e atender a expectativa de sair dali, poderia dormir com um objetivo a alimentar seus dias. Chuck precisaria utilizar todos os elementos de sua Inteligência Produtiva para encontrar um modo de sair da ilha.

Se voltarmos algumas páginas, identificaremos nos elementos de transformação da IP aqueles utilizados por Chuck enquanto estava na ilha e também para sair desta. Habilidade, agilidade, encontrar soluções no meio do nada, entender a limitação de seus recursos e sua aplicação. Aceitar seu papel de náufrago e assumir a responsabilidade por manter sua vida. Rever seu aprendizado, e como se fosse um homem das cavernas redescobrir a viver, inclusive fazendo o fogo a partir do atrito – aplicação do conhecimento. Chuck buscava em sua inteligência os meios para sobreviver. Aqui provoco uma reflexão: O que pode nos fazer querer virar a página de um dia se todos os dias parecerem iguais? É a esperança de que algo que desejamos poderá acontecer. Se uma pessoa não esperar algo, – seja o que for – perderá o sentido da vida. Viver é esperar – ter esperança – e enquanto esperamos, trabalhamos, produzimos em direção a essa espera. No caso de Chuck era a espera do dia em que veria novamente sua noiva, essa espera o manteve vivo porque virou seu objetivo. Quando nos dedicamos a produzir *algo*, a espera de que esse algo nos traga *boas coisas* é o que nos mantém em atividade. Um ditado africano diz que se queremos chegar a algum lugar rápido, devemos ir sozinhos, mas se o que queremos realmente é ir longe, então devemos ir em grupo. Essa é a essência da consciência de termos uma inteligência que nos leva a produzir e por isso organiza e conecta nossos *pensamentos e ideias*, não somente isso, mas principalmente as pessoas envolvidas, com elas vamos muito mais além. Como dissemos no início desse livro, ir rápido ou transformar-se, essa escolha é sua!

PESSOAS
Equipe

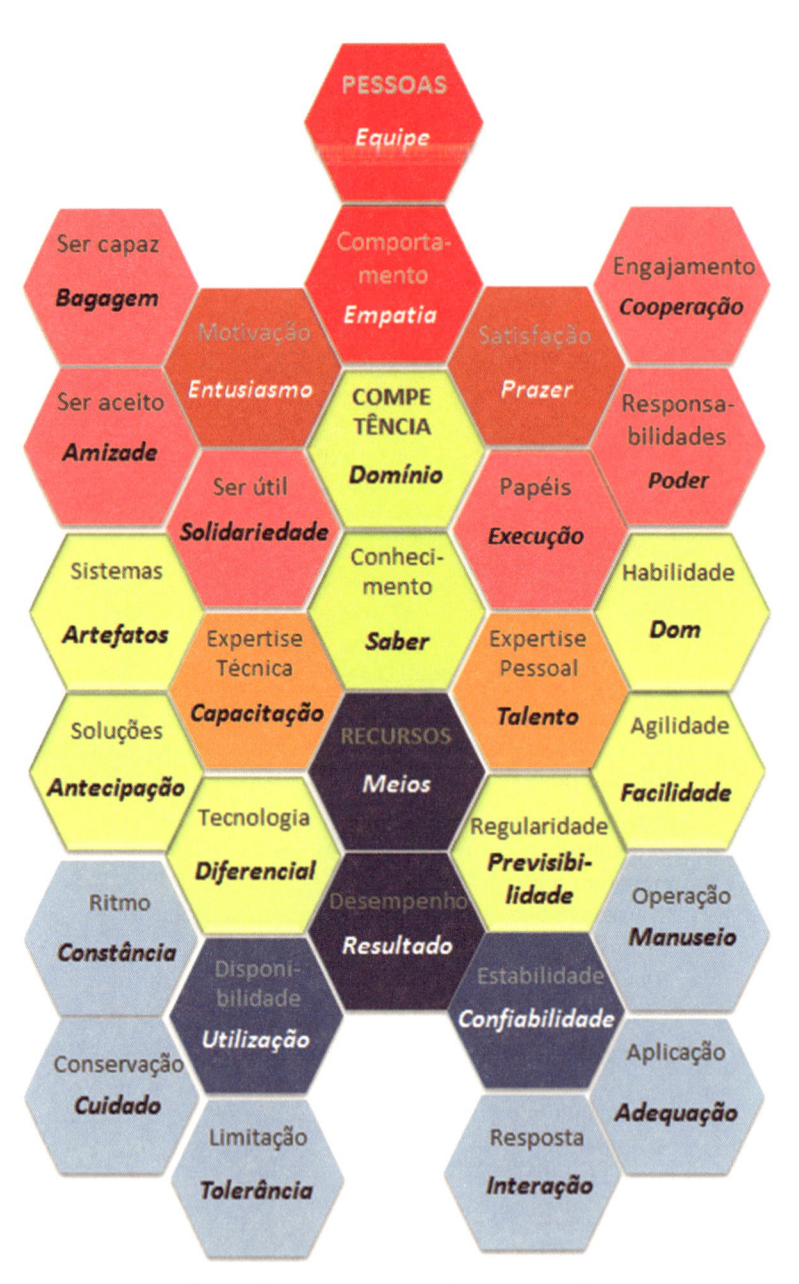

	Comporta-mento	
Ser capaz **Bagagem**	**Empatia**	Engajamento **Cooperação**
	Motivação	Satisfação
Ser aceito **Amizade**	Entusiasmo	Prazer
	COMPETÊNCIA **Domínio**	Responsa-bilidades **Poder**
Ser útil **Solidariedade**	Conhecimento	Papéis **Execução**
Sistemas **Artefatos**	**Saber**	Habilidade **Dom**
	Expertise Técnica **Capacitação**	Expertise Pessoal **Talento**
Soluções **Antecipação**	RECURSOS **Meios**	Agilidade **Facilidade**
	Tecnologia **Diferencial**	Regularidade **Previsibilidade**
Ritmo **Constância**	Desempenho **Resultado**	Operação **Manuseio**
	Disponibilidade **Utilização**	Estabilidade **Confiabilidade**
Conservação **Cuidado**		Aplicação **Adequação**
	Limitação **Tolerância**	Resposta **Interação**

REFLEXÃO: A figura nos estimula a uma reflexão final sobre cada elemento de aptidão da inteligência produtiva.

Notas

1. Esta é também a inteligência atribuída aos navegadores citados. Amyr Klink, *Sir* Ernest Shackleton e Roald Amundsen. Eles tinham não apenas a coragem, mas uma inteligência que lhes permitiu planejar antevendo o perigo, analisando os riscos e se adaptando às situações quase inimagináveis para nós, que nunca vivenciamos os perigos de uma expedição. O norueguês Roald Amundsen, por exemplo, não chegou ao Polo Sul um mês antes de Robert Scott, o navegador inglês, na famosa conquista do Polo Sul, por mero acaso. Sua vitória se deveu à capacidade de lidar com pessoas, competência e recursos, e que se traduziu na sua inteligência em produzir um resultado desejado, chegar ao Polo Sul em segurança e o mais rápido que lhe fosse possível.

2. Estamos nos referindo à Arca de Noé e – como exemplo – ao enorme arranha-céu Burj Khalifa, oficialmente o maior prédio já feito pelo homem. A gigantesca construção, localizada em Dubai, impressiona não apenas por sua altura de 829,94 metros, mas por sua arquitetura, baseada em uma flor de lótus.

3. Em *O gene egoísta*, Richard Dawkins relata o caso das abelhas operárias, que em um gesto de altruísmo perdem suas vidas ao atacarem um inimigo da colmeia e promoverem a picada com seu ferrão. Ocorre que após a picada elas perdem o ferrão e seus órgãos vitais, falecendo minutos depois. O que comanda essa natureza? Instinto ou não, a abelha entrega sua vida pelo bem da colmeia e para preservar um mel que nunca irá saborear.

4. No livro de Leonard Mlodivow, *O andar do bêbado*, Edit. Zahar, nos é mostrado que o aleatório está presente em todas as áreas de nossas vidas. Assim, em análises onde acreditamos estar escolhendo as respostas mais lógicas, é provável a existência de influência aleatória nos confundindo, e nem sempre o óbvio prevalece, como demonstrado no texto. Se estivéssemos em um dia ruim, provavelmente nossa escolha seria influenciada por ele.

5. De acordo com a *Superenciclopédia Ilustrada* (Seleções Reader's Digest), o *Sikhismo* originou-se no século XV d.C., em conflitos entre muçulmanos e hindus, no norte da Índia. Seu fundador foi Guru Nanak (1469-1538). Os *sikhs* buscam a união com Deus (*Satguru*) pela adoração ao santo nome, o trabalho árduo e o serviço aos outros (seva), sobretudo à própria família. Entre crenças

dos *sikhis* está o fato de os homens não cortarem o cabelo, usando-o enrolado embaixo de um turbante, e de se manterem barbudos.

6. Não nos referimos a lados do cérebro para razão e emoção. Estamos seguindo uma linha atual, na qual pesquisadores e cientistas renomados defendem que essa lateralidade do cérebro não pode ser interpretada ao pé da letra como sendo um lado racional e outro emocional. O cérebro utiliza ambos os lados para processar tanto razão quanto emoção. O que ocorre, segundo os cientistas, é que algumas funções são específicas de cada lado, não querendo afirmar com isso que uma pessoa possa ser rotulada de analítica ou emocional em função do lado do cérebro que utilize mais. (*Revista Superinteressante*, edição 272, dez-2009, Revista Galileu-Globo.com, e *Hyperscience* sobre artigo da Universidade de Utah, onde cientistas especializados em neurociência descobriram, por meio de escaneamento cerebrais, que não há evidência que prove a predominância de um hemisfério do cérebro sobre o outro).

7. Philippe Petit é um artista francês, e ficou famoso pela sua caminhada ilegal entre as Torres Gêmeas em Nova York no dia 7 de agosto de 1974. O que leva uma pessoa a realizar tamanha façanha? Coragem, audácia, irreverência ou o domínio de um talento que lhe é tão natural que o provoca a fazer uso dele como bem lhe aprouver. Utilizamos o exemplo de Philippe porque ele simboliza bem o que *expertise* pessoal pode significar em nossa vida, não só o talento nato, mas a capacidade de planejar e organizar tamanha façanha.

8. *Tempos Modernos* é um filme com Charles Chaplin que retrata a vida de operários em meio à revolução industrial. É a passagem de uma produção artesanal para uma produção mecanizada, em série. O filme procura mostrar o impacto dessa mudança na vida dos operários que não tinham ainda desenvolvido as condições físicas e psicológicas que os novos tempos exigiam-lhes. Tornou-se um grande desafio encontrar os que tinham o perfil adequado para um tipo de serviço que exigia respostas rápidas, mecanizadas, e para isso a agilidade era um talento que trazia vantagens a seus possuidores. A agilidade referida é aquela em que nossa capacidade de fazer certas tarefas se mostra natural dentro de um ritmo que nos é fácil de assimilar.

9. O termo Gerenciamento de Ativos tem origem na norma britânica PAS-55. (*Publicy Avalaible Specification, from Institute of Asset Management*). A norma foi criada como um procedimento técnico com vinte e oito pontos que visam estabelecer uma gestão abrangente e aperfeiçoar o sistema de gestão para todos os tipos de ativos físicos (recursos) das empresas. Ela define a Gestão de Ativos como a aplicação de atividades sistemáticas e coordenadas, através da qual uma organização realiza de forma *otimizada* e sustentável, o controle de seus ativos e sistemas e sua *performance* associada. Incluem-se riscos e custos ao longo do seu ciclo de vida com o objetivo de alcançar o seu planejamento estratégico. – Fonte: *ABRAMAN-Associação Brasileira de Manutenção e Gestão de Ativos* – www.abraman.org.br

10. Refere-se à nave Interestelar *USS Enterprise* do seriado Jornada nas Estrelas (*Star Trek*) lançado em 1966/67 pela NBC. Conta as aventuras da tripulação de uma nave espacial que viaja no século 23 pelo espaço sem fim, indo onde nenhum outro homem já foi. A nave projetada para o seriado tinha características até hoje não alcançadas nas invenções feitas pelo homem, como por exemplo, o teletransporte, que transformava matéria em energia e depois retornava à matéria em outro local. A ideia básica no texto é fazer o leitor se imaginar tendo que consertar *alguma coisa* em um aparelho muito moderno difícil de imaginar até mesmo como ele funciona.

11. *Core Business* é um termo da língua inglesa que significa a parte central de um negócio ou sua natureza principal. Por exemplo, uma siderúrgica tem como *core business* fabricar o aço, um escritório de advocacia o atendimento jurídico, um *resort* o serviço de hotelaria. É a natureza, a essência do negócio.

12. Michel de Montaigne (1533-1592) foi um escritor, ensaísta, jurista e filósofo francês. Considerado o inventor do gênero *ensaio*. Foi prefeito da cidade de Bordeaux de 1580 a 1581. – http://www.e-biografias.net. A citação pertence a ele, que foi um dos maiores humanistas franceses.

13. Estou chamando a atenção do leitor para o capítulo onde descrevemos a Teoria Triárquica da Inteligência desenvolvida por Robert Sternberg. Em muitas profissões, os componentes analíticos, práticos ou criativos tornam-se fundamentais para os resultados que desejamos atingir. Na área da comunicação principalmente, além de analíticos e práticos, uma dose bem generosa de criatividade é desejada de todos aqueles que se aventuram por esse caminho.

14. Em seu livro *O gene egoísta*, Richard Dawkins por inúmeras formas textuais nos convence de que somos produtos da evolução de nossos genes em busca de nossa sobrevivência. Qual o tempo necessário para essa modificação genética é o que me fascina nesse momento. Estamos indo rápido demais? Há tempo para que nosso código genético seja modificado em prol de nossas necessidades de sobrevivência nesse mundo moderno e dinâmico, ou sucumbiremos à mercê da nossa falta de percepção do mais óbvio nessa maré de sobrevivência. Cuidar dos outros e do mundo que habitamos acima de todas as demais necessidades. Como Richard Dawkins colocou na edição comemorativa de seu citado livro em 2015, o gene egoísta é na realidade imortal, porque busca sua perpetuidade. Como coletividade, cuidar dos outros e do nosso *habitat* nos daria mais chances para essa perpetuação?

15. No *Site* Hypescience.com/Segredo do favo de mel revelado, temos uma alusão a que o formato hexagonal dos favos de mel seria produto de uma questão física, o aquecimento do favo de mel. No entanto esse argumento é rebatido, e no livro a *Vida das Abelhas*, de Maurice Maeterlinck, ele é novamente questionado – capítulo XIX pag. 65.

16. *The Buzz about Bees Biology of a Super-organism* – Jurgen Tautz/A Vida das Abelhas-Maurice Maeterlinck. Ambos discorrem sobre a comunidade e a vida social das abelhas. Colocam o argumento de que toda a colmeia seria um organismo único onde as abelhas conforme sua função desempenhariam o trabalho de um órgão, tipo o sexual e procriação no caso da rainha, alimentação, construção, defesa e arrumação para as demais abelhas da colmeia. É a ideia do interesse coletivo acima do individual.

17. É uma representação semelhante ao mapa-múndi geográfico, mostrando a integração dos elementos de inteligência. A figura retrata uma visão geral dos elementos de inteligência e as conexões possíveis entre os demais elementos que compõe os eixos de inteligência. Como no globo terrestre, as extremidades estão conectadas.

18. Refere-se ao diagrama representativo da área de serviços, mostrado no Apêndice-1.

19. Entende-se como *valor,* neste caso, a posição do elemento no diagrama da inteligência produtiva pelo método da colmeia. Desse modo, na forma construtiva, os elementos de mesma origem e posição no gráfico têm valores de interpretação semelhante. Assim, uma proposição é ligada a outra proposição e assim sucessivamente.

20. Referência do livro cristão *A Bíblia*, Novo Testamento, Evangelho de João, Capítulo 8, Versículo 32. A citação religiosa refere-se ao fato de que a verdade conhecida liberta o espírito das tramas engendradas pelo desconhecido.

21. *O andar do bêbado* – Leonard Mlodinow Edit. Zahar. Muito perspicaz o título do livro de Mlodinow, afinal como prever onde seria o próximo passo de um *bêbado.* Através de suas colocações, ele descortina muitas teorias da estatística de forma suave e divertida, que permite ao leigo em matemática divertir-se. A conectividade pela intuição não é aleatória, visto que a pessoa que estiver realizando a conectividade escolherá os elementos de inteligência sempre seguindo um padrão de raciocínio, seja por achar aquele elemento fraco do ponto de vista de resultados, seja por entender que ele mereça mais atenção em relação à atividade que está suportando. A denominamos intuitiva, porque ela dependerá do ponto de vista do pesquisador e de onde ele quer chegar.

22) Referência do site https://sigifreud.wordpress.com. Esta afirmação de Freud condiz com a teoria de que nossa inteligência é que nos guia para um patamar evolutivo. Mesmo que tenhamos os genes modificados pela seleção natural, o nosso comportamento é ditado por nossa inteligência e a aplicação dela no nosso dia a dia. Não é um gene que nos diz que a água é essencial à vida e por isso deve ser preservada, mas a nossa inteligência em fazer essa interpretação a partir da necessidade dela. O gene contribui determinando a necessidade, a inteligência nos permite interpretar e colocar em prática.

Referências Bibliográficas

1. ALEXANDER, Caroline. *Endurance, a Lendária expedição de Shackleton à Antártida*. São Paulo: Editora Companhia das Letras, Edição 0, 1999.
2. CAMPOS, Vicente Falconi. *TQC Controle da Qualidade Total (no estilo japonês)*. Rio de Janeiro: Edição Fundação Christiano Ottoni, impresso em Bloch Editores S.A. 1992.
3. DARWIN, Charles. *A origem das espécies, e a seleção natural*. São Paulo: Editora Madras, 2011.
4. DAWKINS, Richard. *O gene egoísta.* São Paulo: Editora Companhia das Letras, 2007.
5. DEEPAK, Chopra; RUDOLPH E., Tanzi. *Supercérebro, como expandir o poder transformador de sua mente*. São Paulo: Alaúde Editorial. 1 ed. 2015
6. DELMÉE Gérard J. *Manual de Medição de Vazão*. São Paulo: Editora Edgard Blucher. 3 Ed. 2003.
7. GARDNER, H. *Inteligências Múltiplas, a teoria na prática*. Porto Alegre: Artmed, 1995.
8. GLAZOV, Sheila N. *What Color is Your Brain.* Thorofare-NJ: Editora Slack Incorporated. Edição 0. 2008.
9. GOLDRATT, Eliyahu M.; JEFF, Cox. *A meta, um processo de aprimoramento contínuo.* São Paulo: Editora Educator/IMAM, edição ampliada, 1992.
10. GOLEMAN, Daniel ph.D. *Foco, a atenção e seu papel fundamental para o sucesso*. Rio de Janeiro: Editora Objetiva. 1 ed. 2014.
11. GOLEMAN, Daniel ph.D. *Inteligência Emocional.* Rio de Janeiro: Editora Objetiva. 1 ed. 1996.
12. HAWKING, Stephen. *O universo numa casca de noz.* São Paulo: Editora Arx. 4 ed. 2001.
13. HUNTFORD, Roland. *O último lugar da terra* . São Paulo: Editora Companhia das Letras, 2002.
14. KARDEC, Alan. NASCIF, Júlio. *Manutenção Função Estratégica.* Rio de janeiro: Editora Qualitymark. 2003.

15. KLINK, Amyr. *Cem dias entre céu e mar.* Rio de Janeiro: Editora José Olympio. 23 ed. 1988.
16. LYNN, Richard; VANHANEN, Tatu. *IQ and the wealth of Nations.* Westport-CT: Editora Greenwood Publishing Group, 2002
17. MAETERLINCK, Maurice. *A vida das Abelhas, um mundo maravilhoso.* Volume 8, coleção *Vis Mea In Labore.* Belo Horizonte: Editora Itatiaia, Edição 0. 1900.
18. MLODINOW, Leonard. *Subliminar, como o inconsciente influencia nossas vidas.* Rio de janeiro: Editora Zahar, 2013.
19. MLODIVOW, Leonard. *O andar do bêbado, como o acaso determina nossas vidas.* Rio de Janeiro: Editora Zahar, 2009.
20. NASCIF, Júlio. DORIGO, Luiz Carlos. *Manutenção Orientada para Resultados.* Rio de Janeiro. Editora Qualitymark, 2009.
21. PANDE, Peter S.; NEUMAN, Robert P.; CAVANAGH, Roland R. *Estratégia Seis Sigma, como a GE, a Motorola e outras grandes empresas estão aguçando seu desempenho.* Rio de janeiro: Editora Qualitymark, 2001.
22. RANDALL, Stross. *O Feiticeiro de Menlo Park.* São Paulo: Editora Novo Século, 2013.
23. ROBBINS, Stephen P.; JUDGE, Timothy A. *Fundamentos do comportamento organizacional.* São Paulo: Editora Pearson, 12 ed. 2014.
24. DIGEST, Reader´s Seleções do. *Superenciclopédia Ilustrada.* Rio de janeiro: 2005.
25. SILVA, Ana beatriz B. *Mentes inquietas, entendendo melhor o mundo das pessoas distraídas, impulsivas e hiperativas.* São Paulo: Editora Gente, 23 ed. 2003.
26. STERNBERG, Robert J.; GRIGORENKO, Elena L. *Inteligência Plena, ensinando e incentivando a aprendizagem e a realização dos alunos.* Porto Alegre: Editora Artmed, 1 ed. 2003.
27. TIBA, Içami.; TIBA Natércia. *Seja feliz meu filho.* São Paulo: Integrare Editora, 23 ed. 2006.
28. WALTON, Mary. *Método Deming na Prática.* Rio de Janeiro: Editora Campus, 1992.

ÍNDICE

Abelhas – Organização produtiva natural, 17
    Organização da comunidade, 20
    Organização do trabalho, 21
    Organização social, 18
Albert Einstein, 1
Amyr Klink, 1
Aplicação dos Recursos – Resumo, 86
Avaliação Proposições Secundárias – comportamento, 137
    – conhecimento, 138
    – desempenho, 139
Avaliação, conclusão área indústria, correia transportadora, mineração, 203
Avaliação, indústria, resultados pela perspectiva de conectividade das expectativas, 204
Ayrton Senna, 2
Cadeia de expectativas da Disponibilidade – resumo, 101
    da Estabilidade – resumo, 95
    da *Expertise* Pessoal – resumo, 68
    da *Expertise* Técnica – resumo, 76
    da Motivação – resumo, 56
    da Satisfação – resumo, 48
Charles Darwin, Evolução das espécies, 4
Concepção Multifactorial ou Sete Aptidões Mentais Primárias de Thurstone, 5
Conectividade dos elementos de Transformação, 105
Dalai Lama, 2

Deepak Chopra, 1
Daniel Goleman, 1; 11; 106
Diagrama de Níveis – Resultado avaliação Método Estrela, 202
Eixo Competência e conhecimento, 58
Eixo Pessoas e comportamento, 39
Eixo Recursos e desempenho, 87
Eliyahu Goldratt, 1
Ernest Shackleton, 1
Francisco Papa, 2
Gérard J. Delmée, 1
Ghandy, 2
Indústria – roteiro para avaliação dos eixos de transformação, 183
    Questionamento para o eixo competência, 193
    Questionamento para o eixo pessoas, 191
    Questionamento para o eixo produção, 196
    Questionamento para o eixo recursos, 188
Leonard Mlodinow, 1; 127; 212
Natureza dos Recursos – Resumo, 87
Níveis de Importância dos Elementos de Transformação, 104
Operação de um projeto industrial, 184
Recursos – Porque é importante classificar, 78
Recursos específicos, 84
Recursos industriais, 80
    Recursos de infraestrutura, 80
    Recursos de monitoramento e controle, 81
    Recursos periféricos, 81
    Recursos de supervisão e inteligência, 82
Recursos Utilitários, 83
Richard Dawkins, O gene egoísta, 4; 17; 22; 209; 211
Roald Amundsen, 1; 209
Rudolph Tanzi, 1
Stephen Hawking, 1

Teoria das Inteligências Múltiplas de Gardner, 6
Teoria Triárquica da Inteligência de Sternberg, 5
Uma organização inteligente, 13
Willian Edwards Deming, 1
Xintoísmo, 2

Sobre Luiz Ângelo – autor

Um autodidata. Assim Luiz se define. Aprender pela observação, percepção, compreensão, intuição, e principalmente pela leitura e experimentação, é seu lema. Com formação técnica em eletrônica e instrumentação, teve forte presença nessa área. Cursou Engenharia Industrial Mecânica, daí sua vocação para a indústria. Foi capacitado por dezenas de cursos de especialização técnicos, de comportamento e gestão. Como professor, ministrou palestras nestas áreas em seminários organizados por: ISA, GRINST, ABRAMAN, Rotary, Excelência, FAIMINAS, SENAI. Foi membro ativo do GRINST-MG, ISA e ABRAMAN. Trabalhou em indústrias como Arcelor Mittal, Caraiba Metais, Alcoa Alumínio e Gerdau. Fundou a Diferencial, empresa de tecnologia em instrumentação e gestão trabalhando para Gerdau, Votorantim, White Martins, Arcelor Mittal, Acesita, Magnesita, Villares, entre outras. Também atuou como gerenciador de comissionamento e implantação de empreendimentos e obras em projetos para VSB Tubos, Usiminas Mineração, Samarco e Vale. Desenvolveu vários sistemas de gestão industrial, incluindo o MOP-Manutenção Orientada para o Processo. Atualmente dirige o Projeto Inteligência Produtiva, cujo objetivo é levar a cultura a todas as pessoas e empresas, buscando melhorar seus níveis de *performance*.

Sobre Paulo Roberto – colaborador em filosofia e psicologia

Um idealista. Paulo Roberto não se cansa de estudar. É Teólogo, Filósofo, Psicólogo, Bacharel em Direito e Pós-Graduado em Direito Público. Foi presidente do Sindicato dos Trabalhadores no TRT-MG. Teve importante atuação em movimentos sindicais junto aos Tribunais Superiores e Congresso Nacional. É um desenvolvedor e pesquisador de técnicas próprias cognitivas. Atualmente trabalha para o TRT-MG. Lidar com as questões do comportamento humano e suas causas filosóficas é que o motivaram a se interessar pelo Projeto Inteligência Produtiva, fornecendo ao autor importantes e relevantes conceitos e suas fundamentações, que se tornaram imprescindíveis na compreensão filosófica e psicológica para o desenvolvimento dos conceitos apresentados.

Mais informações sobre a Inteligência Produtiva:

Este livro é o produto de vários anos de experiências vividas nas organizações para as quais trabalhei. Buscando entender a essência do que diferenciava as pessoas quando o objetivo era fazer acontecer algo, como uma missão, um projeto, uma montagem, uma obra, um sistema, uma equipe ou a implantação de um programa de gestão, iniciei o projeto que me levou à inteligência produtiva. O assunto não se esgota neste livro, há ainda muito que aprender para entendermos os mecanismos da mente que nos possibilitam fazer as "coisas" acontecerem. Se você tiver uma contribuição que possa acrescentar a nosso acervo de experiências ou desejar mais informações, os canais abaixo poderão ser contatados.

Site:

www.inteligenciaprodutiva.com.br

E-mail:

Para o autor e contato sobre palestras e workshops

contato@inteligenciaprodutiva.com

Entre em sintonia com o mundo

Qualitymark Editora Ltda.
Rua Teixeira Júnior, 441 - São Cristóvão
20921-405 - Rio de Janeiro - RJ
Tel.: (21) 3295-9800
Fax: (21) 3295-9824
www.qualitymark.com.br
E-mail: quality@qualitymark.com.br

Dados Técnicos:

• Formato:	16 x 23 cm
• Mancha:	12 x 19 cm
• Fonte:	OptimaLTStd
• Corpo:	11
• Entrelinha:	13
• Total de Páginas:	240
• 1ª Edição:	2017